स्पिरिचुअल एनाटमी

स्पिरिचुअल एनाटमी
और
दाजी की प्रशंसा में दो शब्द

"असाधारण... *स्पिरिचुअल एनाटमी* योग-दर्शन के ज्ञान और आपकी अनन्त सामर्थ्य को प्रकट करने वाली व्यावहारिक विधियों का मिश्रण है।"

–दीपक चोपड़ा, क्वांटम बॉडी के न्यूयॉर्क टाइम्स बेस्टसेलिंग लेखक

"हममें से अधिकांश के लिए यह एक चुनौती होती है कि इस आधुनिक जीवन में रहकर हम अपने उद्देश्य को कैसे प्राप्त करें। *स्पिरिचुअल एनाटमी* के माध्यम से दाजी हमारे खण्डित जीवन को जोड़ कर हमारे लिए उच्चतम सामर्थ्य को प्राप्त करने का एक मार्ग प्रस्तुत करते हैं। वह हमें यह भी याद दिलाते हैं कि उन्नत चेतना का मार्ग हमेशा हृदय से आरम्भ होता है।"

–जेम्स आर. डॉटी, स्कूल ऑफ़ मेडिसिन, स्टैनफोर्ड यूनिवर्सिटी में न्यूरोसर्जरी के प्रोफेसर तथा *इन्टु द मैजिक शॉप* के बेस्ट सेलिंग लेखक

"स्वास्थ्य के क्षेत्र में जागरूकता और ध्यान को शामिल करने के साथ-साथ दाजी की शिक्षाएं इस क्षेत्र में सबसे बहुमूल्य चीज हृदय को भी शामिल कर लेती हैं। व्यक्तिगत रूपान्तरण लाने के लिए दाजी ने पाठकों को एक महत्त्वपूर्ण संसाधन उपहार में दे दिया है।"

–शेरोन साल्जबर्ग, लविंग काइंडनेस एंड रियल लाइफ की न्यूयॉर्क टाइम्स बेस्टसेलिंग लेखिका

"हमारी आध्यात्मिक यात्रा में चक्रों को सक्रिय रूप से व्यस्त रखने का एक अवसर प्रदान करके दाजी ने *स्पिरिचुअल एनाटमी* के रूप में एक गहन रोड मैप और मार्गदर्शिका प्रस्तुत की है।"

–लीज़ा मिलर, पी.एच.डी., कोलंबिया में प्रोफेसर तथा द स्पिरिचुअल चाइल्ड एंड अवेकंड ब्रेन की न्यूयॉर्क टाइम्स बेस्टसेलिंग लेखिका

स्पिरिचुअल एनाटमी

ध्यान,

चक्र

और

केन्द्र की यात्रा

दाजी

कमलेश डी. पटेल

हार्पर
हिन्दी

हार्पर हिन्दी
(हार्परकॉलिंस पब्लिशर्स इंडिया) द्वारा प्रकाशित 2024
बिल्डिंग नं. 10, टावर A, 4th फ्लोर,
डीएलएफ साइबर सिटी, फेज II, गुरुग्राम 122002, भारत
www.harpercollins.co.in

HB-ISBN: 9789362138385
PB-ISBN: 9789362131256
E-ISBN: 9789362135131

कवर डिजाइन : उमा माहेश्वरी

टाइपसेटिंग व मुद्रक : थॉम्सन प्रेस (इंडिया) लि.

हे साधु!
एक ही रूप सब में है व्याप्त।
बूँद-बूँद में न कोई अन्तर,
सागर और बूँद हैं एक।
बूँद में सागर या बूँद के रूप में सागर,

सत्य यही है एक।
बूँद के पीछे फैला है सागर,
बूँद का सहारा है सागर।
बूँद को सागर का ज्ञान कराना,
ही है सत्य को पाना।

-फतेहगढ़ के रामचन्द्र
उच्चतम सत्य की खोज – चौथी अवस्था की ओर संकेत
ट्रुथ इटर्नल

विषय-सूची

लेखक की ओर से 11

परिचय - आपकी अन्तर्यात्रा का आरम्भ 13

पढ़ें और आनन्द लें

भाग 1 आपकी स्पिरिचुअल एनाटमी **19**

1. वास्तविक रूपान्तरण की कुंजी आपकी आंतरिक यात्रा 21
2. आपका वास्तविक सामर्थ्य 36

भाग 2 केन्द्र और आत्मा **45**

3. आत्मा की कहानी 47
4. केन्द्र की यात्रा का मानचित्रण 55

अभ्यास करें और महसूस करें

भाग 3 अभ्यास और मनोभाव **67**

5. हार्टफुलनेस के अनिवार्य अभ्यास 69
6. वह गुप्त घटक 83

भाग 4 चक्रों के रहस्य का अनावरण **91**

7. चक्र - सामान्य लक्षण और उनकी स्थिति 93
8. चक्र के जाग्रत होने की चार दशाएं 110

भाग 5 भावनात्मक प्रवृत्ति – संस्कार **121**
9. प्रवृत्तियाँ जो हमें बांधे रखती हैं - हाथी और कुर्सी 123
10. संस्कारों की फ़ीडर फ़ैक्टरियाँ - पॉईंट A, B, C और D 131
11. सही सोच और सही समझ - संस्कारों की सफ़ाई 139

ध्यान करें और पार हो जाएं

भाग 6 हृदय-मंडल **149**
12. हृदय-मंडल के पाँच चक्र - द्वंद्वों का क्षेत्र 151
13. प्रथम चक्र - स्वीकार्यता 165
14. दूसरा चक्र - शान्ति 173
15. तीसरा चक्र - प्रेम 181
16. चौथा चक्र - साहस 189
17. पाँचवा चक्र - स्पष्टता 197
18. स्वतन्त्रता से स्वतन्त्रता - हृदय का उपहार 203

भाग 7 मनोमंडल **211**
19. मनोमंडल - विनम्रता की यात्रा 213
20. छठा चक्र - निःस्वार्थ भाव 220
21. सातवाँ चक्र - स्थिरता 228
22. आठवाँ चक्र - शरणागति 236
23. नौवाँ चक्र - तुच्छता का भाव 246
24. दसवाँ चक्र - अपनापन 256
25. ग्यारहवाँ चक्र - बेचैनी 262
26. बारहवाँ चक्र - ठहराव 266

भाग 8 केन्द्र-मंडल **271**
27. केन्द्र-मंडल में प्रवेश 273
28. तेरहवाँ चक्र - शून्यता 276

इतिश्री 285
हार्टफुलनेस के संसाधन 287
सन्दर्भ 289
लेखक के बारे में 295
हार्टफुलनेस के बारे में 295

लेखक की ओर से

इस पुस्तक को लिखने की प्रेरणा मुझे सन् 2016 के अंत में तब मिली जब मैं न्यू जर्सी में ध्यान के सत्र करवा रहा था। एक शाम को पवित्र संरचना - जिसमें चेतना के विकास के ऊर्जा-केन्द्रों और हमारे चक्रों पर एक सम्पूर्ण आध्यात्मिक शोध मेरे जेहन में एक पुस्तक के रूप में आता हुआ दिखाई दिया। उस रात मैंने पहला अध्याय लिखा और अगले कुछ दिनों में मैंने इस पुस्तक की रूप रेखा तैयार कर ली।

अगले छह वर्ष तक मैंने इस पुस्तक में इस विषय पर कई लेख लिखते हुए और कई प्रशिक्षण कार्यक्रम कराते हुए उन सभी आधुनिकतम शोधों और तकनीकों का वर्णन किया जो मुझे ज्ञात हो रहे थे। वैज्ञानिक ज्ञान की तरह आध्यात्मिक ज्ञान का भी एक विकासशील कार्य-क्षेत्र है। जैसे-जैसे हमारी चेतना विकसित होती जाती है हमारे अनुभव भी प्रगाढ़ होते जाते हैं और नया ज्ञान स्वतः प्रकट होता जाता है। जब भी कोई नई विधि या नया ज्ञान मेरी चेतना में उतरता है तो मैं उसका परीक्षण अपने कुछ उन्नत साथियों पर करता हूँ और उनके अनुभवों को एकत्र कर लेता हूँ। वहाँ से फिर मैं उस तकनीक को और अधिक परिष्कृत कर उसे व्यापक आधार पर लोगों के उपयोग हेतु प्रस्तुत करता हूँ। इस पूरी प्रक्रिया में मुझे अपनी गुरु परमपरा से उस कार्य को करते रहने के लिए मार्गदर्शन और प्रेरणा मिलती रही है जिस कार्य को उन्होंने मानव-कल्याण हेतु आरम्भ किया था।

स्पिरिचुअल एनाटमी आत्मा की संरचना और उसकी यात्रा पर किए गए आध्यात्मिक शोधों का एक बोधमय संग्रह है। यह यात्रा हमारे धड़कते हुए केन्द्र हृदय से आरम्भ होती है जो हमारे विकास और ज्ञान के द्वार खोलता है। हृदय हमारा आन्तरिक मार्गदर्शक और परमतत्व की यात्रा का असली गुरु भी है। बौद्धिक, नैतिक और आध्यात्मिक रूप से हम सभी अपने हृदय के अदृश्य जोड़ से जुड़े हुए हैं जो हम सभी को आपस में जोड़ते हुए एक महान नियति की ओर ले जाते हैं।

उस नियति का मार्ग उसके खोजकर्ताओं ने प्रशस्त किया है। सामने होते हुए भी छुपे रहकर, यहाँ तक कि अपने विवेकशील मन से भी अनभिज्ञ ये खोजकर्ता परिवर्तन के उत्प्रेरक होते हैं। आत्मरूपान्तरण के उनके अनसुने कार्यों से चेतना के

स्तर पर होने वाली अनसुनी और अनकही क्रांति एक ऐसे निर्णायक स्तर पर पहुँच जाएगी जो मानवता का भविष्य परिवर्तित करके रख देगी। उनके दिलों का साथ-साथ धड़कना प्रेम के इस मार्ग को आगे ले जाएगा और मनुष्य की दशा को उसकी आक्रामकता, बढ़ती असहिष्णुता और बढ़ते अन्याय से ऊपर उठाएगा। हमारे ये अग्रणी खोजकर्ता चेतना में आने वाली उस अनसुनी और अनकही क्रांति की अगली पीढ़ी का प्रतिनिधित्व करते हैं।

और उनमें से एक का परिचय आज मैं आपसे कराता हूँ। वह आप हैं!

हाँ आप, जिन्होंने अपना दैनिक काम-काज करने, किसी मित्र के पास जाने, मौज-मस्ती करने या एक झपकी लेने की बजाय इस पुस्तक को देखना पसंद किया। ऐसा करने के लिए आपको किसी ने तो प्रेरित किया होगा - आपके हृदय और मन के बीच कोई तो प्रेरणा जगी होगी कि आपने यह कदम उठाया। आपका कदम प्रेम के मार्ग को आगे बढ़ाता है।

जब आप हृदय के मार्गदर्शन में जीवन जीते हैं तो उससे उत्पन्न हुई सुन्दर ऊर्जा आपसे भी आगे निकल जाती है। यह एक शुद्ध हवा के समान होती है जिसमें मनुष्य कि भावना को जाग्रत करने की क्षमता होती है। हृदय के मार्ग में स्वयं पर कार्य करना अनेक को लाभ पहुँचाता है। व्यक्तिगत रूप से आप एक अकेले व्यक्ति हो सकते हैं लेकिन सामूहिक रूप से आप अँधेरे आकाश में टिमटिमाते तारों की तरह होते हैं जो अँधेरे में उजाला कर देते हैं। विभिन्न मार्गों के प्रेम भरे हृदय एक जगह मिल जाएंगे और उनके सामूहिक कदम उस लहर को शक्ति प्रदान करेंगे जो लहर मानवता को ऊपर उठाएगी।

स्पिरिचुअल एनाटमी का यही मन्त्र है कि पढ़ें और आनन्द लें, अभ्यास करें और महसूस करें तथा ध्यान करें और पार हो जाएं। यह सभी पर लागू होता है चाहे आप ज्ञान की पुस्तकें पढ़ने को उत्सुक रहते हों और स्वयं को एक नियमित ध्यान करने वाला मानते हों या आप आत्म रूपान्तरण की अपनी यात्रा बस शुरू ही कर रहे हों।

स्पिरिचुअल एनाटमी हमें अपनी पूर्ण सामर्थ्य प्राप्त करने में मदद करने तथा हमारी सामूहिक चेतना के निर्णायक बिंदु में तेजी लाने हेतु लिखी गई है। आपको परम तत्व के आकाश में ऊँची उड़ान भरते हुए देखने से बड़ी मेरे लिए कोई अन्य खुशी नहीं होगी।

पहला कदम उठाने के लिए आपको धन्यवाद।

दाजी

परिचय

आपकी अन्तर्यात्रा का आरम्भ

स्पिरिचुअल एनाटमी एक ऐसी असाधारण अन्तर्यात्रा की कहानी है जिसमें भाग लेने वाला मुख्य पात्र आपकी चेतना है जो यात्रा करती हुई परम सत्य के तट पर पहुँचती है और फिर उसे भी पार कर जाती है। इस कहानी के केन्द्र में आपकी स्वयं की भूमिका होने के कारण आप इस पुस्तक को अपनी आन्तरिक खोज की यात्रा की एक कहानी भी कह सकते हैं। इस आन्तरिक खोज पर निकल पड़ने का अर्थ है उस अविश्वसनीय अवसर को जो मनुष्य जीवन को मिला है वास्तविकता में बदल देने के मार्ग पर चल पड़ना। हम एक अनन्त स्रोत से आए हैं और हमारे भीतर हमारी जीवन-शक्ति, हमारी आत्मा में भी वह अनन्त सामर्थ्य विद्यमान है। आपके भीतर की यह यात्रा इसी सामर्थ्य को वास्तविकता में बदल देने की यात्रा है।

स्पिरिचुअल एनाटमी चेतना की इस यात्रा के ज्ञान की बड़ी गहरी समझ प्रस्तुत करती है। यह उस मार्ग का खाका भी खींच कर दिखाती है जिस पर चल कर चेतना के उन स्तरों को प्राप्त किया जा सकता है जिन्हें कठोर तप और उच्च कोटि के त्याग के बिना प्राप्त करना असंभव समझा जाता था। एक सरल और प्राकृतिक अभ्यास के द्वारा आपके हृदय में ऐसी दशाएं निर्मित हो जाती हैं जो आपके गुणों के रूप में प्रकट होती हैं। इस यात्रा में आपके भीतर सन्तोष, शान्ति, प्रेम, साहस, उदारता और कई अन्य गुण निखरने लगते हैं। इसके अतिरिक्त वह वादा जो यह यात्रा आपसे करती है वह है आत्म-साक्षात्कार की अवस्था तक मनुष्य का विकास करना और इसी जीवन-काल में उसे दिव्य-स्रोत में लय कर देना।

सरलता और पवित्रता ही प्रकृति का सार है। अपनी आन्तरिक खोज में आप अपनी वास्तविक प्रकृति के निकट आते जाते हैं तथा अपनी चेतना में सरलता एवं पवित्रता के उच्च से उच्चतर स्तरों को प्राप्त करते जाते हैं। इसकी प्रक्रिया सरल और प्राकृतिक है। आपकी सहायता के लिए आपकी आन्तरिक खोज के केन्द्र में हृदय पर आधारित ध्यान होगा जिसमें यह पुस्तक 'स्पिरिचुअल एनाटमी' इसमें दिए गए चित्रण, मैप, सुझावों व विधियों के माध्यम से एक प्रयोगात्मक मार्गदर्शिका के रूप

में आपके काम आएगी। इसे तीन अलग-अलग भागों – 'पढ़ें और आनन्द लें', 'अभ्यास करें और महसूस करें' तथा 'ध्यान करें और पार हो जाएं' में बाँट दिया गया है। 'पढ़ें और आनन्द लें' के अन्तर्गत आने वाले अध्याय आध्यात्मिक संरचना का महत्त्व एवं आत्मा का उद्‌गम बताते हैं। 'अभ्यास करें और महसूस करें' वाला अध्याय हार्टफुलनेस के मुख्य अभ्यासों की झलक प्रस्तुत करता है, चक्रों (हमारे आध्यात्मिक केन्द्रों) के लक्षणों की व्याख्या करता है तथा हमारी चेतना के बंधनों पर विजय प्राप्त करने हेतु मार्गदर्शन प्रदान करता है। 'ध्यान करें और पार हो जाएं' में आप चक्रों का एक मानचित्र देखेंगे जिससे आपको अपनी समस्त आध्यात्मिक यात्रा में होने वाले अनुभवों तथा दशाओं की समीक्षा करने में मदद मिलेगी।

कई वर्षों से मुझे दुनिया भर के अभ्यासियों से कई प्रश्न प्राप्त हो रहे हैं और उनमें से कुछ चुने हुए प्रश्न आगे के सभी अध्यायों में देखने को मिलेंगे। इसके अतिरिक्त मैंने आत्म-मूल्यांकन हेतु जागरूकता का एक मानचित्र भी दिया है। यह हार्टफुलनेस के शोधकर्ताओं द्वारा तैयार किया गया चेतना का एक स्केल है जो हमारी प्रगति मापने का सूचक बन सकता है।

इस पुस्तक में दिए गए कुछ विचार हालांकि गूढ़ प्रतीत हो सकते हैं लेकिन उन पर आँख मूँद कर विश्वास कर लेने की या उन्हें मान लेने की कोई जरूरत नहीं। आपमें से कुछ लोग इन पर इसलिए विश्वास कर लेंगे क्योंकि इन्हें मैंने अपने अनुभव और साक्षात् बोध से बताया है लेकिन जो चीज मायने रखती है वह है आपका अपना अनुभव। एक वैज्ञानिक दृष्टिकोण अपनाएं और अपने अनुभव से मिलने वाले प्रमाण से मार्गदर्शन पाएं क्योंकि आध्यात्मिकता भी तो आखिर आत्मा का एक विज्ञान है। इसमें दी गई जानकारी को एक परिकल्पना के रूप में लें और इसका सत्यापन अपने हृदय की प्रयोगशाला में करें। उच्चतर चेतना में आपकी प्रतीक्षा कर रहे उपहारों को अपने अभ्यास से प्राप्त करें।

अपने मन में इन बातों का ख़याल रखते हुए मैं आपको अपने ध्यान का रिकॉर्ड रखने, उसके नोट्स बनाने और अपने मन में उठे किसी प्रश्न या शंका को लिख लेने के लिए एक डायरी रखने के लिए प्रोत्साहित करता हूँ। अभ्यास से अनुभव और अनुभव से समझ आती है। और अच्छी तरह अभ्यास करने के लिए आपको और अधिक अभ्यास करने की जरूरत पड़ती है। यहाँ पुनरावृत्ति मदद करती है। ऑनलाइन क्लासेज, रंगीन चित्रण तथा आपके प्रश्नों पर आपकी और अधिक मदद हेतु एक वेबसाइट https://www.spiritualanatomy.com बनाई गई है। इन सबके अतिरिक्त मैं आपकी सहायता के लिए उपलब्ध हूँ। हार्टफुलनेस अभियान का एक मार्गदर्शक होने के नाते ध्यान में प्रतिदिन हमसे जुड़ने वाली

हजारों आत्माओं का साथ देना मेरा कर्त्तव्य है और मेरे लिए एक सम्मान की बात भी। आपके साथ यह यात्रा करना और आपस में एक-दूसरे से सीखना एक ख़ुशी की बात होगी। कृपया https://www.spiritualanatomy.com पर मुझे प्रश्न लिखें जिससे कि मैं उनके उत्तर दे सकूं। समय कम है और सफ़र लम्बा और यही एक अवसर है।

आपकी आन्तरिक खोज की यात्रा के लिए शुभकामनाएं।

पढ़ें और आनन्द लें

भाग 1

आपकी स्पिरिचुअल एनाटमी

1

वास्तविक रूपान्तरण की कुंजी

आपकी आन्तरिक यात्रा

बहुत समय पहले की बात है एक संत और उनके शिष्य एक राजा के द्वार पर शरण लेने पहुँचे। द्वारपालों ने आगंतुकों को खाना और जल दिया और एक अन्य द्वारपाल दौड़ता हुआ राजा को सूचना देने पहुँचा। जब द्वारपाल ने सूचना दी तो राजा ने कुछ देर सोचा और एक पानी से भरा बर्तन मँगाया। उसने द्वारपाल को बुलाकर यह बर्तन उस संत को भेंट करने को कहा।

संत ने बर्तन को इस प्रकार ग्रहण किया मानो वह उसकी प्रतीक्षा कर रहा हो। वह द्वारपाल पर मुस्कराया और उससे एक मुट्ठी शक्कर माँगी और उसे उस पानी में मिला दिया। संत ने पानी को हिलाकर उसमें शक्कर घोल दी और फिर द्वारपाल से उस पानी के बर्तन को राजा को लौटाने को कहा।

असमंजस से भरा द्वारपाल उस बर्तन को लेकर दौड़ता हुआ राजा के पास गया। उसने राजा को वह बर्तन दिया और कुछ कहना चाहा लेकिन राजा ने उसे चुप रहने का इशारा किया। राजा ने अपने मंत्री से उस पानी को चखने के लिए कहा। मंत्री ने चखा और कहा, "महाराज, पानी तो मीठा है।"

राजा के होंठों पर मुस्कराहट झलक आई और उसने आदेश दिया, "द्वारपाल, उस संत को और उसके दल को उच्चतम सम्मान के साथ भीतर ले आओ।" और फिर मुड़कर अपने मंत्री से कहा, "कृपया उनके ठहरने के सारे आराम का बंदोबस्त करें और जब तक वे रहना चाहें उन्हें रहने दिया जाए।"

यदि उस सैनिक की तरह आपको भी आश्चर्य हो रहा हो तो जो हुआ है वह इस प्रकार है। जब शरण लेने का निवेदन राजा के पास पहुँचा तो उसने पानी से भरा

एक बर्तन संत के पास भेजा। यह एक सटीक सन्देश था कि 'हमारे पास जो जगह थी वह पहले ही भर चुकी है। अब हम आपको कैसे रख सकते हैं?'

इसके उत्तर में संत ने कहा कि, 'जिस प्रकार शक्कर पानी में घुल कर उसमें मिल जाती है उसी प्रकार हम भी आपके राज्य में घुलमिल जाएंगे और आपकी प्रजा के मध्य गुणों और श्रेष्ठता की मधुरता फैलाएंगे। '

राजा ने संत के ज्ञान का मूल्य समझा और यह भी कि महात्मा की उपस्थिति उसकी प्रजा को श्रेष्ठता प्रदान करेगी।

हम सब के भीतर भी राजा और संत के बीच का यही दैनिक संघर्ष चलता रहता है। राजा उस मुख्य पात्र का प्रतिनिधित्व करता है जिसके इस जीवन के साथ जिम्मेदारी, इच्छा, अभिलाषा, समस्या, अवसर, मजबूरी, पुण्य और पाप जुड़े हुए हैं। हमारे पास पहले ही इतना अधिक होता है कि किसी अन्य चीज को शामिल करने के लिए हमारे पास कोई जगह ही नहीं बचती।

संत और उसका दल हमारी उच्च सामर्थ्य जैसे उद्देश्य, प्रगति और विकास की संभावनाओं का प्रतिनिधित्व करते हैं जो हमारे जीवन को उन्नत बनाने के लिए हमारे ध्यान के द्वार को खटखटाती रहती हैं और यदि हम उन्हें अवसर दें तो हमारे जीवन के उत्थान हेतु तैयार रहती हैं। और हम उन्हें अवसर देते हैं क्योंकि हमारे भीतर गहराई में कहीं कोई आवाज हमें रूपान्तरण के इस आश्वासन पर चलने के लिए प्रेरित करती है।

पानी में शक्कर घुलने की प्रक्रिया हमारे आध्यात्मिक जीवन के उच्चतम ध्येय 'एकत्व और लयावस्था' की कहानी है। 'स्पिरिचुअल एनाटमी प्रोजेक्ट' का उद्देश्य हमारे खण्डित अस्तित्व को चेतना के उच्चतर अस्तित्व में विलीन कर उसे अखण्ड बना देना है और इस प्रकार अपनी वास्तविक सामर्थ्य को प्राप्त कर लेना है।

अब जब मैं 'एनाटमी' (संरचना) कहता हूँ तो आपके मन में क्या विचार आता है? अधिकतम संभावना तो यही है कि आपके मन में शारीरिक एनाटमी (संरचना) का संभवतः हाईस्कूल की जीव-विज्ञान की पुस्तक में बनी नीले रंग की शिराओं का, मांसपेशियों के लाल रंग के तश्तरीनुमा फाइबर का तथा हाथी-दाँत जैसी हड्डियों की उन आकृतियों का विचार आता होगा। साथ-साथ कार्य करने वाले अंगों की संयुक्त प्रणाली को फ़िजिकल एनाटमी (शारीरिक संरचना) कहते हैं। इसी प्रकार चेतना, अहंकार, बुद्धि और मनस् की संयुक्त प्रणाली को मेंटल एनाटमी (मानसिक संरचना) कहते हैं जिसमें ये साथ-साथ मिलकर हमारे विचारों और हमारी भावनाओं का निर्माण करते हैं। फ़िजिकल और मेंटल एनाटमी के बारे में और उसके पालन-पोषण के बारे में काफ़ी लिखा जाता है लेकिन एक तीसरी

प्रणाली भी होती है जिसे कम लोग जानते हैं और जिसका नाम स्पिरिचुअल एनाटमी (आध्यात्मिक संरचना) है। आत्मा की यह सूक्ष्म ऊर्जा-प्रणाली जाग्रत होने पर हमारी फ़िजिकल और मेंटल एनाटमी को समग्र (integrate) कर देती है और हमें ब्रह्माण्डीय अस्तित्व के साथ एक कर हमारे जीवन में हमेशा के लिए एक मधुरता भर देती है।

समग्रता (Integration) से होने वाला विकास

Integration शब्द लैटिन मूल Integer से बना है जिसका अर्थ 'समग्र' या 'अखण्ड' होता है। जब आप अपनी स्पिरिचुअल एनाटमी को सींचते हैं तो आप अपनी फ़िजिकल एनाटमी, मेंटल एनाटमी और स्पिरिचुअल एनाटमी तीनों में एक समग्रता ले आते हैं और वे मिलजुल कर एक संयुक्त इकाई के रूप में कार्य करने लगती हैं। समग्र होने पर आप जो महसूस करते हैं और जो आप अपने पूरे हृदय से प्रकट करते हैं उन दोनों में तालमेल आ जाता है। हृदय और मन एक लय में आ जाते हैं और इनके एक लय में आने से आपके विकास की परिस्थितियाँ निर्मित हो जाती हैं।

समग्रता के महत्त्व पर योग-दर्शन में बहुत कुछ कहा गया है। योग की एक परिभाषा "योग समाधि है"[1] भी है। योग और समाधि शब्दों के विभिन्न अर्थ हैं और योग की एक प्रचलित परिभाषा 'जुड़ना' भी है। समाधि को सामान्यतः एक परमानन्द या संज्ञा-शून्यता समझा जाता है जो एक उच्चतर विचार है। समाधि का अर्थ है - 'वह अवस्था जो सृष्टि के अस्तित्व में आने से पूर्व विद्यमान थी'। और वह अवस्था परम संतुलन की अवस्था, एकत्व की अवस्था थी। अतः 'योग समाधि है' का अर्थ है 'आन्तरिक समग्रता की वह अवस्था जिसमें हर चीज सृष्टि रचना से पूर्व की अवस्था के सदृश संतुलन, क्रम तथा सामंजस्य में होती है।'

स्वयं की उस पूर्ण संतुलित अवस्था में होने की कल्पना करें। आपको क्या प्राप्त हुआ? अब जरा इसका उल्टा भी सोचें - एंट्रॉपी और असंतुलन की वह अवस्था जिसमें शान्ति न हो, मन भटकता हो और जीवन बिखरा-बिखरा और बँटा हुआ रहता हो। समग्रता और संतुलन के विपरीत इससे हमारे जीवन में क्या बदलाव आ सकता है?

समग्र बने रहते हुए विकास करना एक ऐसी यात्रा है जिसमें हम चेतना की विभिन्न अवस्थाओं से होते हुए धीरे-धीरे ऊपर उठते हैं। यह एक लम्बे अभियान की तरह है जिसमें विश्राम और चिंतन के पड़ाव भी होते हैं। विश्राम के उन क्षणों

में हम वहाँ के वातावरण के आदी बनते हैं और आगे बढ़ने से पहले उस वातावरण के साथ जुड़ जाते हैं। ऊपर उठते हुए जो भी हमें मिलता है उसे सुदृढ़ करने से हमारा आध्यात्मिक दृष्टिकोण भी सांसारिक चीजों से भव्यता की ओर विस्तार करता है। इसमें समय लगता है लेकिन रुचि और प्रयास इस प्रक्रिया में तेजी ला देते हैं।

इस महान यात्रा को मैंने 'स्पिरिचुअल एनाटमी प्रोजेक्ट' कहा है। संस्कृत में यात्रा से तात्पर्य हमारे भीतर केन्द्र की पावन यात्रा से है तथा 'अभ्यासी' से तात्पर्य उस यात्रा को करने वाले से है। अभ्यासी के लिए मैं 'जिज्ञासु' या 'प्रैक्टिशनर' शब्दों का इस्तेमाल भी करता हूँ। लेकिन कोई भी आपको यात्रा पर चलने या ध्यान करने के लिए बाध्य नहीं कर सकता। यह एक स्वैच्छिक अभियान है जिसकी प्रेरणा हृदय से आती है। लेकिन जब आप इस अभियान पर निकल पड़ते हैं तो हृदय आपसे बात करने के लिए भी तैयार हो जाता है और आप उसे सुनने तथा उससे प्राप्त स्वाभाविक ज्ञान पर चलने का साहस जुटाने की इस अद्भुत योग्यता में माहिर होने की कला सीखने लगते हैं।

हृदय की भाषा प्रेरणा है। जब आप हृदय पर ध्यान करते हैं तो उसकी प्रेरणा आपकी चेतना में पहुँच कर उन्नत विचारों को जन्म देती है। लेकिन जब आध्यात्मिक विष – 'पूर्वाग्रह और पक्षपात' चेतना में अवरोध उत्पन्न कर देते हैं तो हृदय की प्रेरणा अपनी वास्तविक सामर्थ्य को प्राप्त नहीं कर पाती। पृथ्वी के भीतर से उसकी पर्तों को काटते हुए फूट कर बाहर निकलने वाले 'किम्बरलाइट' खनिज की कल्पना कीजिए। यदि इसके मार्ग को अवरुद्ध कर दिया जाए तो इसकी गति मंद पड़ जाती है और यह भीतर ही रह जाता है। लेकिन यदि 'किम्बरलाइट' को बेरोकटोक ऊपर आने दिया जाए तो उससे हमें हीरा प्राप्त हो सकता है।[2]

साल भर के सभी संकल्प, आश्वासन एवं न निभाए गए वादों के कारण इच्छा-शक्ति पर लगने वाले आरोपों तथा संकल्प में कमी और स्वयं को कमजोर समझने की विध्वंसकारी आदत के बारे में सोचें। जो हम महसूस नहीं कर पाते वो यह है कि हमारी चेतना में उत्पन्न ये अवरोध ही हमें हताश करते हैं और हमारे संकल्पों को पूरा नहीं होने देते।

ध्यान का उपहार इन अवरोधों को दूर कर सकता है।

जब आप अपने 'स्पिरिचुअल एनाटमी प्रोजेक्ट' की यात्रा आरम्भ करते हैं तो आप अपनी चेतना के अवरोधों को हटाना आरम्भ कर देते हैं। परिणामस्वरूप हृदय से उठने वाले आवेग अधिक स्वतंत्रता पूर्वक प्रवाहित होते हैं और उन अनुभूतिओं को प्रेरित करते हैं जो विकास और परिवर्तन के सकारात्मक विचार उत्पन्न करती

हैं। आपके विचार उन अनुभूतिओं का वर्णन करने, उनकी विवेचना करने तथा उन्हें समझने हेतु मन के लिए एक बौद्धिक फीडबैक का कार्य करते हैं।

उदाहरण के लिए किसी आलोचना के कारण जब आप अशांत महसूस करते हैं तो आपके विचार आपको यह समझाने में मदद करते हैं कि, "मुझे इसलिए बुरा लगा क्योंकि मैंने अत्यधिक प्रयास करने के बाद प्रशंसा की अपेक्षा की।" इसी प्रकार जब आप छुट्टी मनाने जाते समय उत्तेजित होते हैं तो इस भावना की विवेचना आपके विचार यह कहकर कर सकते हैं, "मैं इसलिए रोमांचित हूँ क्योंकि मुझे एक अवकाश की जरूरत है और मुझे कोई नई जगह भी देखनी है।" दोनों ही स्थितियों में आपके विचार आपकी अनुभूतिओं की व्याख्या और विवेचना करने हेतु एक बौद्धिक फ़ीडबैक प्रदान करते हैं।

अनुभूति कारण है, विचार उसका प्रभाव है और कर्म उसका परिणाम। "मैं सोचता हूँ इसलिए मैं हूँ" से पहले "मैं महसूस करता हूँ इसलिए मैं सोचता हूँ" आता है। आपका 'स्पिरिचुअल एनाटमी प्रोजेक्ट' केन्द्र से परिधि की ओर कार्य करता है। आप केवल बाहर ही बाहर नहीं बदलते बल्कि भीतर से रूपांतरित होना शुरू होते हैं।

जब आन्तरिक रूपान्तरण सचमुच घटित होता है तो क्या होता है? यह देखने की बजाय कि गिलास आधा भरा है या आधा खाली है आप यह संभावना देखते हैं कि गिलास की क्षमता दोगुनी है। नए दृष्टिकोण उभरते हैं और आपका कार्य-क्षेत्र विस्तृत होता जाता है। आपके कदम विकासोन्मुख हो जाते हैं जिनसे आपको अच्छा महसूस होता है, जिनसे आपको उत्साह मिलता है और जिनसे आपके भीतर प्रेरणा जागृत होती है।

आइए इस क्रम पर पुनः एक नज़र डालते हैं –

आन्तरिक प्रेरणा → अनुभूति में परिवर्तन → विचारों में परिवर्तन → कर्मों में परिवर्तन

आपकी चेतना के अवरोध जब दूर होते हैं और वह विकास करती है तो आपकी प्रेरणा से सकारात्मक विचार, सकारात्मक विचार से उद्देश्यपूर्ण कर्म और उद्देश्यपूर्ण कर्म के परिणामस्वरूप एक रूपांतरण इंजन (transformation engine) का चक्र (virtuous loop) बन जाता है। जब यह इंजन तेज घूमने लगता है तो आप एक नई जागरूक अवस्था में पहुँच जाते हैं जहाँ से आपको जीवन के जागरूक उद्देश्य और अर्थ का ज्ञान होता है और फिर आप उसी दिशा में कार्य करते हैं। अब आप जीवन के अनुभवों का विरोध नहीं करते बल्कि अपने सामने आने वाले अवरोधों से शिक्षा ग्रहण करते हैं।

ऐसा रूपान्तरण सुखद परिणाम देता है।

और शायद पहली बार आप एक ऐसे सुख (happiness) का अनुभव करते हैं जिसमें कोई शर्त नहीं होती, जिसमें कोई भौतिक प्रोत्साहन नहीं होता। आपका सुख अस्तित्व की एक स्थायी और केन्द्रित अवस्था बन जाता है। जब आप इस सुख को प्राप्त कर लेते हैं तब आपको सुख (happiness) और इन्द्रिय-सुख (pleasure) में जो सुख का ही एक मसालेदार रूप है मौलिक अंतर मालूम पड़ता है। इन्द्रिय-सुख में कुछ गलत नहीं। हम अच्छे रेस्टोरेंट में खाना खाते हैं, दोस्तों के साथ हँसते-खेलते हैं, छुट्टियाँ मनाते हैं। ये सभी हमारे जीवन के क्षणिक आनन्द हैं। इन्द्रिय सुख को हम पसंद करते हैं और कभी-कभी तो ज्यादा ही। लेकिन सुख के लिए हम तड़पते हैं।

स्थायी सुख का सचेतन अनुभव कर लेना समग्रता की ओर हमारी यात्रा का एक आरम्भिक कदम होता है। जल्द ही आप आन्तरिक शान्ति, करुणा और आनन्द पाने के तरीके से आनन्द के असाधारण रूप से उच्च स्तरों तक पहुँचने का तरीका खोज लेते हैं क्योंकि इस प्रकार की आन्तरिक शान्ति स्थायी होती है। जो मैं आपको बता रहा हूँ वह अपने अनुभव के आधार पर बता रहा हूँ जिसे आप अपनी यात्रा के थोड़े समय में ही देख सकते हैं। ये वो परिणाम हैं जो आपको अपनी स्पिरिचुअल एनाटमी पर कार्य करने के फलस्वरूप प्राप्त होते हैं।

आपको यह जानकार खुशी होगी कि विज्ञान के प्रमाण तथा ध्यान का ज्ञान एक ही सत्य की ओर संकेत करते हैं। अपनी पुस्तक 'द अवेकंड ब्रेन' में डॉ. लीज़ा मिलर ने एम.आर.आई., आनुवांशिक शोध तथा एपिडर्मियोलॉजी की मदद से आध्यात्म के विज्ञान पर अपने आधुनिकतम शोध का वर्णन किया है। अपने आध्यात्मिक केन्द्र पर कार्य करने से उत्पन्न लाभ के बारे में वह लिखती हैं, "हम एक-दूसरे के प्रति अपने बिखरे व खण्डित दृष्टिकोण एवं टुकड़ों-टुकड़ों में बँटे अपने स्वरूप से ऊपर उठकर जीवन जीना आरंभ कर देते है तथा प्रेम की जागरूकता, आपसी-जुड़ाव, मार्गदर्शन और जीवन के आश्चर्य पर आधारित मार्ग के निर्माण में लग जाते हैं।"[3] चेतना की यात्रा व्यक्तिगत स्व के एक सीमित विचार से आरम्भ होकर सृष्टि के साथ अपने सार्वभौमिक जुड़ाव की अनुभूति में परिवर्तित होती हुई उस सृष्टि के साथ एक हो जाने की यात्रा होती है।

भविष्य में हमें यह अधिक से अधिक दिखाई देने लगेगा कि विज्ञान और आध्यात्मिकता का नारा एक ही है कि 'अपनी स्पिरिचुअल एनाटमी पर कार्य करने से हमारी चेतना का विकास होता है'। एक विकसित चेतना जीवन में एक उच्चतर

अर्थ एवं उद्देश्य ले आती है और हमें अपनी वास्तविक सामर्थ्य तक पहुँचने में मदद करती है। तो इस दिशा में आप आगे कैसे बढ़ पाएंगे? इस 'स्पिरिचुअल एनाटमी प्रोजेक्ट' के प्रति आप भक्तिपूर्वक अपनी प्रतिबद्धता कैसे दिखा पाएंगे? स्वेच्छा और रुचि ही इसकी कुंजी हैं।

आपसे क्या अपेक्षा की जाती है?

किसी पक्षी को सीधी उड़ान भरने के लिए अपने दोनों पंखों की जरूरत पड़ती है। इसी प्रकार एक विकासपूर्ण और उद्देश्यपूर्ण जीवन जीने के लिए जीवन के हर दैनिक कार्य को आध्यात्मिक बनाकर अपने आध्यात्मिक और सांसारिक दोनों जीवनों को जोड़ देना चाहिए। दैनिक जीवन के हर कार्य में अपनी आत्मा को, अपने हृदय को झोंक दें। जब बोलें तो हृदय से बोलें। किसी को देखें तो करुणा भरी दृष्टि से देखें। जब किसी परिवार को खाने का आनन्द लेते हुए देखें तो उनके स्वास्थ्य के लिए मौन प्रार्थना करें। लोगों को जब कष्ट में देखें तो मदद करें।

संसार भूखा है ऐसे दिलों का जिनसे विनम्रता और श्रेष्ठता प्रकट होती हो। आपके आध्यात्मिक कार्य ऐसे मूक और पराक्रम से भरे संकेत होते हैं जो दूसरों के हृदय को छू लेते हैं। स्पिरिचुअल एनाटमी का यह प्रोजेक्ट आपसे आरम्भ होता है, जीवन में आप जहाँ हैं वहाँ से आरम्भ होता है। परिवार, कार्य और समुदाय के प्रति आपके उत्तरदायित्व आपके विकास में प्रेम, स्वीकार्यता, त्याग और क्षमा के गुणों की नींव स्थापित करने का एक प्रशिक्षण हैं।

इसके लिए जिस चीज की आपको जरूरत है वह है आपकी मर्जी और आपकी रुचि। जब आप अपनी मर्जी से अभ्यास करते हैं और अपने रूपान्तरण में भाग लेते हैं तो आप अपने जीवन में अपनी आत्मा की ऊर्जा लगा देते हैं। आप अपने हृदय को उसकी जैविक पम्प की भूमिका से ऊठा कर चेतना के एक वाहन की भूमिका में ले आते हैं।

यदि आप अपनी स्पिरिचुअल एनाटमी को लेकर उत्सुक हैं तो यह पुस्तक आपकी उचित प्रकार से सहायता करेगी। यदि आप अपना फोकस बढ़ाने, तनाव से निबटने और अच्छी आदत उत्पन्न करने के लिए ही ध्यान की प्राथमिक चीजें सीखना चाहते हैं तो आपके लिए यह पुस्तक ऐसे संसाधनों से भरी पड़ी है। यह प्रोजेक्ट आपका है और आपको ही यह निर्धारित करना होगा कि आप कौन से मार्ग पर चलना चाहेंगे।

मैं आपकी मदद के लिए ही हूँ। यात्रा लम्बी हो सकती है अतः राह में दोस्तों का होना अच्छा रहेगा। मेरे जीवन का अभियान प्रेम से भरे ऐसे हृदय तैयार करना है जो मानवता के विविध बगीचों में अलौकिक आध्यात्मिक पुष्पों की तरह खिले हुए हों और एक भयहीन एवं प्रेरणा से भरा जीवन जी रहे हों। यह पुस्तक इस उद्देश्य को पूर्ण करने की दिशा में एक सच्चा प्रयास है और मुझे आशा है कि यह आपको आत्म-साक्षात्कार के मार्ग पर चलने की प्रेरणा प्रदान करेगी।

जागरूकता का मानचित्र

यदि आप सैन फ्रांसिस्को से न्यूयॉर्क शहर कार से जाना चाहते हैं तो पूर्व की ओर जाने का एक सरल निर्देश आपकी शुरुआत में पर्याप्त रहेगा। लेकिन जैसे-जैसे आपकी यात्रा में प्रगति होती जाएगी तो आपको दिशाओं की, ठहरने के स्थान की, दृश्य वाले स्थानों आदि की और अधिक विस्तृत सूचना की आवश्यकता पड़ेगी। सामान्य से विशिष्ट की ओर यात्रा करना एक स्वाभाविक प्रगति है।

इसी प्रकार आध्यात्मिक यात्रा भी आत्म-जागरूकता के एक सामान्य स्तर से आरम्भ होती है। जैसे-जैसे चेतना विकसित होती जाती है हमारी जागरूकता और परिष्कृत होती जाती है। हम बड़ी बारीकी से अपनी यात्रा के मीन-मेख समझने लगते हैं। हम गहरे स्तर की तृप्ति और जुड़ाव का अनुभव करते हैं।

जागरूकता का यह मानचित्र आपकी आन्तरिक यात्रा की एक सहायक सामग्री है। हार्टफुलनेस में शोधकर्ताओं की एक टीम द्वारा सोच-समझ कर तैयार किया गया 23 प्रश्नों का यह सेट आत्म-चिंतन की सामग्री है। मैं आपको यह प्रश्नावली हल करने के लिए

आमंत्रित करता हूँ ताकि आप अपने आरम्भिक स्थान पर मनन कर सकें और फिर वर्ष में दो या तीन बार पुनः लौट कर अपनी विकसित होती चेतना पर नजर रख सकें। एक प्रकार से यह आत्म-मूल्यांकन का एक अवसर प्रतीत हो सकता है लेकिन इस प्रश्नावली को कृपया अपनी कमियों को उजागर करने के एक अवसर के रूप में देखें। क्योंकि बिना जागरूक बने हम विकसित नहीं हो सकते।

प्रश्नावली को हल करना

इन प्रश्नों का उत्तर देने के लिए कोई शान्त जगह ढूंढें। इसमें दस-पंद्रह मिनट से ज्यादा नहीं लगना चाहिए। मैं चाहता हूँ कि आप अपने उत्तर एक डायरी में रिकॉर्ड कर लें यद्यपि यह प्रश्नावली डाउनलोड के लिए https://www.spiritualanatomy.com पर भी उपलब्ध है। प्रत्येक कथन को पढ़कर यह मनन करें कि गत दो सप्ताह में आपका व्यवहार कैसा रहा। आप कथन से सहमत हों अथवा नहीं उचित बॉक्स में एक चिह्न लगा दें।

उदाहरण के लिए एक प्रश्न में लिखा है – 'मैं जीवन के संघर्ष और उसकी शिक्षाओं को स्वीकार करता हूँ। ' यहाँ पर आप उन चुनौतियों को जिन्हें पिछले दो हफ़्तों तक आपने स्वीकार किया और उनको जिन्होंने आपको परेशान किया आप यहाँ लेंगे और फिर अपना उत्तर चुनेंगे।

नोट – कुछ प्रश्न 'हृदय के ज्ञान' के बारे में पूछते हैं। 'हृदय के ज्ञान' से तात्पर्य उस ज्ञान से है जो तब अवतरित होता है जब आप विचारों, इच्छाओं, गुण-दोष देखने एवं भावनाओं के शोर से ऊपर उठ जाते हैं।

दूसरों के साथ आपसी सम्बन्ध

	कभी नहीं	शायद ही कभी	कभी-कभी	बहुधा	लगभग हमेशा	हमेशा ही
1. मैं दूसरों की भावनाओं, जरूरतों और कष्टों के प्रति ग्रहणशील हूँ।	○	○	○	○	○	○
2. इस बात पर मैं गौर करता हूँ कि बातचीत के दौरान लोगों की मेरे प्रति क्या प्रतिक्रिया रहती है।	○	○	○	○	○	○
3. बातचीत के दौरान मैं दूसरों के प्रति अपनी प्रतिक्रियाओं पर गौर करता हूँ।	○	○	○	○	○	○
4. मैं दूसरों के अहसास, जरूरतों, खुशियों और कष्टों का ध्यान रखता हूँ।	○	○	○	○	○	○
5. मैं दूसरों के परिप्रेक्ष्य का ख़याल रखता हूँ और उनसे सीखता हूँ।	○	○	○	○	○	○

हृदय को सुनना

6. मैं अपने हृदय के ज्ञान को सुनता हूँ (वह ज्ञान जो तब	○	○	○	○	○	○

	कभी नहीं	शायद ही कभी	कभी-कभी	बहुधा	लगभग हमेशा	हमेशा ही
आता है जब मेरी पूर्वनिर्मित धारणाएँ, इच्छाएँ, निर्णय और भावनाएं शान्त हो गई हों) और जो वह बताता है उस पर भरोसा करता हूँ।						
7. मैं स्वयं को अपने जीवन में हृदय से मार्गदर्शन पाता महसूस करता हूँ।	○	○	○	○	○	○
8. निर्णय लेते समय और दूसरों से बातचीत करते समय मेरे लिए अपने हृदय के ज्ञान से जुड़े रहना आसान होता है।	○	○	○	○	○	○
9. किसी भी परिस्थिति में निर्णय लेने के लिए मेरा हृदय (आन्तरिक ज्ञान) भावनाओं और विचारों से उठकर मेरा मार्गदर्शन करता है।	○	○	○	○	○	○
10. अपने अंतर्बोध पर मैं भरोसा करता हूँ।	○	○	○	○	○	○

उच्च स्व के साथ सम्बन्ध

11. मैं समस्त सृष्टि के आधार एक गहरे सत्य का सहारा महसूस करता हूँ।	○	○	○	○	○	○

	कभी नहीं	शायद ही कभी	कभी-कभी	बहुधा	लगभग हमेशा	हमेशा ही
12. मैं स्वयं को किसी उच्चतर का अंश महसूस करता हूँ।	○	○	○	○	○	○
13. अपने सांसारिक स्वरूप से परे मैं अपने स्वरूप का आध्यात्मिक पहलू भी महसूस करता हूँ।	○	○	○	○	○	○
14. मुझे महसूस हो रहा है कि मेरी चेतना विकसित हो रही है।	○	○	○	○	○	○
15. जीवन के प्रति मेरे भीतर एक आश्चर्य और विस्मय की भावना है।	○	○	○	○	○	○
16. मेरे भीतर ब्रह्माण्ड के सभी जीवों के साथ एकत्व का भाव है।	○	○	○	○	○	○

स्वीकार करना और जाने देना

	कभी नहीं	शायद ही कभी	कभी-कभी	बहुधा	लगभग हमेशा	हमेशा ही
17. वे परिस्थितियाँ जो कठिन, असहज और चुनौतीपूर्ण होती हैं उन्हें मैं हँस कर गले लगाता हूँ।	○	○	○	○	○	○
18. विकसित होने के लिए मैं खुशी-खुशी जीवन की परिस्थितियों में ढल जाता हूँ।	○	○	○	○	○	○

	कभी नहीं	शायद ही कभी	कभी-कभी	बहुधा	लगभग हमेशा	हमेशा ही
19. अपने जीवन में आने वाले सभी अनुभवों को मैं खुशी-खुशी गले लगा लेता हूँ।	○	○	○	○	○	○
20. जीवन के संघर्षों और उसकी शिक्षाओं को मैं स्वीकार करता हूँ।	○	○	○	○	○	○
21. किसी परिस्थिति में कैसी प्रतिक्रिया व्यक्त की जाए यह जानने के लिए मैं अपनी जागरूकता का इस्तेमाल करता हूँ।	○	○	○	○	○	○
22. मेरे भीतर या बाहर कुछ भी हो रहा हो मेरी भावनाएं, मेरी अनुभूतियाँ और मेरे विचार सन्तुलित (स्थिर) बने रहते हैं।	○	○	○	○	○	○
23. जैसे-जैसे मेरी जागरूकता और मेरी चेतना में परिवर्तन आता जाता है मैं परिवर्तन के अनुरूप अपने व्यवहार को ढालता जाता हूँ।	○	○	○	○	○	○

उत्तरों पर मनन

याद रहे कि आपके ये उत्तर सही या गलत नहीं हैं बल्कि आप कहाँ पर हैं इसकी जागरूकता के प्रति उत्सुकता उत्पन्न करने का एक अवसर हैं। यदि आप हर संभव वस्तुनिष्ठ (objective) रह सकें तो हर प्रश्न के आपके उत्तर आपको उस क्षेत्र का एक भाव प्रदान कर सकते हैं जहाँ पर आपको ध्यान देने की तथा अपनी आध्यात्मिक प्रगति के माध्यम से विकसित होने की आवश्यकता है।

उदाहरण के लिए आप मालूम कर सकते हैं कि बातचीत के दौरान तो आप कभी-कभी ही अपनी प्रतिक्रियाओं के प्रति जागरूक होते हैं (प्रश्न-3)। जैसे-जैसे आपकी यात्रा आगे बढ़ती है आप यह देखने के लिए कि क्या-क्या परिवर्तन आया पुनः उन प्रश्नों को देख सकते हैं। उदाहरण के लिए आपको यह ज्ञात हो सकता है कि बातचीत के दौरान अब आप अपनी प्रतिक्रियाओं के प्रति लगातार जागरूक रहने लगे हैं जिससे यह मालूम पड़ता है कि दूसरों के प्रति आपकी जागरूकता में लगातार वृद्धि हो रही है। यह आपकी आन्तरिक यात्रा में स्वाभाविक रूप से उपजी करुणा का प्रतीक है।

अन्य प्रश्नों में आपकी उपलब्धि घट भी सकती है क्योंकि आप उनके गहरे अर्थ के प्रति जागरूक हो जाते हैं। उदाहरण के लिए प्रश्न-18 'विकसित होने के लिए मैं खुशी-खुशी जीवन की परिस्थितियों में ढल जाता हूँ' पर आप 'बहुधा' चुन सकते हैं। जैसे-जैसे आपकी यात्रा जारी रहती है आप खुशी-खुशी स्वीकार करने का और अधिक महत्त्व समझने लगते हैं और यह भी महसूस करने लगते हैं कि अभी भी सुधार की संभावना है। अतः अगली बार जब आप इन प्रश्नों को करेंगे तो आप कभी तो 'बहुधा' और कभी 'शायद ही कभी' चुन सकते हैं। यह इस बात का प्रतीक होगा कि अब आप जीवन की परिस्थितियों के प्रति अपनी प्रतिक्रियाओं के सूक्ष्म लेकिन महत्वपूर्ण पहलुओं के प्रति अधिक जागरूक हो गए हैं। आपके स्कोर का नीचे जाना फलों से लदी पेड़ की डालियों का झुकना भी माना जा सकता है। जितना आप विकसित होते जाते हैं उतना ही आप झुकते जाते हैं।

ये प्रश्न और उनके उत्तर चेतना की यात्रा में तय की गई आपकी दूरी का सूचक बन जाते हैं। हर बार लौट कर आएं और इन प्रश्नों का पुनः उत्तर दें। इससे किस प्रकार मदद मिलेगी? आपने गौर किया होगा कि जब किसी ज्ञान की पुस्तक को हम दोबारा पढ़ते हैं तो हम कुछ ऐसी चीजें ढूंढ लेते हैं जो पहले हम से छूट गई थीं जैसे कोई नया विचार, कोई नई अवधारणा या कोई गहरी समझ। पुस्तक नहीं बदलती लेकिन आप बदल जाते हैं। इसी प्रकार समय बीतने के साथ आपकी प्रविष्टियाँ भी इस बात को प्रदर्शित करेंगीं कि अपनी आन्तरिक यात्रा में आपने कितनी दूरी तय कर ली है।

2

आपका वास्तविक सामर्थ्य

एक राजा के तीन पुत्र थे। राजा ने एक पुत्र का चुनाव करना चाहा जो बुद्धिमान हो और लोगों की देखभाल कर सके। अतः उसने तीन महल बनवाए और प्रत्येक पुत्र से एक महल को सजाने को कहा। राजा ने घोषणा की कि यह चुनाव लोग करेंगे कि कौन सा महल सबसे अच्छा है। लेकिन एक कठिनाई थी कि सजावट करने का बजट केवल तांबे के पाँच सिक्के था। इतने कम बजट में कोई पूरे महल को कैसे सजा सकता था?

इस हास्यास्पद माँग से क्रोधित पहले पुत्र ने अपनी घृणा प्रकट करते हुए महल में चारे की गठरियाँ, बाँस और भूसा बिखेर दिया। दूसरे पुत्र ने समस्या पर कुछ देर तक विचार किया और उसने एक स्थानीय कलाकार को चारकोल से राजा के स्केच बनाने को कहा और उन्हें हर कमरे में रख दिया। तीसरा पुत्र शांतिपूर्वक महल में बैठ गया और उसने इस परीक्षा का अर्थ और उसका उद्देश्य समझने के लिए मार्गदर्शन मिलने की प्रार्थना की। उसके लिए अपने पिता की मुस्कान ही सर्वोपरि थी।

उत्तर आया और उसने पूरे महल में मोमबत्तियां और अगरबत्तियां लगा दीं। उसके पास कुछ धन भी बच गया था अतः उसने एक रंगीन चिन्ह बनवाया जिसमें लिखा था 'लोक-भवन'। शाम होते-होते जब लोग महल देखने जाने लगे तो हर कोई मोमबत्ती की स्वर्णिम चमक से प्रकाशित महल की ओर आकर्षित होने लगा। जब उन्होंने बाहर के चिन्ह को पढ़ा तो वे फूल, चटाइयाँ और फर्नीचर ले आए। कुछ ही घण्टों में महल को सजा दिया गया और लोगों ने उचित उत्तराधिकारी का चुनाव करने में राजा की मदद की।

हम सभी के पास एक सीमित पूँजी है और वह पूँजी 'समय' है। आप अमीर हों या गरीब, पढ़े-लिखे हों या अनपढ़, जवान हों या बूढ़े इससे कोई फर्क नहीं पड़ता।

समय की गरीबी से हर कोई जूझ रहा है। तांबे के पाँच सिक्के समय की गरीबी के इस विचार का उदाहरण हैं कि करने को बहुत कुछ है लेकिन समय पर्याप्त नहीं है। तीसरे राजकुमार द्वारा लिए गए निर्णय यह दिखाते हैं कि जब हम जीवन के उच्चतर उद्देश्य और अर्थ को खोज लेते हैं और उस सामर्थ्य को प्राप्त करने की दिशा में कार्य करते हैं तो क्या संभावनाएं होती हैं।

जीवन हमारी सामर्थ्य को प्राप्त करने का एक अवसर है। लेकिन यह दुःख की बात है कि हममें से अधिकतर लोग सामर्थ्य के बीज-रूप में ही रह जाते हैं और फूल बनने के लिए कभी अंकुरित नहीं हो पाते। मनुष्य का फूल बनकर खिलने का अर्थ है साक्षात्कार हो जाना। फूल बनकर खिलने के लिए हमें खतरों, वास्तविकता तथा परिवर्तन के सामने स्वयं को खोलना होगा। शायद अब आपकी समझ में आ रहा होगा कि आखिर क्यों हममें से अधिकतर लोग बीज ही बने रहना चाहते हैं। हम अपने बाहरी कवच से सुरक्षित रहते हैं। जो अहंकार और सुविधा का कवच है। अतः जब तक हम अहंकार और सुविधा के इस कवच को तोड़ नहीं देंगे हम सीमाओं को पार कर असीमित नहीं बन पाएंगे।

स्पिरिचुअल एनाटमी का यह प्रोजेक्ट आपके असीम सामर्थ्य को खोल देता है। शारीरिक विकास हेतु हम भौतिक शरीर पर कार्य करते हैं लेकिन जीव-विज्ञान के नियम शारीरिक विकास की सामर्थ्य को सीमित कर देते हैं। मानसिक क्षेत्र में भौतिक क्षेत्र की अपेक्षा विकास की अधिक सामर्थ्य होती है। लेकिन यहाँ भी कुछ समय के बाद हम कई कारणों जैसे उम्र बढ़ने और सीखने की प्रक्रिया धीमी पड़ने से एक सीमा तक ही विकास कर पाते हैं। भौतिक शरीर और मन की तुलना में आत्मा के भीतर असीम सामर्थ्य होती है। इसे इस प्रकार सोचें। एक टुकड़ा बर्फ, एक बाल्टी पानी और भाप में से किसके भीतर फैलने की और विकास की सर्वाधिक सामर्थ्य होती है? भाप के भीतर। माध्यम जितना सूक्ष्म होगा उसके विकास की सामर्थ्य उतनी ही अधिक होगी।

अब मैं यह स्पष्ट करना चाहता हूँ कि जब मैं आपकी सामर्थ्य की बात कर रहा हूँ तो मेरा तात्पर्य आपके पेशे की सफलता, कोई अच्छा घर खरीदने, सही व्यक्ति से विवाह करने या एक दर्जन मैराथन जीतने से नहीं है। मैं आपकी भीतरी सामर्थ्य, आपकी आध्यात्मिक क्षमता की बात कर रहा हूँ क्योंकि यह उन गुणों का सार है जो आपको मनुष्य बनाते हैं, जो आपके भीतर प्रेम और जुड़ाव उत्पन्न करते हैं।

जब हम अपने आध्यात्मिक विकास की उपेक्षा करते हैं तो हम अपनी पूर्ण सामर्थ्य को प्राप्त करने के अवसर से चूक जाते हैं। हो सकता है कि इसका अहसास आपको अभी यह सोचकर न हो कि यह अवसर तो आपके पास हमेशा

ही रहेगा। लेकिन मैं इसकी तुलना आपकी उस अनुभूति से करूंगा जो आपको प्लेटफ़ॉर्म पर पहुँचते ही ट्रेन को छूटते हुए देखने से होती है या फिर टर्मिनल से होकर दौड़ने पर भी अपनी फ्लाइट के छूट जाने से होती है। आप लगभग पहुँच ही चुके थे। इस बात का पछतावा कि आपने अपनी पूरी सामर्थ्य नहीं दिखाई आपकी आत्मा पर एक भारी बोझ बन जाता है।

अध्ययन ने बार-बार यही दिखाया है कि अपने आखिरी दिनों में लोग अपने ऑफिस में कठोर परिश्रम न करने या अच्छे-अच्छे कपड़े न खरीदने का पछतावा नहीं करते बल्कि इस बात का पछतावा करते हैं कि वे अपने जीवन में और अधिक प्रेम नहीं उड़ेल पाए, अपने प्रियजनों के साथ वे और अधिक समय नहीं बिता पाए और अपने हृदय को दया और करुणा से फलने-फूलने नहीं दे पाए। वे उन चीजों पर पछताते हैं जिन पर उन्होंने कोई प्रयास नहीं किया।[4] सन् 2018 में किए गए एक अध्ययन में पाया गया कि इससे भी अधिक गहरा पछतावा लोगों को जिस चीज का होता है वो यह कि वे कोई ऐसा कदम नहीं उठा पाए जो उन्हें स्वयं की नज़रों में अपना एक आदर्श स्वरूप बना देता।[5]

अपने आदर्श स्वरूप से हमारा क्या तात्पर्य है? यह हमारा वह पक्ष है जो आशाओं, सपनों और अभिलाषाओं से मिलकर बना होता है। अपने लक्ष्य को प्राप्त करना हमें सन्तोष प्रदान करता है लेकिन जब हमें अपना असली उद्देश्य ज्ञात होता है और हम उसकी ओर बढ़ जाते हैं तो हमारे आदर्श स्वरूप को तब अपनी असली तृप्ति प्राप्त होती है। एक जाग्रत हृदय का प्रकाश इस प्रयास में हमारा मार्गदर्शन करता है। उस राजकुमार की तरह जिसने अपने हृदय के भीतर जाने के लिए कुछ समय लिया और उसके बाद अपने उद्देश्य को प्राप्त किया आपको भी अपनी स्पिरिचुअल एनाटमी पर कार्य करने से अपनी सामर्थ्य को प्राप्त करने में मदद मिलेगी।

आत्मा और उसकी प्रणालियाँ

जब वैज्ञानिक भौतिक दुनिया के निर्माणकारी घटकों का वर्णन करना चाहते हैं तो वे आवर्त सारणी (Periodic Table) का सहारा लेते हैं। यह सारणी परमाणु भार, परमाणु संख्या और तत्वों के गुणों के आधार पर उनका वर्गीकरण करने की एक समग्र प्रणाली है। हमारी स्पिरिचुअल एनाटमी के भी निर्माणकारी घटक होते हैं जिनका वर्गीकरण हम आत्मा और उसके घटकों चक्र, कोश तथा सूक्ष्म शरीर

के रूप में कर सकते हैं। आइए आत्मा से आरंभ करके हम इनमें से प्रत्येक को परिभाषित करते हैं।

"आत्मा क्या है?" इस प्रश्न का उत्तर देने के लिए हमें व्यक्ति के जीवन के आरम्भ अर्थात् उसके जन्म के समय में जाना पड़ेगा। क्या आपने बच्चे को जन्म लेते देखा है? यदि आपने नहीं देखा हो तब भी उस नवजात शिशु का इस संसार में पहुँचने का उद्घोष तो आपने सुना ही होगा। यह एक कोमल क्रंदन होता है जो जीवन और मिठास से इतना भरा होता है कि अधिकांश माता-पिता के दिलों पर इसकी याद चुभ जाती है। लेकिन शिशु यदि नहीं रोता तो वह चुप्पी बड़ी क्रूर होती है। डॉक्टर मदद के लिए दौड़ पड़ते हैं। उनके प्रयास करने पर भी यदि शिशु नहीं रोता तो इसके शोक में फिर परिवार रोता है।

शिशु क्यों नहीं रोया? क्योंकि कोई चीज जो शिशु के जन्म के समय साथ में आनी चाहिए थी या वह चीज जो शिशु में हरकत ले आती नहीं आई। वह चीज जो नहीं आई, वह चीज जो जीवित और मृत में अंतर पैदा करती है जीवन-शक्ति कहलाती है। जब तक यह जीवन-शक्ति शरीर को त्यागने का निर्णय नहीं ले लेती वह आपको चलाती रहती है।

जब कोई जीवन-शक्ति नहीं रहती तो जीवन का अनुभव भी नहीं रहता। आपके मन और शरीर इसी जीवन-शक्ति के कारण कार्यरत रहते हैं। विभिन्न संस्कृतियों में इस जीवन-शक्ति के विभिन्न नाम हैं जैसे सोल, स्पिरिट, आत्मा, रूह और नेशामेह। संस्कृत का एक शब्द जो मुझे सर्वोत्तम मालूम पड़ता है वह है 'कारण शरीर' अर्थात् हमारे अस्तित्व का कारण। आत्मा हमारे अस्तित्व का सर्वोच्च सामर्थ्य वाला सबसे सूक्ष्म अंग है।

चक्र जो आत्मा की आध्यात्मिक ऊर्जा के केन्द्र होते हैं इस पुस्तक के मुख्य केन्द्र हैं। कोश आत्मा के चारों ओर के आवरण होते हैं और उनकी संख्या पाँच होती है। सूक्ष्म शरीर कई हैं लेकिन मनस्, बुद्धि, अहंकार और चेतना सबसे महत्वपूर्ण हैं। चक्र आत्मा के ऊर्जा-केन्द्र होते हैं और पूरे शरीर में जगह-जगह फैले होते हैं। चक्र, सूक्ष्म शरीर और कोशों को आप आत्मा के अंग समझ सकते हैं जो मिलकर एक प्रणाली के रूप में कार्य करते हैं।

स्पिरिचुअल एनाटमी प्रोजेक्ट में हम अपना ध्यान चक्रों पर केन्द्रित रखेंगे। इसका एक कारण तो यह है कि वे उस सूक्ष्म ऊर्जा को जो हमारा रूपान्तरण करती है अपने भीतर समेटे रहते हैं। लेकिन सबसे महत्वपूर्ण कारण यह है कि इन चक्रों

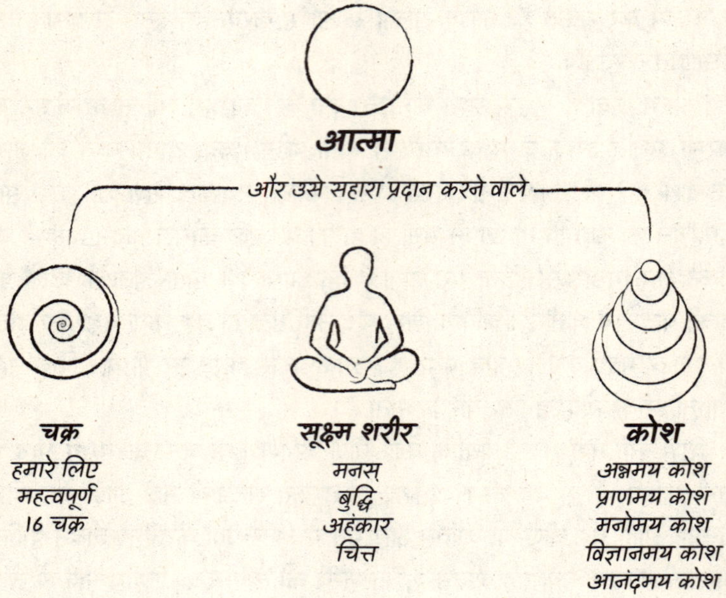

की ऊर्जा समस्त स्पिरिचुअल एनाटमी में व्याप्त रहती है। यह कई लाइटों के एक ही डिमर स्विच से जुड़े होने के समान है। जब आप एक स्विच को ऑन करते हैं तो सारी लाइटें एक साथ जल उठती हैं। जब आप डिमर को कम या ज्यादा करते हैं तो सभी लाइटें उसी के अनुसार कम-ज्यादा होने लगती हैं।

चक्र - एक संक्षिप्त नज़र

जिस प्रकार कोई नदी बहते हुए कहीं जल-प्रपात, कहीं जल-धाराएं और कहीं सहायक नदियाँ बनाती है उसी प्रकार आत्मा भी देह धारण करने के बाद स्वयं को विभिन्न चक्रों पर प्रकट करती है। ये चक्र आत्मा के आध्यात्मिक ऊर्जा-केन्द्र होते हैं और इस प्रकार के कई भँवर पूरे शरीर में फैले होते हैं।

चक्रों को देखने का एक तरीका उन्हें मानचित्र के अक्षांश और देशांतर की तरह देखना है। हमें वे रेखाएं तो नहीं दिखाई देतीं लेकिन निर्देशांकों (coordinates) की मदद से हम किसी स्थान की सही-सही भौतिक स्थिति ज्ञात कर सकते हैं। इसी प्रकार स्पिरिचुअल एनाटमी में ऊर्जा के क्षेत्र 'चक्र' होते हैं जिनकी स्थिति भी हम भौतिक शरीर में ज्ञात कर सकते हैं।

सबसे आम धारणा यह है कि चक्रों की संख्या सात होती है। योग-साहित्य के अतिरिक्त जैन, बौद्ध और सूफ़ी साहित्य में भी चक्रों का जिक्र है लेकिन हर परंपरा में उनकी संख्या अलग-अलग है। ये कोई विसंगति या असहमति नहीं है। उन मार्गों के पूज्य गुरुओं ने उस समस्या के अनुसार जिसका वे समाधान खोज रहे थे चेतना का मानचित्रण किया और मनन करने के लिए अभ्यास प्रस्तुत किए।

विश्व की आध्यात्मिक परम्पराओं में हार्टफुलनेस के मुख्य योगदानों में से एक योगदान सोलह चक्रों की पहचान करना है (तीन चक्र रीढ़ में और तेरह चक्र वक्षस्थल और सिर में) जिनसे होकर प्रगति करते हुए हम चेतना के उच्चतम स्तर को प्राप्त करते हैं। इनके साथ हार्टफुलनेस के कुछ अभ्यास हार्टफुलनेस को एक सरल और प्रभावी प्रणाली बना देते हैं। ये अभ्यास आधुनिक समय के अनुसार हैं और जो भी आत्म-विकास में रुचि रखता हो उसके लिए अत्यन्त सरल और प्रभावी हैं।

हमारा ध्येय - चेतना का विकास

जब भी आप चक्रों के बारे में पढ़ते होंगे तो आप प्रायः यह भी पढ़ते होंगे कि किस प्रकार कोई मनुष्य चमत्कारी शक्तियाँ और अतिमानव योग्यताएं प्राप्त कर सकता है। माना कि हवा में उड़ना रोमांचक लगता है लेकिन दैवीय शक्तियों के पीछे भागना हमारा ध्येय नहीं। हमारा ध्येय तो अपनी चेतना को विकसित करना, जीवन के उच्चतर अर्थ और उद्देश्य को खोजना तथा अपनी उच्चतम सामर्थ्य को प्राप्त करना है। अपनी आध्यात्मिक यात्रा के माध्यम से हम मानव से मानवीयता की ओर और मानवीयता से दिव्यता की ओर प्रगति करते हुए अन्ततः उससे भी ऊपर उठ जाते हैं।

यह एक विशाल और ऐसा प्रोजेक्ट है जो केवल मनुष्यों के लिए ही है। मनुष्य जीवन इस दृष्टि से विशिष्ट है कि इसमें मनुष्य को अपनी मर्जी से अपनी सामर्थ्य को विकसित करने का अवसर मिलता है। एक कैटरपिलर चाहे न चाहे एक तितली में विकसित हो ही जाता है। उसके भीतर की आनुवांशिक संरचना उसे वही बनाएगी जो उसे बनना है। लेकिन मनुष्यों के लिए बात अलग है। हम शारीरिक, मानसिक और आध्यात्मिक रूप से विकास करते हैं और इन आयामों में हमारा विकास हमारे चुनावों और हमारे द्वारा लिए गए निर्णयों से होता है। विकास करने की यह स्वतंत्रता केवल मनुष्य के पास ही है और इसीलिए परम्पराएं मनुष्य जीवन को उपहार स्वरूप मानती हैं।

ऐसे बहुत से मार्ग हैं जो हमारी प्रगति और विकास में सहायक हो सकते हैं। लेकिन एक मार्ग जिसकी मैं विश्वासपूर्वक संस्तुति करता हूँ वह है हार्टफुलनेस और उसके अभ्यास का मार्ग। हो सकता है कि आप पहले से ही किसी अन्य मार्ग का अनुसरण कर रहे हों अतः जो तरीके मैं यहाँ पर बताने जा रहा हूँ वे इसके अतिरिक्त होंगे। जो कुछ भी आप पहले से कर रहे हों उन्हीं के साथ आप इन्हें भी अपना सकते हैं।

इस अनिवार्य अभ्यास की भूमिका चक्रों को जाग्रत करने के लिए एक दशा का निर्माण करना है (जिनके बारे में आप अध्याय-5 में सीखेंगे)। एक चक्र के जाग्रत होने की कल्पना एक कली के पुष्प में खिलने के रूप में कीजिए। जैसे-जैसे चक्र जाग्रत होते जाते हैं, सूक्ष्म शरीर विकसित होते जाते हैं। अहंकार विनम्र होने लगता है, बुद्धि ज्ञान में बदलने लगती है और विचार अनुभूति में परिवर्तित होने लगते हैं। आत्मा को घेरने वाले कोशों को भी पार किया जाने लगता है। परिणामस्वरूप आपकी चेतना विकसित होती है और आपकी आत्मा की शक्ति में वृद्धि होती है। हम चेतना पर सीधे कार्य नहीं करते। जब हम अपने हाथ-पैरों, छाती और मांसपेशियों पर कार्य करते हैं तो शरीर को लाभ पहुँचता है। इसी प्रकार जब हम आत्मा की प्रणाली पर कार्य करते हैं तो चेतना को लाभ पहुँचता है।

जैसे-जैसे हमारी चेतना विकसित होती जाती है हमारी जागरूकता की सीमा फैलती जाती है और हमारा बोध परिष्कृत होता जाता है। इस परिष्कृत बोध से हम विकास की दिशा में जीवन के बेहतर निर्णय ले पाते हैं। हृदय के गुण अब मुख्य भूमिका निभाने लगते हैं और हमारे दैनिक जीवन को लाभान्वित करने लगते हैं। उदाहरण के लिए यदि आप एक मैनेजर हैं तो आप एक अच्छे श्रोता बन जाते हैं और अपनी टीम का अधिक सफलतापूर्वक नेतृत्व करने लगते हैं। यदि आप एक गृहणी हैं तो आपका सधा हुआ व्यक्तित्व घर में आपके परिवार के लिए एक स्वस्थ वातावरण निर्मित कर देता है। यदि आप एक अध्यापक हैं तो कक्षा में आप सीखने के लिए एक ग्रहणशील वातावरण तैयार कर देते हैं। और इस प्रकार स्वीकार्यता, शान्ति, प्रेम, साहस और स्पष्टता जैसे गुण आपके जीवन में खिलने लगते हैं और आपके भीतर एक लचीलापन आने लगता है।

इस बढ़ती जागरूकता का एक दूसरा पहलू भी है। हम हर चीज को ऐसे देखने लगते हैं जैसे उस पर कोई आवरण ही न हो। हमारे भीतर की हर चीज हमारे सम्मुख आ जाती है। अपने भीतर हमें सुन्दरता और असुन्दरता, द्वंद्व और विरोधाभास, चोटी और खाई दोनों ही दिखाई देने लगते हैं। अपने अन्तरतम विचारों और अनुभवों का सामना करना भावावेशपूर्ण हो सकता है और यह भी एक कारण है जिससे लोग

ध्यान करना पसंद नहीं करते। यह 'मिरर, मिरर ऑन द वॉल।' वाली कहानी है। जब कुछ असुंदर दिखाई देता है तो मिरर (शीशे) को तोड़ने से काम नहीं बनेगा। यह मिरर (शीशे) का दोष नहीं है। यह हमारी चेतना का दोष नहीं है।

जब आप अपने हृदय में स्थान ग्रहण कर लेते हैं और स्पिरिचुअल एनाटमी प्रोजेक्ट का आरंभ करते हैं तो आप हृदय के विपुल संसाधनों से अपना सम्बन्ध जोड़ लेते हैं। हिम्मत, शक्ति और दृढ़ता उत्पन्न होने लगती हैं। जिस क्षण हम परिवर्तन के लिए तैयार हो जाते हैं उसी क्षण प्रकृति की सारी शक्तियाँ रूपान्तरण में हमारी मदद करने के लिए साथ आ जाती हैं। इस प्रक्रिया में हम माँ प्रकृति के सहायक बन जाते हैं। ऐसा नहीं कि उसे हमारी मदद की जरूरत हो लेकिन अपने बच्चों को वह अपनी तरह ही देखना चाहती है। स्पिरिचुअल एनाटमी का यह प्रोजेक्ट आपको सीमित से असीमित, नश्वर से शाश्वत तथा सीमित चेतना से असीमित 'परम' - 'केन्द्र' की ओर ले जाता है।

दाजी से पूछें

दाजी, मेरी एक धार्मिक पृष्ठभूमि है। हम लोग नियमित प्रार्थना करते हैं और धार्मिक छुट्टियाँ भी मनाते हैं। क्या आध्यात्मिक उन्नति में सफलता पाने के लिए मुझे ये क्रियाएँ बन्द करनी पड़ेंगी?

सभी धर्म यह शिक्षा देते हैं कि ईश्वर सर्वव्यापी है, प्रेम है और हम सब उसके बच्चे हैं। यहाँ प्रश्न शिक्षाओं या मान्यताओं का नहीं बल्कि अनुभव करने का है। धर्म शिक्षा देते हैं और आध्यात्मिकता पहले ही उन शिक्षाओं का अनुभव करा देने में सहायक होती है। क्या हमें किसी उच्च शक्ति का अनुभव होता है? क्या हमें सार्वभौमिक प्रेम का अनुभव होता है? क्या हमें अपने हृदय की गहराई से सचमुच यह विश्वास होता है कि हम स्वयं से कहीं अधिक महान किसी उच्चतर सत्ता के अंश हैं?

ध्यान, चिन्तन और प्रार्थना इसे अनुभव करने के साधन हैं। सत्य का अनुभव करने के लिए बुद्ध, जीसस, नानक, मुहम्मद सभी ने ध्यान किया। आपकी धार्मिक क्रियाएं और हार्टफुलनेस के आध्यात्मिक अभ्यास एक-दूसरे का विरोध नहीं करते। अपनी स्पिरिचुअल एनाटमी पर जब

हम कार्य करने लग जाते हैं तो हम उस सत्य का अपने हृदय में उत्तरोत्तर अनुभव करने लगते हैं।

जिस धर्म में हम पैदा हुए हैं उसका सम्मान करना महत्वपूर्ण है लेकिन आध्यात्मिकता के महासागर में गोता लगाने के लिए अगला कदम उठाना भी महत्वपूर्ण है। यह यात्रा हमें धर्म से आध्यात्मिकता की ओर, आध्यात्मिकता से सत्य की ओर, सत्य से आनन्द की ओर और आनन्द से शून्यता की ओर ले जाती है।

भाग 2

केन्द्र और आत्मा

3

आत्मा की कहानी

हृदय जब शान्त होता है तो मन भी शान्त रहता है। आपका स्पिरिचुअल एनाटमी प्रोजेक्ट आत्मा के विशिष्ट गुण 'शान्ति' का मार्ग खोलता है। इस शान्ति के साथ आप संतुलन, व्यवस्था और सामंजस्य की आन्तरिक दशा की यात्रा पर वापस लौटने की शुरुआत करते हैं। वह मूल दशा जो सृष्टि के सृजन से पूर्व व्याप्त थी। कभी-कभी हम बड़े आश्चर्य में पड़ जाते हैं कि सृजन से पूर्व की वह दशा कैसी रही होगी।

कल्पना करें कि आप एक खुले मैदान में साफ़ नीले आकाश के नीचे खड़े हैं। आपके चारों ओर पेड़ों से भरा घास का मैदान है और पास ही आपको किसी जलधारा की कलकल ध्वनि सुनाई दे रही है। अब इस दृश्य में से पेड़, घास और जलधारा को अलग कर दें। अब आपको क्या दिखाई देगा? खुला मैदान और नीला आकाश। अब कल्पना करें कि वह मैदान भी नहीं रहा और पूरी पृथ्वी भी गायब हो गई है। अब आप तारों की अलौकिक चमक और निहारिकाओं के आकाशीय गुंजन के बीच अंतरिक्ष में तैर रहे हैं। अब अंतरिक्ष को भी गायब कर दें। सभी तारे, निहारिकाएं और अन्य आकाशीय पिण्ड गायब हो गए हैं। कुछ भी नहीं रहा। आपके चारों ओर कोई भी पदार्थ या प्रकाश नहीं रहा। चारों ओर अवर्णनीय अन्धकार और उस मूल चुप्पी में लिपटे आकाश का अनन्त शून्य है। यही दशा सृष्टि-सृजन से पूर्व की मूल दशा है, पूर्ण संतुलन एवं पूर्ण समग्रता की वह दशा जो 'योग समाधि है' के ही खयाल का उदाहरण है। इसी मूल अवस्था से फूट कर सृजन बाहर आया था।

आपका स्पिरिचुअल एनाटमी प्रोजेक्ट उस मूल अवस्था को अपने भीतर पुनः निर्मित करने का एक प्रयास है। परम शान्ति की एक दशा जहाँ भावनाओं की कोई एंट्रॉपी न हो। पवित्र अस्तित्व की एक ठहरी हुई दशा जहाँ आप सभी द्वंदों से दूर ब्रह्मांडीय अस्तित्व के साथ एक हों। ऐसा जीवन संतुलन, प्रेरणा और श्रेष्ठता का

जीवन होता है। उच्चतम में केन्द्रित ऐसे मनुष्य उस अवसर को साकार कर दिखाते हैं जिसका प्रतिनिधित्व यह मनुष्य जीवन करता है।

मूल दशा में लय होकर हम उसके साथ एक हो जाते हैं। दो चीजों के विलय के लिए उन्हें एक जैसा होना चाहिए। तेल की एक बूँद कभी भी सागर में लय नहीं हो सकती। वह केवल सतह पर तैरती रहेगी। कोई वृक्ष कितना भी ऊँचा हो जाए कभी आकाश में लय नहीं हो सकता। अनन्त स्रोत में लय होने के लिए आपको भी अनन्त होना पड़ेगा। अन्तिम लयावस्था का अर्थ दो अनन्तों का साथ-साथ आना है। कल्पना करें कि उस अनन्त दशा पर पहुँचने के लिए आपको कितना विकसित होना पड़ेगा। आपको स्वयं अनन्त बनना पड़ेगा।

केन्द्र- परम स्पंदन का स्रोत

मूल अवस्था से सृष्टि कैसे आरम्भ हुई? हार्टफुलनेस के गुरुओं ने अधिचेतना की अवस्था में यह साक्षात् बोध किया है कि मूल अवस्था में एक केन्द्र था। समस्त सृष्टि सूक्ष्मतम रूप में उसी केन्द्र में लय थी। एक अकेला अण्डा पूरे मनुष्य को और एक बीज पूरे पेड़ को सूक्ष्म रूप में अपने भीतर रखता है। इसी प्रकार केन्द्र भी समस्त सृष्टि को एक बीज रूप में अपने भीतर रखे हुए था। यह बीज एक परम स्पंदन के रूप में था।

ऊर्जा और पदार्थ के परिप्रेक्ष्य में इस परम स्पंदन की कल्पना इस प्रकार की जा सकती है। कोई भी पदार्थ सूक्ष्मतम उप-परमाणवीय कणों (Subatomic Particles) जैसे क्वार्क, हैड्रोन, लेपटॉन आदि से मिलकर बना होता है। ये कण इतने सूक्ष्म होते हैं कि वे पदार्थ की अपेक्षा ऊर्जा की तरंगों से अधिक मेल खाते हैं। उनके घूर्णन की दिशा (directional spin) उनके आवेश (Charge) और द्रव्यमान (Mass) को निर्धारित करती है। उदाहरण के लिए दो अप-क्वार्क और एक डाउन-क्वार्क मिलकर एक प्रोटॉन बनाते हैं तथा दो डाउन-क्वार्क और एक अप-क्वार्क मिलकर एक न्यूट्रॉन बनाते हैं। दो प्रोटॉन और दो न्यूट्रॉन को लेगो की तरह जोड़ दें तो हीलियम का एक नाभिक (Nucleus) बन जाता है और इस मिश्रण में कुछ न्यूट्रिनो छिड़क दें तो हीलियम का परमाणु (Atom) बन जाता है। हम जानते हैं कि परमाणुओं से मिलकर अणु (Molecule) बनता है और अणु मिलकर एक यौगिक (Compound) बनाते हैं। संक्षेप में इस तरंग सदृश उप-परमाणवीय ऊर्जा को असंख्य तरीकों से मिलाने पर पदार्थ के असंख्य रूप बनते हैं।

लेकिन इस तरंग सदृश उप-परमाणवीय ऊर्जा को किसने बनाया? वह कच्चा माल जिसने इसे बनाया होगा इससे भी अधिक सूक्ष्म तथा इससे भी अधिक महत्त्व का होगा। परम स्पंदन ने ही इस उप-परमाणवीय ऊर्जा को उत्पन्न किया जो फिर भौतिक ऊर्जा बनी और फिर पदार्थ बन गई। केन्द्र ही उस परम स्पंदन का स्रोत है। परम स्पंदन ने ऊर्जा के निर्माण में भाग लिया और वह ऊर्जा फिर पदार्थ में बदल गई।

ऊर्जा के पदार्थ में बदलने को विज्ञान हमें आइंस्टीन के प्रसिद्ध समीकरण $E = mc^2$ के माध्यम से बतलाता है और पदार्थ का ऊर्जा में बदलना एक सामान्य घटना है जैसे लकड़ी जलने से गर्मी पैदा होना, खाना पचने से ऊर्जा प्राप्त होना आदि।

आपका स्पिरिचुअल एनाटमी प्रोजेक्ट ऊर्जा के परम ऊर्जा में परिवर्तित हो जाने को अनुभव करने का एक तरीका है। चक्रों से होती हुई अपनी इस यात्रा में आप

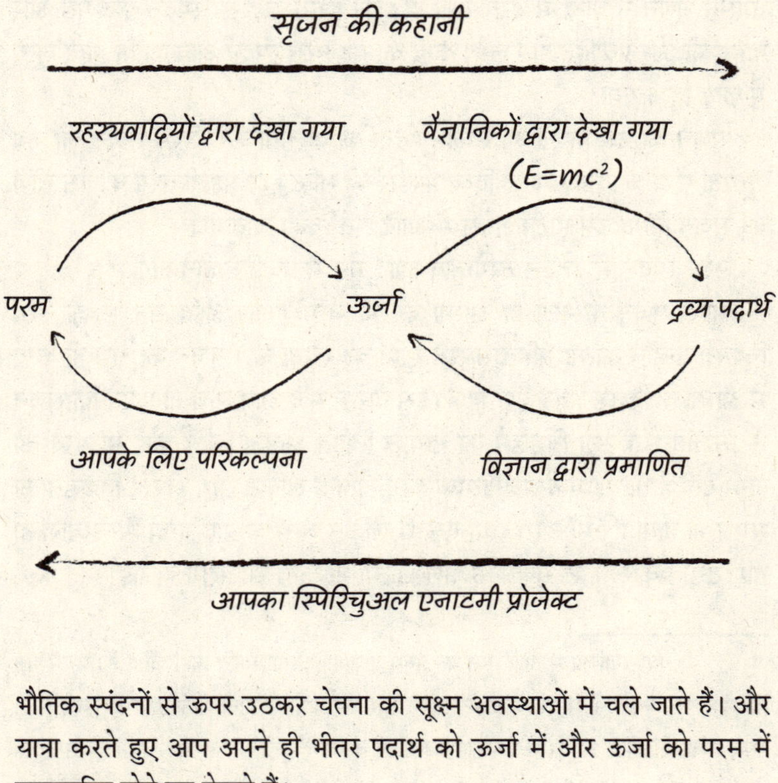

भौतिक स्पंदनों से ऊपर उठकर चेतना की सूक्ष्म अवस्थाओं में चले जाते हैं। और यात्रा करते हुए आप अपने ही भीतर पदार्थ को ऊर्जा में और ऊर्जा को परम में रूपान्तरित होते हुए देखते हैं।

सृष्टि के सृजन का क्षण और प्रथम मन

मूल दशा में केन्द्र उपस्थित था। केन्द्र के नीचे ही एक गति अन्तर्निहित थी। एक अन्तर्निहित गति की सामर्थ्य की कल्पना इस प्रकार की जा सकती है जैसे एक दबी हुई स्प्रिंग के भीतर उसकी समस्त गति की सामर्थ्य होना। उस अन्तर्निहित गति में एक चीज और उपस्थित थी और वह थी सृजन का विचार। सृजन के इस विचार को हार्टफुलनेस में 'क्षोभ' कहा जाता है। सृजन आरम्भ करने के लिए एक तरंग, एक झटके की जरूरत थी। सर्किट को पूरा करने के लिए किसी स्विच को ऑन करने की जरूरत होती है। यह 'क्षोभ' ही वह स्विच था।

सृजन के समय इस क्षोभ ने अन्तर्निहित गति को सक्रिय कर दिया और उससे उत्पन्न घूर्णन ने केन्द्र में दरारें बना दीं। इन दरारों से परम स्पंदन फूट पड़े और बाहर की ओर प्रवाहित होने लगे। केन्द्र का यह परम स्पंदन आकाश के बृहद शून्य में छोड़ दिया गया।

सृजन की उस पहली लहर की बृहदता की कल्पना करें। परम स्पंदन को जब शून्यता में झोंक दिया गया तो दिव्य भण्डार की सृष्टि हुई। पहली तरंग ने जिस चीज का सृजन किया उसे हार्टफुलनेस में आदि मन* कहा जाता है।

परम स्पंदन से उत्पन्न तरंगें अब आदि मन से प्रवाहित होने लगीं।

सृष्टि-सृजन के क्षण ही आत्मा का भी जन्म हुआ। आदि मन से जो तरंगें निकलीं उन्होंने आत्मा सहित समस्त सृष्टि की रचना की। सृजन का क्षण ही केन्द्र से आत्मा के बिछुड़ने का क्षण भी है। इस बारे में यदि आप सोचें तो पाएंगे कि सृजन के सिद्धांत में हमेशा बिछुड़ने का ख़याल निहित होता है। जब कोई माँ बच्चे को जन्म देती है तो यह एक सृजनात्मक कार्य होता है लेकिन साथ ही यह बिछुड़ने का समय भी होता है। माँ और बच्चा एक थे लेकिन जन्म के बाद वे दो भिन्न चीजें हो गए। इसी प्रकार सृष्टि-सृजन के क्षण आत्मा भी केन्द्र से अलग हो गई।

---

* योग-साहित्य में आदि मन को पुरुष तथा सृष्टि को प्रकृति कहा जाता है। प्रथम मन की संकल्पना कई धर्मों में देखने को मिलती है और कई नामों से जानी जाती है जैसे सुपरनैचुरल, गॉड, परब्रह्म आदि, आदि। मैं प्रथम मन इसलिए कहता हूँ क्योंकि यह किसी धर्म या सम्प्रदाय से बँधा नहीं है। यह किसी स्वरूप से भी नहीं बँधा है। और इससे हमें सगुण या इंसाफ़ देने वाले ईश्वर से भी आगे देखने में मदद मिलती है।

अचानक एक पवित्र और अलग चीज के रूप में स्वयं को अकेला पाकर आत्मा ने चारों ओर देखा और कहा, "मैं हूँ"। उसी समय "मैं" की भावना का जन्म हो गया और यह अभी भी चला आ रहा है। जब आत्मा ने चारों ओर देखा तो उसे भय महसूस हुआ। बिछुड़ने के भ्रम और "मैं" की भावना से भय उत्पन्न होता है। यह भय ही आत्मा के ऊपर पड़ने वाली पहली छाप थी।

केन्द्र का ही अंश होने के कारण आत्मा के साथ भी क्षोभ की वह शक्ति आ गई जिसने सृष्टि को जन्म दिया था। मनुष्य में यह शक्ति अपनी पूरी सामर्थ्य के साथ आई और मन के रूप में अभिव्यक्त हुई। मन अन्य जीवों में भी होता है लेकिन केन्द्र से ग्रहण की गई शक्ति के कारण मानव-मन अद्वितीय है। मानव-मन ध्यान को भीतर की ओर मोड़ सकता है और आन्तरिक विकास की दिशा को पुनर्निर्धारित कर सकता है। खनिज, माइक्रोऑर्गैनिज्म, पेड़-पौधों और पशुओं सभी में बुद्धि का एक स्तर होता है। लेकिन मनुष्य का मन इन सबसे भिन्न होता है क्योंकि वह अपनी मर्जी से विकास कर सकता है।

अब मन और आत्मा एक अलग अस्तित्व-रूप में आ गए और समय बीतने पर आत्मा में केन्द्र से बिछुड़ने का भाव मजबूत होने लगा। जन्म के बाद के महीनों में नवजात शिशु हर चीज के लिए माँ पर निर्भर रहता है। लेकिन समय बीतने पर बच्चे के भीतर स्वतंत्रता का भाव आने लगता है। छोटा बच्चे अपने माता-पिता की नक़ल करते हैं। वे माता-पिता की तरह ही कपड़े पहनते हैं, चाय-पार्टी या बातचीत का अभिनय करते हैं। इसी प्रकार आत्मा ने भी केन्द्र की नक़ल की और मन की सहायता से अपने ही सृजन में व्यस्त हो गई। आत्मा की गतिविधि ने उसके चारों ओर चेतना, अहंकार, बुद्धि और मनस से मिलकर एक सूक्ष्म के बनने को प्रोत्साहित किया।

मन के कार्य ने आत्मा के चारों ओर और अधिक आवरण बनाने आरम्भ कर दिए। हर आवरण का जुड़ना केन्द्र और आत्मा के बीच के बिछुड़ने के भाव को बढ़ाता चला गया। अब मनुष्य अपने भौतिक स्वरूप में आ गया है जो स्थूल शरीर, सूक्ष्म शरीर और आत्मा से मिलकर बना है। आत्मा की पवित्र जागरूकता स्थूल और सूक्ष्म शरीरों से होती हुई फ़िल्टर होती है। एक समय था जब आप पर्वतों को बिना किसी विघ्न-बाधा के देखा करते थे लेकिन अब आप पर्वतों को बादलों और धुँए के पीछे से तीन या चार धूप के चशमे पहन कर देखते हैं। जैसे-जैसे आवरण जुड़ते चले गए पवित्र जागरूकता अवरुद्ध होती गई और एक समय में जो केन्द्र से बिछुड़ने का एक भाव मात्र हुआ करता था अब एक वास्तविकता बन गया। यद्यपि हममें से अधिकांश लोग अपने उस जुड़ाव की अन्तर्निहित वास्तविकता को अब

महसूस नहीं कर पाते लेकिन असल में हम मानसिक और जैविक आवरणों से ढके केन्द्र का एक अंश, एक आत्मा ही हैं।

आप कहीं ऊब न जाएं इसलिए मैं केन्द्र के लिए समानार्थी शब्द स्रोत और परम भी इस्तेमाल करता हूँ लेकिन मैं 'केन्द्र' शब्द को ही प्राथमिकता देता हूँ क्योंकि आन्तरिक यात्रा के लिए यह एक सार्थक शब्द है तथा स्पिरिचुअल एनाटमी प्रोजेक्ट के लिए उपयुक्त भी है।

एक बार ध्यान में मैंने सृष्टि-सृजन के क्षण को देखने का प्रयास किया। मैंने स्वयं को पहली तरंग पर सवार पाया और मैं ध्यान की गहराई में फिसलता ही चला गया इतना गहरा कि कुछ ही मिनटों में मैं डूब गया और उसके बाद कुछ नहीं देख पाया। पहली तरंग इतनी विशाल थी कि उसको देखना भी असंभव हो गया। यद्यपि वह अरबों वर्ष पहले निकल कर आई थी लेकिन वह अभी भी नई निहारिकाओं को, नए ग्रहों को, नए संसारों को और नई आत्माओं को बनाती हुई फैल रही है।

यदि फैलते हुए ब्रह्माण्ड का यह विचार आपको अंतरिक्ष के भौतिक-विज्ञान जैसा प्रतीत हो रहा है तो आप सही हैं। यहाँ तक कि केन्द्र में क्षोभ का वह विचार जिसने असंतुलन पैदा कर सृष्टि का सृजन कर दिया भौतिक-विज्ञान में भी देखने को मिलता है। जेम्स क्रोनिन और वॉल फ़िच को क्वार्क और एंटी-क्वार्क के मध्य विषमता की खोज के लिए सन् 1980 में नोबेल पुरस्कार प्रदान किया गया था। वह सन्तुलित अवस्था में सूक्ष्मतम विषमता ही थी जिसने सृष्टि के अगले चरणों को उत्पन्न किया।

इसी प्रकार विभिन्न मतों के गुरुजन भी अपने पीछे वह कार्य छोड़ गए हैं जो ब्रह्माण्ड के सृजन और प्रलय का भाव प्रदान करते हैं। योग-दर्शन के अनुसार वर्तमान सृष्टि उन कई चक्रों में से एक चक्र है जो अन्ततः प्रलय को प्राप्त हो जाएगी और एक नए चक्र को जन्म देगी। यह मत अब 'साइक्लिक यूनिवर्स' सिद्धांत की अवधारणा के रूप में भौतिक विज्ञान की भी मुख्य धारा बन रहा है। इस सिद्धांत के अनुसार क्षोभ (Big Bang) समय का आरंभ नहीं था बल्कि उस अतीत में एक और कड़ी था जिस अतीत में विकास के अनन्त चक्र दोहराए जा चुके हैं और जिसके हर चक्र में नए पदार्थ, नई निहारिकाओं, नए तारों और नए ग्रहों का निर्माण हो चुका है।[6]

सदियों से हस्तांतरित होता आ रहा बहुत सा ज्ञान साक्षात् बोध से प्रकट एक आध्यात्मिक सत्य है। यह सत्य वैज्ञानिकों द्वारा स्थापित सिद्धांतों से काफ़ी मेल खाता है। मुझे उनमें कोई विरोध नहीं दिखाई देता। विज्ञान की कई अवधारणाएँ

आत्मा का मूल स्थान और आपका स्पिरिचुअल एनाटमी प्रोजेक्ट

अब सदियों से संजोए आध्यात्मिक ज्ञान के साक्ष्य प्रस्तुत कर रही हैं और हालांकि आपके लिए यह एक सूचना ही है लेकिन यह उस केन्द्र के अस्तित्व की ओर संकेत करती है जहाँ से समस्त क्रिया उत्पन्न हुई। विज्ञान और आध्यात्मिकता दोनों ही पदार्थ और भौतिक शरीर से परे किसी 'चेतना' के होने के विचार पर बल देते हैं जो कोई ऐसा पदार्थहीन स्पंदन है जो हमें आगे की ओर धकेलता है और हमारे जीवन के मार्ग का निर्देशन करता है।

चेतना के परिप्रेक्ष्य में आत्मा की कहानी की कल्पना करें। आत्मा स्रोत से अलग हुई एक बूँद थी। उस समय से लेकर जब आत्मा एक पवित्र चेतना थी और अपनी असली प्रकृति के प्रति जागरूक थी आज तक पहुँचते-पहुँचते जब आत्मा को उसके असली घर की याद दिलानी पड़ती है लगता है कि हम अपना रास्ता भटक गए हैं।

लेकिन इस पूरे प्रकरण को देखने का एक प्रेरणादायक दृष्टिकोण भी है। मान लें कि आपके पिता ने आपको एक करोड़ रुपए दिए और कहा, "जाओ, इस पूँजी को निवेश करके इसको कुछ आगे बढ़ाओ।" और कई वर्षों के बाद जब आप वापस अपने पिता के पास सौ करोड़ रुपए लेकर जाते हैं तो आपके पिता आपकी प्रगति देख कर बेहद प्रसन्न होते हैं। इसी प्रकार अपने इस स्पिरिचुअल एनाटमी प्रोजेक्ट में आप पहले से भी और अधिक शक्तिशाली आत्मा के साथ वापस अपने केन्द्र में लय हो सकते हैं। आप ऐसा विरोध जता सकते हैं कि लेकिन दाजी मैं सारा पैसा खो भी तो सकता हूँ जिससे मेरे पिता निराश हो जाएंगे। तो क्या एक करोड़ रुपए को ही रखे रहना बेहतर नहीं होगा? और आपका कहना सही है क्योंकि जब बात पैसे की हो तो उसमें लाभ, हानि और लालच सभी की पूरी संभावना होती है।

लेकिन आत्मा की केन्द्र की यात्रा में कोई लाभ या हानि नहीं होती। बस करना होता है। और जब आप करते हैं तो ब्रह्माण्ड आपके उद्देश्य में आपका साथ देता है और आपको आपकी प्रगति का फल भी प्रदान करता है क्योंकि अब आप प्रकृति की विकास-योजना के साथ जुड़ गए हैं। हर ध्यान में आप आत्मा की मूल अवस्था की याद को जाग्रत कर देते हैं। ध्यान की गहराइयों में आत्मा आपसे

संवाद करती है। अपनी व्यक्त चुप्पी से आत्मा आपको प्रेरणा और मार्गदर्शन प्रदान करती रहती है और जब भी आप उसकी प्रेरणा का अनुसरण करते हैं तो आप अवर्णनीय सुख और शान्ति से भर जाते हैं। गहरे सुख और शान्ति के लगातार बढ़ते हुए अनुभवों से आपको आत्मा की केन्द्र से एक हो जाने की मूल तड़प का साक्षात्कार होता है।

यहाँ मुख्य शब्द 'साक्षात्कार' है। यह जानना कि 'मैं आत्मा हूँ' एक तर्कसंगत निष्कर्ष है। यह मानना कि 'मैं आत्मा हूँ' एक अंधविश्वास है। लेकिन यह साक्षात्कार कर लेना कि 'मैं आत्मा हूँ' एक बड़ा अगाध अनुभव है। इसीलिए सभी मतों के आध्यात्मिक साहित्य में उच्चतम लक्ष्य 'आत्म-साक्षात्कार' होता है आत्म-ज्ञान या आत्म-मान्यता नहीं। जैसे-जैसे आप भीतर की ओर जाते हैं यह साक्षात्कार और अधिक गहरा होता जाता है और आप समग्रता के उच्चतर स्तरों पर पहुँचते जाते हैं। इस गहराई के बढ़ते रहने से आपकी आत्मा की शक्ति भी बढ़ती जाती है।

4

केन्द्र की यात्रा का मानचित्रण

मई, 1972 में कोपेनहेगन के दक्षिण में तीस किलोमीटर दूर एक कस्बे ग्रीव स्ट्रैंड में एक स्थानीय रेडियो स्टेशन ने एक इंटरव्यू का प्रसारण किया। भारत से एक आध्यात्मिक गुरु डेनमार्क के लोगों को ध्यान सिखाने आ रहे थे। उस कस्बे में बहुत से लोगों को यह बात बड़ी अजीब लग रही थी और दो युवा पत्रकार मिशेल और टोनी इंटरव्यू लेने आए। जिस व्यक्ति का वे इंटरव्यू लेने जा रहे थे वह मेरे गुरु शाहजहाँपुर के रामचन्द्र जी थे। उनके शिष्य उन्हें बाबूजी कह कर बुलाते थे।

इंटरव्यू का आरम्भ मिशेल ने इस प्रश्न के साथ किया, "मनुष्य का, मनुष्य के अस्तित्व का क्या उद्देश्य है?"

"उद्देश्य तो केवल साक्षात्कार है या अपनी दिव्य प्रकृति का बोध है", बाबूजी ने उत्तर दिया।

इससे एक बहस छिड़ गई जो इन प्रश्नों तक जा पहुँची जैसे, "क्या दिव्य प्रकृति हमें ईश्वर बना देती है?" "मनुष्य के रूप में हमसे क्या करने की अपेक्षा की जाती है?" "क्या सभ्यता का अंत हो जाएगा?" और इसी तरह..... लगभग पंद्रह मिनट तक इंटरव्यू चलने पर मिशेल ने जो बाबूजी के बारे में और अधिक जानने को उत्सुक थी पूछा, "और क्या अब मैं आपसे एक प्रश्न और पूछ सकती हूँ? यह एक मूर्खतापूर्ण प्रश्न भी हो सकता है लेकिन क्या आप बता सकते हैं कि आप कौन हैं?"

"मैं वह हूँ जो मुझे होना चाहिए", बाबूजी ने उत्तर दिया।

इंटरव्यू के समय मैं वहाँ व्यक्तिगत रूप से मौजूद तो नहीं था लेकिन इसकी रिकॉर्डिंग मैं कई बार सुन चुका हूँ। हर बार जब भी मैं इसे सुनता हूँ तो मैं यह भी सुन सकता हूँ कि किस प्रकार बाबूजी के सटीक और ज्ञान से भरे इस उत्तर ने कमरे की ऊर्जा को बदल दिया। कमरे में उपस्थित लोगों की वाहवाही इसकी पृष्ठभूमि में

सुनी जा सकती है। मानवता, सृष्टि और प्रकृति के बारे में प्रश्नों पर इंटरव्यू चलता रहा जब तक कि मिशेल ने वापस यह प्रश्न नहीं पूछ लिया, "बाबूजी, मैं कौन हूँ?"

"आप वही हैं जो आप हैं", बाबूजी ने उत्तर दिया।

फिर से एक सटीक उत्तर जिससे बहुत कुछ प्रकट किया जा सकता था।

वह इंटरव्यू जिसका प्रवाह बड़ा अच्छा बना हुआ था अचानक समाप्त हो गया। कारण, मिशेल और टोनी का टेप समाप्त हो गया! अपनी बात को बनाए रखने के लिए उसे अचानक समाप्त कर देने से अच्छा कोई अन्य उपाय मैं नहीं सोच सकता।

बाबूजी के उत्तरों से प्रेरित इन दो कथनों – "मैं वही हूँ जो मैं हूँ" तथा "मैं वह हूँ जो मुझे होना चाहिए" पर गौर करें।

कथन "मैं वही हूँ जो मैं हूँ" आपकी अपनी उस स्थिति की ओर ध्यान खींचता है जहाँ पर आप हैं। यह आपकी वर्तमान स्थिति की ओर संकेत करता है। यह प्रश्न कि क्या मैं वह हूँ जो मुझे होना चाहिए हमारी वर्तमान स्थिति को चुनौती देता है। यह उस अन्तिम पहुँच की ओर संकेत करता है। "होना चाहिए" में समाज या परिवार की ओर से 'कुछ' या 'किसी के जैसा' बनने के लिए दबाव नहीं है। यह एक वास्तविक जीवन जीने के लिए भीतर की पुकार है, एक प्रेरणा है। जब आप अपने केन्द्र की ओर आत्मा की यात्रा आरम्भ करते हैं तो आप अपने हर कार्य को अपनी उस भावना से रंगने लगते हैं। आप और भी अधिक जागरूक, जिम्मेदार

स्पिरिचुअल एनाटमी प्रोजेक्ट

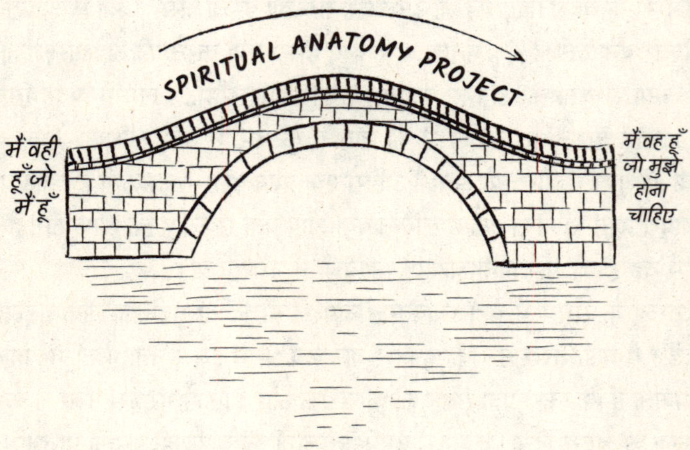

और कर्तव्यनिष्ठ बन जाते हैं। ऐसा नहीं कि पहले आप ये सब नहीं थे लेकिन अब आत्मा का प्रकाश जीवन में एक भिन्न सौन्दर्य घोल देता है। अब आप 'जो आप हैं' और अपने सामर्थ्य की सर्वोच्च अभिव्यक्ति 'जो आपको होना चाहिए' के मध्य एक सेतु बना देते हैं।

एक शिक्षक, गृहणी, विक्रेता, उद्योग के मालिक, डॉक्टर, पुत्र या एक सैनिक के रूप में कार्य करते हुए आपको आत्मा की कार्य कर रही योजना का बोध होता है। जीवन की पाठशाला में सीखे जा रहे पाठों को आप सराहते हैं तथा वास्तविकता से उत्पन्न गहराई के साथ जीने लगते हैं। अतीत में आपको अपना कार्य कभी बोझ के समान महसूस हुआ होगा परन्तु अब आपको अपने विकास में उनकी भूमिका का पता पड़ जाता है। आपकी सोच बदल जाती है। आपकी नजर बदल जाती है। जैसा कि आध्यात्मिक गुरु एवं लेखक एक्हार्ट टॉली कहते हैं, "जीवन आपको वही अनुभव देगा जो आपकी चेतना के विकास में सहायक होगा। आपको यह कैसे मालूम पड़ेगा कि यह वही अनुभव है जिसकी आपको जरूरत है? क्योंकि यही वह अनुभव है जो आपको अभी हो रहा है।"[7]

अभी तक के अध्यायों में मैंने सृष्टि के सृजन की कहानी, केन्द्र, आत्मा के उद्देश्य तथा चेतना के विकास के बारे में लिखा है। इसमें लिखने को बहुत कुछ है। इस काल में जब हममें से अधिकतर लोगों को बोल कर मार्ग बताने वाले मानचित्रों की आदत पड़ गई है हमारे लिए बिना किसी मानचित्र या बिना किसी देखने के उपकरण की मदद के एक अज्ञात गंतव्य 'केन्द्र' की यात्रा करने का खयाल भावनात्मक ही नहीं बल्कि भावातिरेक भी हो सकता है।

यहीं पर हार्टफुलनेस का शोध हमारी मदद करता है। इस पुस्तक में मैं सोलह चक्रों पर किए गए उस शोध को प्रकट कर रहा हूँ जिसका मानचित्र आत्मा अपने साथ लेकर आती है। यही मानचित्र आत्मा की वापस अपने स्रोत की यात्रा के मार्ग को मालूम करने के काम आता है। यदि आप हार्टफुलनेस में बताए गए तरीके से अभ्यास कर सकते हैं तो ये सोलह चक्र जाग्रत हो जाते हैं और आपकी चेतना को मूल अवस्था तक उन्नत कर देते हैं। सोलह चक्रों के इस मानचित्र का अनुसरण करने से आपको मोक्ष, मुक्ति, आनन्द और अन्य उपलब्धियों के बहुप्रतिष्ठित पड़ावों को पार करने तथा वापस अनन्त के हृदय - 'केन्द्र' तक पहुँचने में मदद मिलती है

इसी जीवन में अपने सभी कार्यों व जिम्मेदारियों को निभाते हुए अपनी उच्चतम सामर्थ्य तक उन्नत होने तथा उसके साथ एक हो जाने की संभावना यहाँ उपलब्ध है। इस प्रकार का एक मार्ग है यह।

केन्द्र का मानचित्र

जब हम पर्वतारोहण के अभियान पर होते हैं तो हम पर्वत के अध्ययन के लिए टोपोग्राफिकल मानचित्र का उपयोग करते हैं। ऐसे मानचित्र में उच्चतम बिंदु से अवरोही ऊँचाई को कंटूर लाइन से दर्शाया जाता है। टोपोग्राफिकल मानचित्र में इस अभियान के बेस कैम्प के स्थान को भी दर्शाया जाता है। इन कैम्पों में हम ऊँचाई से सम्बंधित दशाओं के प्रति अपने शरीर को अभ्यस्थ बनाने के लिए विश्राम करते हैं। केन्द्र की ओर चेतना का आरोहण भी इसी प्रकार से होता है।

हर चक्र एक कैम्प होता है जहाँ पर हम एक विशेष दशा जैसे सन्तोष, शान्ति, विस्मय, शरणागति या अपनेपन का अनुभव करते हैं। यह दशा उस चक्र के चेतना-स्तर की अपनी दशा होती है। कुछ समय में चेतना का यह नया स्तर हमारे लिए एक नया सामान्य स्तर बन जाता है और इसके गुण हमारे व्यवहार में अभिव्यक्त होने लगते हैं।

बाबूजी ने चेतना का एक टोपोग्राफिकल मानचित्र बनाया जिसका उपयोग हम इस यात्रा में एक उपकरण की तरह कर सकते हैं। यह संकेंद्रित वृत्तों का एक मानचित्र है जो हमें यात्रा के स्थलों की एक तस्वीर दिखाता है। यात्रा को संकेंद्रित वृत्तों से प्रदर्शित करने के ख़याल का एक गहरा अर्थ है। कोई वृत्त एकता, सम्पूर्णता और पूर्णता प्रदर्शित करता है। यह अटूट, सतत तथा आदि-अंत से रहित होने के कारण अनन्त को दर्शाता है।

हर चक्र स्वयं में अनन्त होता है। एक अनन्त महासागर की सतह पर तैरते किसी तैराक की भाँति आप किसी चक्र के चारों ओर घूमते हुए उसका अनुभव करते-करते कई जीवन गुजार सकते हैं। जब आप एक चक्र को पार कर दूसरे चक्र पर पहुँचते हैं तो संकेंद्रित वृत्तों का विचार इसे एक अनन्त को पार कर दूसरे अनन्त पर पहुँचने से प्रदर्शित करता है एक मोती खोजने वाले की भाँति जो सीप की खोज में गहरे से गहरा गोता लगाता जाता है।

अपने आसान सन्दर्भ के लिए इस मानचित्र की एक प्रति को आप वेबसाइट से प्रिंट करा सकते हैं और इसका अध्ययन कर सकते हैं जिससे कि इसका सन्दर्भ लेना आसान हो जाए।

केन्द्र तक के इस मानचित्र में आप उच्चतम बिंदु 'केन्द्र' देख सकते हैं। संकेंद्रित वृत्तों द्वारा बनाए गए बैंड चक्रों के चेतना-स्तर हैं। उदाहरण के लिए पहले और दूसरे वृत्त के मध्य का बैंड प्रथम चक्र की चेतना को प्रदर्शित करता है, दूसरे और तीसरे वृत्त के मध्य का बैंड दूसरे चक्र की चेतना को प्रदर्शित करता है और फिर इसी तरह। अधिकांश चक्रों की ऊर्जा केवल एक वृत्त तक ही प्रसार करती

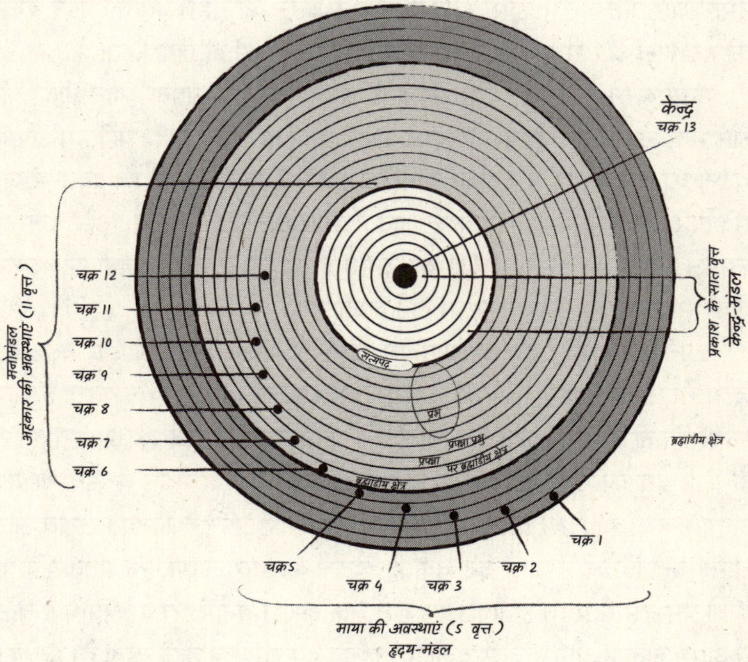

है लेकिन कुछ चक्र ऐसे भी हैं जिनका प्रभाव दो या तीन वृत्तों तक भी रहता है। उदाहरण के लिए आप देखेंगे कि बारहवें और तेरहवें चक्र का प्रभाव कई वृत्तों तक रहता है जो इन दो चक्रों की चेतना का विस्तृत दायरा दर्शाता है।

एक दूसरी चीज जो मानचित्र में ध्यान देने लायक है वो यह कि इसमें वृत्तों के बैंड चेतना के क्षेत्र को दर्शाने के लिए बनाए गए हैं। उदाहरण के लिए हृदय-मंडल पाँच चक्रों का समूह है जो वक्ष-स्थल और गर्दन में स्थित होते हैं। जब आप इन पाँच चक्रों को पार करते हैं तो आप हृदय-मंडल को पार कर जाते हैं। इसी प्रकार मनोमंडल छठे चक्र से लेकर बारहवें चक्र तक होता है तथा तेरहवाँ चक्र केन्द्र-मंडल होता है।

मानचित्र एक – दृष्टिकोण अनेक

मानव, मानवीय, दिव्य और परे

यात्रा के आरम्भ में हमारी चेतना मानव-स्तर की होती है। हममें से बहुतों की चेतना का आरंभिक स्तर स्वाभाविक प्रेरणा पर आधारित होता है। हमारा अधिकांश ध्यान हमारी शारीरिक जरूरतों जैसे खाने व सहवास करने की सहज प्रवृत्ति, अपने बच्चों की देखभाल और सोच-समझ कर जीवनयापन करने में ही लगा रहता है।

मनन करने के अभ्यासों में अपनी ऊर्जा लगाकर हम अपना ध्यान भीतर की ओर मोड़ लेते हैं और हृदय-मंडल की अपनी यात्रा पर चल देते हैं। यहीं हम अपनी चेतना को मानव स्तर से उठाकर मानवीय स्तर तक उन्नत बनाते हैं। हृदय-मंडल से होकर हम जैसे-जैसे प्रगति करते जाते हैं हमारे भीतर दया, परवाह और उदारता उमड़ने लगती है। हमारी परवाह का दायरा हमारे निकटतम प्रियजनों से बढ़कर बाकी सृष्टि को भी अपने दायरे में लेने लगता है।

अपनी यात्रा करते हुए हम मानवीय चेतना से दिव्य चेतना की ओर बढ़ते हैं। दिव्य चेतना का अर्थ है वह स्तर जहाँ प्रेम हमारे कार्यों का मार्गदर्शन करता है और स्वार्थरहितता हमारी प्रकृति बन जाती है। अपने हृदय में जब हम समस्त सृष्टि के लिए प्रेम का अनुभव करते हैं तो हम आनन्द की एक मंत्रमुग्ध अवस्था का अनुभव करते हैं। दिव्य चेतना का यह अर्थ है कि हम अपने व्यक्तिगत लगाव और आन्तरिक प्रतिरोध से ऊपर उठ चुके हैं। चेतना का दिव्यीकरण एक सतत प्रक्रिया है जो प्रेम-रस से प्रवृत्त होती है। यह छठे चक्र अर्थात् मनोमंडल के आरंभिक चक्र से आरंभ होती है और उच्चतर चक्रों पर पहुँचते हुए परिष्कृत होती रहती है। जिनकी प्रकृति दिव्य होती है वे संतुलन को प्राथमिकता देते हैं, संयम का प्रदर्शन करते हैं तथा स्वीकार्यता की मिसाल होते हैं।

मनोमंडल पार कर लेने के बाद हम सबसे विस्तृत क्षेत्र 'केन्द्र-मंडल' में प्रवेश करते हैं। यहाँ सभी द्वंद्व दूर हो जाते हैं, सभी ध्रुवता मिट जाती हैं और हम ब्रह्मांडीय अस्तित्व की दशा में पहुँच जाते हैं। केन्द्र-मंडल में हम चेतना के भी पार चले जाते हैं। अब हम उस आधार पर पहुँच जाते हैं जो एक शक्ति होती है और जिससे चेतना उत्पन्न होती है।

संक्षेप में केन्द्र का मानचित्र चेतना के स्पेक्ट्रम का वह भव्य चित्र है जिसे हम अपनी यात्रा में तय करते हैं। यह मानव से मानवीय, मानवीय से दिव्य और फिर उससे भी आगे बढ़ने को दर्शाता है। केन्द्र का यह मानचित्र आपके दैनिक अभ्यास हेतु एक उपयोगी उपकरण है। उदाहरण के लिए जब आप हृदय-मंडल और

मनोमंडल के चक्रों के बारे में जानना चाहेंगे तो यह मानचित्र उन्हें दिखाएगा। और जैसे-जैसे आप विषय की गहराई में जाएंगे तो यह मानचित्र आपके भीतर उत्पन्न होने वाले गुणों और मनोभावों का मानचित्र बन जाएगा। यह मानचित्र आपके लिए है और इसे आप अपनी यात्रा के साथ जोड़ लें। जिस प्रकार आप अपने इस स्पिरिचुअल एनाटमी प्रोजेक्ट को अपनाते हैं उसके अनुसार ही यह मानचित्र आपकी यह देखने में मदद कर सकता है कि "यह वो जगह है जहाँ पर मैं हूँ" और "यह वो जगह है जहाँ मैं जाना चाहता हूँ"।

आपका दैनिक जीवन और आपके आध्यात्मिक लक्ष्य साथ-साथ चलते हैं

अपनी आन्तरिक यात्रा के वृहद् विस्तार को देखते हुए आपको पुनः यह आश्चर्य हो सकता है कि अपने दिन-प्रतिदिन के जीवन को जीते हुए केन्द्र की यह यात्रा संभव है भी या नहीं। यह बहुत ऊँची अभिलाषा प्रतीत होती है। आप ऐसा सोच सकते हैं कि दाजी, इसे मानना और अनुभव करना तो आपके लिए ही आसान है क्योंकि आपने अपना जीवन हार्टफुलनेस के अभ्यास और दूसरों का मार्गदर्शन करने में ही समर्पित कर दिया है। लेकिन मेरा क्या होगा? मेरा जीवन तो व्यस्त जीवन है। मेरी कई जिम्मेदारियाँ और काम हैं। क्या यह संभव है?

ऐसा सोचना जायज है और इसके उत्तर में मैं आपको एक कहानी सुनाना चाहूँगा।

सन् 1976 में जब मैं 19 वर्ष का था तो अपने ग्रीष्मावकाश में मैंने एक सन्यासी बनने की ठान ली। मैंने सभी भटकावों से दूर जाना चाहा और अपनी सारी ऊर्जा को आत्म-साक्षात्कार पर लगाना चाहा। अतः एक दिन की सुन्दर सुबह मैंने घर छोड़ दिया। मेरी जेब में कोई पैसा नहीं था। मेरे पास केवल मेरे पहने हुए कपड़े – कॉटन की शर्ट, पैंट और एक जोड़ी सैंडल थे। मैं चुपके से खिसक लिया और अपने गाँव में नदी के निकट अपनी पवित्र यात्रा आरम्भ करने के लिए एक प्राचीन शिव मन्दिर का चुनाव कर उसमें चला गया।

जब मैं मंदिर पहुँचा तो अघोरी बाबाओं के एक झुण्ड को देख कर बड़ा खुश हुआ। इससे पहले मैंने अघोरी बाबाओं को मंदिर में आराम करते कभी नहीं देखा था और इसे मैंने ईश्वर की ओर से अपने निर्णय के सही होने का एक संकेत माना। दिन भर मैं भी इसी झुण्ड के साथ रहा। मैंने देखा कि एक वृद्ध व्यक्ति उनका गुरु था और हर कोई उन्हीं की आज्ञा मान रहा था। दोपहर के बाद उनके गुरु ने मुझे

अपने पास बुलाया। उलझे हुए बाल और गेरुए वस्त्र में उनकी डरावनी शक्ल के बावजूद जब वे बोले तो उसके रूखे दिखावे के पीछे छुपी प्रेम से भरी आवाज को सुन कर मैं दंग रह गया। जब मैं उनके पास गया तो बिना कुछ पूछे उन्होंने कहा, "बेटा, वापस घर चले जाओ।"

उनकी आवाज़ में बेहद भरोसा और पछतावा था। जब मैंने उनकी आँखों में झाँक कर देखा तो उन्हें दुःख में डूबा हुआ पाया। उन्होंने कहा, "मैं पचास वर्षों से सन्यासी हूँ और मैंने स्वयं को ही धोखा दिया है। आध्यात्मिकता में मैंने कुछ नहीं पाया और अब मैं गली-गली और मंदिर-मंदिर भिक्षा माँगता घूम रहा हूँ। मैंने चाहा भी की घर लौट जाऊँ पर अब घर में हर कोई मुझे भूल चुका है। और यदि मैं घर चला भी जाता तो मेरे पास इस सन्यासी जीवन के इतने वर्षों का कुछ भी दिखाने लायक नहीं होता।"

मैं चुपचाप उनकी बात सुनता रहा। एक मिनट रुककर उन्होंने नदी की ओर देखा और फिर स्वयं को सँभालते हुए बोला, "बेटा, मैं देख सकता हूँ कि तुम्हारी खोज में सच्चाई है। वापस घर जाओ और अपने माता-पिता की सेवा करो। यह मार्ग तुम्हारे लिए नहीं।

ज्ञान से भरे और व्यावहारिक जीवन से संबंधित उनके शब्दों ने मेरे दिल को छू लिया। उस व्यक्ति के जीवन के अनुभव का खण्डन करने के लिए मेरे पास कोई तर्क नहीं था। मैंने उनकी सलाह मान ली और वापस घर चला गया। 12 घण्टों लम्बे अंतराल के बाद मेरा सन्यासी हो जाने का ख्याल ख़त्म हो गया! कायरों की तरह मैं वापस अपने घर आ गया और मैंने महसूस किया कि किसी को भी मेरी कमी महसूस नहीं हुई थी। उन सभी ने मान लिया था कि मैं ग्रीष्म अवकाश का मजा ले रहा हूँ। उसी वर्ष उन बूढ़े बाबा की देववाणी सच हो गई। हमारी मुलाक़ात के कुछ ही महीनों के बाद मैंने हार्टफुलनेस के अपने आध्यात्मिक मार्ग पर चलना आरम्भ कर दिया और फिर कभी पीछे मुड़कर नहीं देखा।

इसका मतलब यह नहीं कि मैंने आध्यात्मिक भक्ति के एक मार्ग के बदले दूसरा मार्ग अपना लिया। क्या आपको पक्षी के एक सांसारिक और एक आध्यात्मिक पंख वाली छवि की याद है? इस मार्ग पर मैंने लगभग पचास वर्ष व्यतीत कर दिए हैं और और इस जीवन ने मुझे लगातार आध्यात्मिकता को अपने जीवन की हर डोर के साथ जोड़े रखने के अवसर प्रदान किए हैं।

सन् 1981 में मैं 'अवसर के तट पर एक आप्रवासी के उतरने की लोककथा' की तरह ही जेब में 20 डॉलर लिए एक आप्रवासी (immigrant) के रूप में

अमेरिका आ गया। कुछ वर्षों में मैं, मेरी पत्नी और दो पुत्रों के साथ एक परिवार बन गया।। उस समय दो जून की रोटी जोड़ पाने के लिए हमारा एक कठिन समय था। अन्ततः न्यूयॉर्क में मैंने परिवारों द्वारा चलाई जाने वाली फार्मेसी का एक फलता-फूलता व्यापार खड़ा किया। मैंने अपने परिवार और अपने मित्रों को उनका व्यापार आरम्भ करने में सहारा प्रदान किया। जिस चीज ने मेरे सारे प्रयासों को सहारा प्रदान किया वह ध्यान का मेरा अभ्यास था। वर्किंग कैपिटल का प्रबन्ध करना, इन्वेंटरी ऑर्डर करना तथा कैपेसिटी प्लानिंग जैसे जटिल निर्णय मेरे ध्यान में कौंध जाया करते थे। जब मरीज मेरे पास आते थे तो मैं दवा देने के साथ-साथ उनका खयाल रखकर उनसे जुड़ा भी रहता था। वह जुड़ाव जिसे आज भी बहुत लोग याद करते हैं यद्यपि अब दशकों से मैंने कोई प्रेस्क्रिप्शन नहीं देखा है। घर में भी आध्यात्मिकता ही जीने का तरीका था जहाँ मैं बड़ी गहराई से अपने बच्चों के साथ आध्यात्मिक विषयों पर चर्चा किया करता था और ऐसी चर्चाओं में उन्हें भी बड़ा आनन्द आता था। आप सभी की तरह मैंने भी कई समस्याओं और अनिश्चितताओं का सामना किया है और आज भी कर रहा हूँ।

क्या मेरे अभ्यास से मेरी दिन-प्रतिदिन की समस्याएँ समाप्त हो जाएंगी? पूरी तरह से तो ऐसा नहीं होगा। लेकिन इससे मुझे उन्हें खुशी-खुशी स्वीकार करने तथा उनसे मिले जीवन का पाठ सीखने की शक्ति और हिम्मत मिलती है।

आज समस्त विश्व में लाखों लोग हार्टफुलनेस का अभ्यास कर रहे हैं। हरेक की अपनी एक अलग यात्रा है लेकिन जो चीज समान है वह है लक्ष्य और वह अभ्यास जो हमें उस लक्ष्य तक ले जाएगा। अभ्यास से हम अपने हृदय को बड़ी आसानी से अपने जीवन के सभी पहलुओं में समा जाने में सहायक पाते हैं। हृदय में केन्द्रित रहने से हम स्वयं को भीतर की ओर मोड़ लेते हैं और हमारे भीतर प्रेम, स्वीकार्यता एवं सहानुभूति के गुण विकसित होने लगते हैं। हमारा भीतर की ओर मुड़ जाना जो ध्यान के कई परिणामों में से एक परिणाम है हमें यह समझने में मदद करता है कि हृदय वह केन्द्रीय और पवित्र स्थान है जहाँ से हमें समस्त कार्य संचालित करने चाहिएं। हमारे दैनिक जीवन में हृदय हमारे समग्र विकास की एक जगह बन जाता है।

हमारे दैनिक जीवन के साथ अटूट रूप से जुड़े रहने वाले एक अभ्यास को खोज लेने में ही इसका रहस्य है। अभ्यास से अनुभव और अनुभव से समझ उत्पन्न होती है। जो लक्ष्य आप पाना चाहते हैं, जो उत्तर आप खोज रहे हैं और जो रूपान्तरण आप लाना चाहते हैं वे सब अभ्यास के द्वारा संभव हैं।

दाजी से पूछें

जहाँ तक चेतना के विकास की बात है तो इसके लिए मैं बड़ा उत्सुक हूँ और तैयार भी हूँ लेकिन मैं यह मानता हूँ कि मेरे दिल में संदेह है। मैं अपनी यात्रा कैसे कर पाऊँगा?

हम आध्यात्मिकता को प्रायः विज्ञान के विरुद्ध मानते हैं लेकिन मैं ऐसा नहीं मानता। 'तर्क को अनुभव की कसौटी पर उतारना' विज्ञान की एक परिभाषा है। अपनी गहराई में आध्यात्मिकता एक अनुभव ही है और उसके सावधानीपूर्ण अवलोकन एवं तर्क को अपने आध्यात्मिक जीवन में उतारने से बहुत कुछ प्राप्त किया जा सकता है। यदि आपको किसी आहार-योजना से लाभ न मिल रहा हो तो आप उसका पालन नहीं कर सकते। आप किसी कोर्स में अपना समय नहीं लगाएंगे यदि उससे आपके कौशल में सुधार न हो रहा हो। तो फिर अपनी स्पिरिचुअल एनाटमी पर कार्य करते समय यह भिन्न कैसे हो सकता है? आपकी आन्तरिक प्रगति मापने योग्य होनी चाहिए। इसके लिए हम वैज्ञानिक विधि का सहारा लेते हैं। वैज्ञानिक विधि में हम एक परिकल्पना लेते हैं और फिर यह प्रमाणित करने के लिए कि परिकल्पना सही है अथवा नहीं प्रयोग करते हैं।आध्यात्मिकता में भी यही तरीका अपनाएं। मैं जो भी सिखा रहा हूँ उसे एक परिकल्पना के रूप में लें। अपने हृदय को एक प्रयोगशाला बनाएं और वहाँ पर प्रयोग करके अपने अनुभव का मापन करें। जो आपने देखा उससे सत्य पर पहुँचें। उससे पहले तक यह मात्र एक सिद्धांत या आपकी एक मान्यता ही रहेगा।

अभ्यास करें और महसूस करें

भाग 3

अभ्यास और मनोभाव

5

हार्टफुलनेस के अनिवार्य अभ्यास

हार्टफुलनेस भी वही भावना जगाता है जो यह शब्द जगाता है – प्रेम के ज्ञान से निर्देशित एक जीवन। जहाँ प्रेम होता है वहाँ प्रेरणा होती है, उत्साह होता है और ऊर्जा होती है। वहाँ साहस होता है और करुणा होती है। वहाँ आशा होती है और प्रगति होती है। हार्टफुलनेस के अभ्यास प्रेम के सार को आत्मसात करते हैं। यह एक राजयोग प्रणाली है जिसे हमारे आज के व्यस्त और चुनौतीपूर्ण जीवन को सहारा देने के लिए उसी के अनुरूप ढाला गया है। इसीलिए हार्टफुलनेस में किसी प्रकार का 'आपको ये करना ही होगा' या 'आपको इसका पालन करना ही होगा' नहीं है। इस प्रणाली को हमारे शरीर की सहज प्राकृतिक लय और ऊर्जा-प्रवाह के सामंजस्य में रहने के अनुसार तैयार किया गया है जिससे कि हम तीव्रता से प्रगति कर सकें। इसी कारण यह प्रणाली सहज मार्ग भी कहलाती है यद्यपि हार्टफुलनेस नाम अब अधिक प्रचलित है।

हार्टफुलनेस के अभ्यास आपके हिसाब से चलने वाले अभ्यास हैं जो आपकी चेतना का विकास करते हैं और आपकी ऊर्जा को आपके दैनिक जीवन से जोड़ देते हैं। हर दिन अनुभव का दिन बन जाता है, हर दिन हमारे भीतर सूक्ष्म विस्थापन लाने वाले सकारात्मक परिवर्तन का दिन बन जाता है जिससे आपका आगे बढ़ना जारी रहता है। हार्टफुलनेस के ख़ास अभ्यासों में रिलैक्सेशन, सुबह का ध्यान, शाम सफ़ाई तथा सोने से पहले की प्रार्थना हैं। (आगे चलकर इस पुस्तक में आपको अपनी ध्यानावस्था को गहरा बनाने तथा अपने भय एवं क्रोध को दूर करने हेतु कुछ पूरक अभ्यास भी देखने को मिलेंगे।)

यह बात हम कर ही चुके हैं कि हमारी स्वेच्छा और हमारी रुचि ही अभ्यास करने के लिए जरूरी चीजें हैं। यदि आप आत्म-अनुशासन में रहने वाले कोई व्यक्ति हैं तो यह एक अच्छी बात है। लेकिन यदि आप जीवन के थपेड़ों से जूझ

रहे हैं या किसी ऐसे दर्द अथवा चुनौती से उबर रहे हैं जिसने आपके विश्वास को हिला कर रख दिया हो तो चिन्ता न करें। ये अभ्यास सरल और आपकी अपनी गति से चलने वाले अभ्यास हैं और इसमें आप अपना जितना भी समय देंगे वह इसमें सहायक होगा। यदि आपके पास ध्यान के लिए केवल दस मिनट ही हैं तो उसी से आरम्भ करें। यदि आप शाम को दस मिनट अपनी सफ़ाई के लिए निकाल सकते हैं तो सफ़ाई करें। यदि आप काम पर निकल गए हैं और आपका मन ध्यान करने का हो रहा है तो ध्यान करें। यह अभ्यास आपकी गहनतम अभिलाषाओं की पूर्ति का अभ्यास है। यह आपको निर्धारित करना है कि वहाँ तक आप कब और कैसे पहुँचना चाहते हैं।

हार्टफुलनेस के अभ्यास आपके हृदय की गहराई में कार्य करते हैं और आपकी स्वतंत्र इच्छा को प्रेरित करते हैं। ये आपके भीतर एक बेहतर मनुष्य बनने की तथा और अधिक दयालु, उदार, साहसी और प्रेमपूर्ण मनुष्य बनने की रुचि जगाते हैं। और यह रूपान्तरण प्रायः आपकी त्वरित जागरूकता में आए बिना ही घटित हो जाता है। आपको अपने भीतर एक परिवर्तन घटित होता हुआ महसूस हो सकता है लेकिन तभी जब कोई दूसरा व्यक्ति आपसे कहे, "आप बदल गए हैं। आजकल आप ऐसा क्या कर रहे हैं?" और तब आप इस बारे में सोचते हैं कि आपके भीतर यह परिवर्तन कैसे आया।

यह बता देना जरूरी है कि हार्टफुलनेस में सभी आध्यात्मिक अभ्यासों का प्रशिक्षण निःशुल्क प्रदान किया जाता है। उन्नीसवीं शताब्दी के अंत से लेकर जब हार्टफुलनेस अस्तित्व में आया था आज तक इसका प्रशिक्षण निःशुल्क रहा है। आध्यात्मिकता को कोई बेच नहीं सकता। जिसकी भी इच्छा हो उस तक इसे पहुँचाया जा सकता है चाहे वह किसी भी देश, जाति, सम्प्रदाय या धर्म का हो। जिस हृदय में चाह हो उस हृदय में आध्यात्मिक सत्व उतरने लगता है।

रिलैक्सेशन

रिलैक्सेशन हमारे शरीर को क्रमपूर्वक शिथिलता प्रदान करता है। यह हमारे शरीर के वेस्टिब्यूलों को खाली करने में भी मदद करता है। सिर से लेकर पैर तक हमारे शरीर में अट्ठाईस वेस्टिब्यूल होते हैं और वे कूड़ेदान की तरह कार्य करते हैं जो हमारे तंत्र के प्रतिरोधों की मात्रा अधिक हो जाने पर उन्हें एकत्र कर लेते हैं। रिलैक्सेशन वेस्टिब्यूलों को खाली कर देता है। रिलैक्सेशन आप कभी भी कर सकते हैं लेकिन ध्यान आरम्भ करने से पहले यह विशेष रूप से लाभदायक होता है।

1. आराम से बैठ जाएं और अपनी आँखें कोमलता से और हल्के से बंद कर लें।
2. अपने पैरों की उँगलियों से आरम्भ करें। पैरों की उँगलियों को थोड़ा हिलाएँ और महसूस करें कि वे रिलैक्स हो रही हैं।
3. महसूस करें कि धरती माता से निकल कर एक आरोग्यकारी ऊर्जा पैरों की अँगुलियों में, पैरों में और टखनों में प्रवेश कर रही है और फिर घुटनों तक जा रही है। अपनी निचली टाँगों को रिलैक्स करें।
4. आरोग्यकारी ऊर्जा को टाँगों में और ऊपर की ओर बढ़ता हुआ महसूस करें। अपनी जाँघों को रिलैक्स करें।
5. अब अपने कूल्हों, कमर और शरीर के निचले भाग को गहराई से रिलैक्स होने दें।
6. अपनी पीठ को रिलैक्स करें। महसूस करें कि टेलबोन से लेकर कंधों तक पूरी पीठ रिलैक्स हो रही है।
7. अपनी छाती और कंधों को रिलैक्स करें। अपने कंधों को पिघलता हुआ महसूस करें।
8. अपनी बांहों के ऊपरी भाग को ढीला छोड़ दें। बांहों के निचले भाग की सभी मांसपेशियों, हथेली और अंगुलियों को उनके सिरों तक रिलैक्स होने दें। ऊर्जा को हल्के से अपनी अँगुलियों से बाहर निकलते हुए महसूस करें।
9. अपनी गर्दन की मांसपेशियों को रिलैक्स करें। अपना ध्यान अब चेहरे की ओर ले आएँ।
10. अपने जबड़े, मुँह, नाक, आँख, कान, चेहरे की मांसपेशियाँ, माथा और उससे आगे सिर की चोटी तक सब को रिलैक्स होने दें।
11. अपने पूरे शरीर को पूर्णतः शिथिल महसूस करें। अपने तंत्र का सिर की चोटी से लेकर पैरों की अंगुलियों तक मुआयना करें। यदि शरीर का कोई भाग अभी भी तनाव या दर्द में हो या अस्वस्थ हो तो उसे कुछ और देर तक धरती माता की आरोग्यकारी ऊर्जा में डूबता हुआ महसूस करें।
12. जब आप तैयार हों तो अपना ध्यान अपने हृदय की ओर ले आएँ। कुछ देर वहीं रहें। अपने हृदय में विद्यमान प्रेम और प्रकाश में स्वयं को डूबा हुआ महसूस करें।
13. स्थिर एवं शान्त बने रहें और धीरे-धीरे अपने भीतर डूब जाएँ।
14. इसी तरह डूबे रहें जब तक कि आपको यह महसूस न हो अब आपको बाहर आ जाना चाहिए।

ध्यान

सुबह का समय ध्यान के लिए सबसे ठीक होता है क्योंकि ध्यान से अपने दिन का आरम्भ करना शेष पूरे दिन के लिए एक उचित दशा स्थापित कर देता है। इसके अतिरिक्त सुबह तड़के शरीर का ऊर्जा-प्रवाह शरीर में भीतर की ओर होता है और ध्यान भी भीतर की ओर जाने की ही एक प्रक्रिया है। अतः जल्द सुबह ध्यान कर लेने का अर्थ है कि आप प्रकृति की धाराओं के साथ चल रहे हैं और उनके साथ गहरे ध्यान में चले जाना आसान हो जाता है। यदि आप सुबह नहीं उठ पाते हैं तो चिन्ता न करें। जागने पर तरोताजा हो जाने के बाद आप ध्यान को अपनी दिनचर्या में शामिल कर सकते हैं। ध्यान करने से जो मन की शान्त दशा बनती है उससे आप दिन के बाकी समय को और अधिक आसानी एवं स्पष्टता से गुजार पाएंगे।

एक ऐसा स्थान चुनें जहाँ पर आप बिना किसी भटकाव के ध्यान कर सकें। हो सके तो रोज एक ही स्थान और एक ही समय रखें। एक ही समय निर्धारित कर लेना विशेष रूप से सहायक होता है क्योंकि इससे आपको ध्यान में डूबने में आसानी होती है। अपना फोन तथा अन्य उपकरण बन्द (साइलेंट मोड में नहीं बल्कि पूर्णतः बन्द) कर दें। अपनी पीठ को बिलकुल सीधा रखें लेकिन सख्त नहीं। आराम से रहें। हल्के से अपनी आँखें बन्द कर लें और यदि आवश्यकता समझें तो कुछ मिनट अपने शरीर को हार्टफुलनेस रिलैक्सेशन से रिलैक्स कर लें। जब आप तैयार हो जाएँ तो अपना ध्यान भीतर की ओर मोड़ लें और ध्यान आरंभ कर दें।

हार्टफुलनेस ध्यान

1. अपना ध्यान भीतर की ओर मोड़ लें और कुछ देर स्वयं पर गौर करें।
2. फिर कल्पना करें कि दिव्य प्रकाश का स्रोत पहले से ही आपके हृदय में विद्यमान है और आपको भीतर से आकर्षित कर रहा है। आप प्रेम में डूबे हुए हैं और अपने अस्तित्व की हर कोशिका का इसके सूक्ष्म स्पंदनों में डूबे होने का आनन्दपूर्वक अहसास कर रहे हैं।
3. धीरे-धीरे इसी भाव में रम जाएं। यदि आपको लगे कि आप अन्य विचारों के प्रति जागरूक हो रहे हैं तो न तो उनके साथ उलझें और न ही उन पर ध्यान दें। उन्हें वैसा ही रहने दें स्वयं को विनयपूर्वक यह याद दिलाते

हुए कि आप अपने हृदय में दिव्य प्रकाश के स्रोत पर ध्यान कर रहे हैं और अपने मन को वापस उस आनंददायक उपस्थिति की अनुभूति की ओर ले आएं।

4. स्वयं को भीतर डूबने दें।
5. इस गहरी शान्ति में तब तक डूबे रहें जब तक कि आपको यह महसूस न हो अब आपको ध्यान से बाहर आ जाना चाहिए।

सभी योगाभ्यासों का उद्देश्य मन को आत्मा की स्थिरता के साथ एक करना होता है। जब मन आत्मा की स्थिरता के साथ एक हो जाता है तो वह क्षण साक्षात्कार का क्षण होता है। उस क्षण में हम सम्पूर्ण हो जाते हैं। हम केन्द्रित हो जाते हैं। यह केन्द्रित होना हमें वहाँ ठहर जाने का भाव प्रदान करता है।

एक स्थिर और ठहरा हुआ मन सुखी महसूस करता है। जब तक यह ठहराव नहीं होता हम बिना किसी इरादे के इधर-उधर उछल-कूद करते रहते हैं। यह उछल-कूद कभी समाप्त नहीं होती और हमारा संतोष और आन्तरिक शान्ति छिन जाते हैं। ठहरना ही कुंजी है और सही तरीके से किया गया ध्यान ही आपको स्वतः ठहराव का अहसास कराएगा।

दाजी से पूछें

मेरे मन में लगातार विचार आते रहते हैं। मैं ध्यान करना चाहता हूँ लेकिन मुझे भरोसा नहीं कि मैं कर पाऊँगा। आपकी क्या राय है?

सबसे ज्यादा प्रश्न जो मेरे पास ध्यान आरम्भ करने वालों से आते हैं वह ध्यान के दौरान उठने वाले विचारों की समस्या से ही सम्बंधित होते हैं। जिस प्रकार आँखों का काम देखना और कान का काम सुनना होता है उसी प्रकार मन का स्वभाव विचार उत्पन्न करना होता है। दिन भर तो विचारों का आना हमें परेशान नहीं करता लेकिन ध्यान के समय हम विचारों की

खलबली के प्रति अत्यधिक जागरूक हो जाते हैं। मन को हम एक विचार से दूसरे विचार की ओर भटकता देखते हैं। ध्यान हमें मन को नियमित करने की जरूरत को समझने तथा उसकी क्षमताओं को एक दिशा देने में सहायता करता है।

हार्टफुलनेस ध्यान करने के कुछ ही हफ़्तों के भीतर विचारों का आना काफी कम हो जाता है। यदि विचार आपको बार-बार और ज्यादा ही परेशान करते हैं तो आप इनमें से कोई भी सुझाव इस्तेमाल कर सकते हैं-

1. ध्यान आरम्भ करने से पहले साँस के कुछ व्यायाम करें।

2. यदि ध्यान करते समय विचार अधिक हों तो कुछ सेकण्ड साँस रोक कर देखें और फिर ध्यान जारी रखें।

3. यदि फिर भी विचार आते रहें तो हल्के से आँखें खोल लें। बैठे रहें और कुछ गहरी साँस लें। और फिर से अपनी आँखें बन्द कर लें।

एक अन्य चीज जो आप कर सकते हैं वो यह कि कोई आध्यात्मिक साहित्य पढ़ें। शायद इसी पुस्तक का कोई पृष्ठ, अपनी पसंद की कोई कविता या कोई धार्मिक शास्त्र। यह प्रायः आपके मन को एक आध्यात्मिक आयाम में ले जाता है जहाँ हृदय में उतरना और ध्यान करना आसान हो जाता है।

सफ़ाई

आपके अभ्यास का दूसरा स्तम्भ शाम की सफ़ाई है। यह आपके भीतर की विषाक्तता को दूर करने और एक नई ऊर्जा का संचार करने का दैनिक अभ्यास है। दिन का कार्य समाप्त हो जाने पर लगभग सूर्यास्त के समय सफ़ाई करने पर आपको दिनभर एकत्र की गई जटिलताओं एवं अशुद्धियों को दूर करने में सहायता मिलती है। सफ़ाई एक गहरे शान्त तालाब में डुबकी लगाने और स्वयं को एक नई ऊर्जा से ताजा कर देने के समान है। सफ़ाई शाम को करने की सलाह दी जाती है

क्योंकि इस समय ऊर्जा का प्रवाह बाहर की ओर होता है और इस कारण भारीपन को अपने तंत्र से बाहर निकालना आसान हो जाता है।

इसकी कुंजी यही है कि जो भी जटिलताएं या अशुद्धियाँ निकल रही हों उनके प्रति तटस्थ रहा जाए। आश्वस्त रहें कि सभी जटिलताएं और अशुद्धियाँ साफ़ हो रही हैं और अपने इस आश्वासन पर भरोसा रखें।

हार्टफुलनेस सफ़ाई

1. दिन भर एकत्र हुई सभी जटिलताओं और अशुद्धियों को दूर करने के इरादे से एक आरामदायक स्थिति में बैठ जाएं।
2. अपनी आँखें बन्द कर लें और रिलैक्स हो जाएं।
3. कल्पना करें कि सभी जटिलताएं और अशुद्धियाँ आपके पूरे तंत्र को छोड़ रही हैं।
4. अपने सिर की चोटी और टेलबोन के बीच अपने पीठ भाग से पीछे की ओर उन्हें धुंए के रूप में बाहर निकलने दें।
5. पूरी प्रक्रिया के दौरान सजग रहें तथा उठने वाले विचारों एवं भावनाओं के बारे में न सोचें। अपने विचारों के साक्षी बने रहने का प्रयास करें।
6. भरोसे और दृढ़ इरादे के साथ इस प्रक्रिया को धीरे-धीरे तेज करें।
7. यदि आपका ध्यान भटके और इधर-उधर के विचार मन में आएं तो धीरे से वापस अपनी सफ़ाई में लग जाएं।
8. अपनी पीठ के रास्ते छापों के निकलने से आप हल्का महसूस करने लगेंगे।
9. इस प्रक्रिया को पच्चीस से तीस मिनट तक करें। शुरू में दस मिनट से आरंभ करके फिर आप अपनी क्षमता को बढ़ा सकते हैं।
10. जब आपको अपने भीतर हल्कापन महसूस होने लगे तो आप इस प्रक्रिया का दूसरा भाग आरंभ कर सकते हैं।
11. महसूस करें कि स्रोत से आती पवित्रता की एक धारा सामने से आपके तंत्र में प्रवेश कर रही है और यह आपके हृदय में प्रवाहित होती हुई आपके कण-कण को ओत-प्रोत कर रही है।

12. अब आप और भी अधिक सन्तुलित अवस्था में पहुँच चुके हैं। आपके शरीर का कण-कण हल्कापन, पवित्रता और सरलता उत्सर्जित कर रहा है।

13. इस दृढ़ विश्वास के साथ कि सफ़ाई प्रभावी तरीके से पूर्ण हो चुकी है इसे समाप्त करें।

प्रार्थना

श्री पार्थसारथी राजगोपालाचारी जी (चारीजी) के समय का एक अनुभव है जो मैं आपको बताना चाहता हूँ। बाबूजी के बाद चारीजी ने हार्टफुलनेस अभियान का नेतृत्व किया। वह एक प्रखर गुरु, जुझारु कार्यकर्ता और एक महापुरुष थे। चारीजी के संरक्षण में मैंने कई वर्ष बिताए। यूरोप की यात्रा में एक बार हम तूफ़ान में भटक गए और हमें एयरपोर्ट के एक होटल में रखा गया। कमरों की कमी थी अतः मैं चारीजी के ही कमरे में रहा। उन्हें कोई व्यवधान न हो अतः सुबह होने पर मैं चुपचाप अपने बिस्तर पर ही रहा। मैंने उन्हें उनके बिस्तर के कोने पर आँखें बन्द किए बैठा देखा। वह पिघलते हुए हवा की सूक्ष्मता में विलीन होते प्रतीत हो रहे थे और अचानक कमरे का वातावरण बदल गया। वह एक अति विशेष ऊर्जा के स्पंदनों से भर गया था।

जब उन्होंने पूर्ण किया तो मैंने उनसे पूछा, "मास्टर, आप क्या कर रहे थे? यह बड़ा ही विशेष था। यह अद्वितीय था। अपनी खुली आँखों से मैंने आज तक ऐसा कभी नहीं देखा।"

"ओह!", चारीजी ने कहा, "मैं तो प्रार्थना कर रहा था।"

इस अनुभव से मैंने क्या सीखा? चारीजी वहाँ होकर भी वहाँ नहीं थे। उन्होंने स्वयं को पूर्णतः समर्पित एवं हवा की सूक्ष्मता में विलीन कर दिया था। हमें इसी प्रकार प्रार्थना करनी चाहिए।

प्रार्थना अस्तित्व की एक दशा है, एक गीत है जो एक विनम्र हृदय में गुंजन करती है। किसी भी प्रार्थना के शब्द आपको भीतर डूबने की अवस्था में ले जाने के लिए एक सेतु का कार्य करते हैं। इस दशा में हम प्रेम की लहरों पर सवार हृदय की गहराइयों में अपने उच्च स्व से मिलने को चल पड़ते हैं।

सोने से पहले कुछ पल के लिए अपनी दिनभर की गतिविधियों पर मनन करें। यह देखें कि आपने क्या अच्छा किया और आप क्या सुधार सकते हैं? और अधिक

अच्छा करने का मौन संकल्प लें और निम्नलिखित प्रार्थना के शब्दों का उच्चारण करते हुए दिव्य-स्रोत से मार्गदर्शन पाने के लिए स्वयं को भीतर की ओर मोड़ लें। कुछ मिनट तक प्रार्थना के शब्दों के गुंजन को अपने हृदय में महसूस करते हुए उनके वास्तविक अर्थ पर ध्यान करें।

प्रार्थना की प्रथम पंक्ति 'हे नाथ' (मालिक, Master) शब्द पर कुछ बातें। इसका अर्थ भीतर के उस मार्गदर्शक, उस स्रोत से है जो पहले से ही हम सभी के दिलों में विद्यमान है। पश्चिम की अपेक्षा पूरब में लोग 'गुरु' या 'मालिक' शब्द का अधिक इस्तेमाल करते हैं। हार्टफुलनेस साहित्य में भी आप इन शब्दों का उपयोग होते देखेंगे। 'मालिक' शब्द हमेशा भीतर के स्रोत का संबोधन है। गुरु का कार्य आपको आपके भीतर पहले से ही विद्यमान आन्तरिक जुड़ाव का ज्ञान कराने में मदद करना है।

जब मैं अपने गुरुओं के लिए 'मास्टर' शब्द का इस्तेमाल करता हूँ तो यह उनके प्रति मेरी श्रद्धा और सम्मान के कारण होता है। मेरी नजरों में वे आध्यात्मिकता के मास्टर हैं क्योंकि उन्होंने स्व पर विजय प्राप्त की और आध्यात्मिकता को जीवन के सभी पहलुओं के साथ जोड़ दिया। इस सन्दर्भ में 'मास्टर' शब्द का इस्तेमाल 'मास्टर पेंटर', 'मास्टर शिल्पकार' या 'मास्टर कारपेंटर' के इस्तेमाल से भिन्न नहीं। ये सभी अपनी-अपनी कला के मास्टर होते हैं।

अब 'गुरु' शब्द के बारे में। यह संस्कृत का शब्द है। गुरु का शाब्दिक अर्थ है 'वह जो अन्धकार को दूर करता है'। अतः गुरु वह होता है जो ज्ञान के प्रकाश से अज्ञान के अन्धकार को दूर करता है।

हार्टफुलनेस की यह प्रार्थना जो मैं बता रहा हूँ उसे बीसवीं शताब्दी के आरम्भ में ग्रहण किया गया था। पूर्व गुरुओं का सम्मान करते हुए प्रार्थना की भाषा को बिना बदलाव के रखा गया है यद्यपि हमें यह महसूस होता है कि कुछ लोगों के लिए यह चुनौतीपूर्ण हो सकता है। आप नाथ (मास्टर) की जगह दिव्य-स्रोत या ईश्वर और गुलाम की जगह सेवक भी कर सकते हैं यदि वे आपको अधिक मेल खाते प्रतीत होते हैं। मैं यहाँ पर उसे उसके मूल रूप में लिख रहा हूँ इस आशा के साथ कि आप इस प्रार्थना के सत्व से जुड़ सकेंगे और उससे लाभ उठा सकेंगे।

हार्टफुलनेस प्रार्थना

आराम से बैठ जाएं, अपनी आँखें हल्के से बन्द कर लें और रिलैक्स हो जाएं। जब आप तैयार हों तो इस प्रार्थना के शब्दों का उच्चारण चुपचाप स्वयं के लिए करें।

हे नाथ!
तू ही मनुष्य जीवन का वास्तविक ध्येय है
फिर भी हम अपनी इच्छाओं के गुलाम हैं
जो हमारी उन्नति में बाधक है।
तू ही एकमात्र ईश्वर एवं शक्ति है
जो हमें उस लक्ष्य तक ले चल सकता है।

अब दूसरी बार शांतिपूर्वक इन शब्दों पर मनन करें और उनके भाव की और भी अधिक गहराई में चले जाएं। स्वयं को इन शब्दों से परे उनमें निहित भाव में डूब जाने दें। सोते समय स्वयं को इस प्रार्थनापूर्ण दशा में पिघल जाने दें। प्रातःकाल जब आप हार्टफुलनेस ध्यान आरंभ करें तो उससे पहले चुपचाप यह प्रार्थना अर्पित करते हुए स्वयं को पुनः जोड़ लें।

शिक्षक की खोज कैसे करें

यदि आप किसी शिक्षक के साथ मिलकर अपना अभ्यास आरंभ करना चाहते हों तो तीन विकल्प है। ये तीनों विकल्प निःशुल्क हैं और सभी के लिए उपलब्ध हैं। आपसे मिलकर हमें खुशी होगी।

प्रथम विकल्प – प्रशिक्षक से मिलकर ध्यान करना सीखें

प्रशिक्षक (Preceptor, Prefect or Trainer) हार्टफुलनेस अभ्यास के निर्देशों को आप तक पहुँचाने के लिए प्रशिक्षित होते हैं। इस कार्य को स्वेच्छा से

करने से पहले वे कई वर्ष अपने व्यक्तिगत अभ्यास और प्रशिक्षण में व्यतीत करते हैं। ध्यान के जो सत्र वे आपके साथ करते हैं उन्हें 'सिटिंग' भी कहते हैं। ये 'सिटिंग' व्यक्तिगत ध्यान एवं सामूहिक ध्यान दोनों में ही एक जरूरी सहायता के रूप में होती है। प्रशिक्षक की मुख्य भूमिका आपको आपके अभ्यास में सहारा देना होता है। उदाहरण के लिए यदि आप ध्यान में आने वाले विचारों से परेशान हैं तो आप आमने-सामने बैठ कर कुछ ध्यान सत्र लेने के लिए प्रशिक्षक को फोन कर सकते हैं। यदि आप हार्टफुलनेस में नए हैं तो मैं आपको कम से कम तीन आरंभिक सिटिंग लेने की सलाह देता हूँ जिससे कि आप हार्टफुलनेस के अभ्यासों से परिचित हो जाएं और उन्हें भली भाँति समझ जाएं। उसके बाद आप अपने समय के अनुसार किसी प्रशिक्षक से व्यक्तिगत सिटिंग लेने का कार्य भी कर सकते हैं। प्रशिक्षक के द्वारा कोई फ़ीस नहीं ली जाती। यह एक स्वयंसेवा है। अपने आसपास किसी प्रशिक्षक को ढूँढने और ध्यान का अभ्यास करने के लिए आप https://heartspots.heartfulness.org पर जा सकते है। वहाँ आपको अपने क्षेत्र में कोई प्रशिक्षक मिल सकता है।

दूसरा विकल्प – हार्टफुलनेस मास्टर क्लास ज्वाइन करें

आप तीन दिन की ऑनलाइन मास्टर क्लास ज्वाइन करके हार्टफुलनेस के अनिवार्य अभ्यासों को सीख सकते हैं। इस मास्टर क्लास का लिंक यह है – https://heartfulness.org/us/masterclass

तीसरा विकल्प – हार्टफुलनेस एप डाउनलोड करें

हार्टफुलनेस एप को डाउनलोड करें ('एप्पल' स्टोर एवं 'गूगल प्ले' स्टोर में उपलब्ध)। एप में आप अपनी प्रोफाइल बनाकर अपना अभ्यास आरंभ कर सकते हैं। एप में जब आप 'साइन अप' करें तो पहले तीन आरंभिक सत्रों (Introductory Sessions) से आरंभ करें। उसके बाद आप एप पर ध्यान के व्यक्तिगत सत्रों के लिए निवेदन कर सकते हैं।

प्राणाहुति

आपकी यात्रा में उत्प्रेरक

अयोध्या के भगवान श्री रामचन्द्र से तिहत्तर पीढ़ी पूर्व एक महान योगी हुए थे। उनका नाम और उनके जीवन की अन्य जानकारी अज्ञात है। जो ज्ञात है वो यह कि उन्होंने एक ऐसी विधि पर मनन करने में अपना काफी समय अर्पित किया जो मनुष्य को समस्याओं से मुक्ति दिलाने और उन्हें उनकी पूर्ण सामर्थ्य का बोध कराने में सहायक हो सके। वह योगी एक अत्यन्त उन्नत आत्मा थे और केन्द्र-मंडल (पुस्तक में आगे वर्णित) में तैर रहे थे। लम्बे समय तक इस विषय पर मनन करने के बाद इस महान योगी ने प्राणाहुति की खोज की।

प्राणाहुति को मनुष्य के रूपान्तरण हेतु प्रयुक्त दिव्य-ऊर्जा के रूप में परिभाषित किया जा सकता है। मैं ऊर्जा शब्द का इस्तेमाल इसलिए कर रहा हूँ क्योंकि मेरे पास कोई अन्य बेहतर शब्द नहीं है। ऊर्जा का एक विस्तृत विन्यास (spectrum) होता है। भौतिक संसार पदार्थ रूप में ऊर्जा की ही एक घनीभूत अभिव्यक्ति है। ऊर्जा की एक सूक्ष्म अभिव्यक्ति भी है जिसे हम जीवन-शक्ति या 'प्राण' कहते हैं। और फिर ऊर्जा का एक ऐसा विन्यास (spectrum) भी है जो ज्यों का त्यों रहता है, एक उत्प्रेरक (catalyst) की तरह और जिसको भी वह स्पर्श करता है उसे धन्य कर देता है। वह 'प्राणाहुति' है जिसे 'प्राणस्य प्राणः' या 'आदि शक्ति' भी कहा जाता है।

प्राणाहुति ऊर्जा का एक ऐसा विन्यास (spectrum) है जो केन्द्र से प्रकट हुए परम स्पंदन जैसा है। प्राणाहुति के उपयोग से आन्तरिक यात्रा में अत्यधिक तेजी आ जाती है और यह हमारी ऐसी प्रगति करती है जिसमें अन्यथा सैकड़ों जीवन लग जाते।

प्राणाहुति के कारण हमारे लिए एक ही जीवनकाल में अपने उच्चतम लक्ष्य केन्द्र में लय होना संभव हो गया है। इससे पहले किसी की चेतना को वापस परम स्तर तक उन्नत करने में असंख्य जीवनकाल लग जाते थे।

समय के साथ अज्ञात कारणों से मनुष्य के रूपान्तरण के लिए प्राणाहुति को उपयोग में लाने का ज्ञान विलुप्त हो गया। हो सकता है कि शिक्षण परंपरा का दूर-दूर तक प्रसार न रहा हो या हो सकता है कि समाज का पतन हो गया हो और यह ज्ञान खो गया हो या फिर माँ प्रकृति की कुछ भिन्न योजना रही हो और उसी बीच यह ज्ञान भी अदृश्य हो गया हो। कारण कुछ भी रहा हो प्राणाहुति का ज्ञान

विलुप्त हो गया था। दिव्य ऊर्जा होने के कारण प्राणाहुति सन्तों और भक्तों के प्रेम और भक्ति द्वारा निर्मित वातावरण के कारण फिर भी अवतरित होती थी। लेकिन ध्यान की कोई ऐसी पद्धति नहीं बन पाई थी जिसे प्राणाहुति को केंद्र में रख कर तैयार किया गया हो।

हजारों वर्ष तक यही स्थिति बनी रही। सन् 1873 में फतेहगढ़ के रामचन्द्र जी के जन्म के साथ ही यह स्थिति भंग हुई। बचपन से ही अपने उद्देश्य के प्रति वह बड़ी गहराई से जागरूक थे और यह उद्देश्य एक आध्यात्मिक धरोहर की नींव रखना था। दिव्यता के लिए उनकी प्यास और परम तत्व से एक होने की उनकी अथक तड़प ने उन्हें स्व (self) का उत्कट विद्यार्थी बना दिया। ऐसा कहा जाता है कि इक्कीस वर्ष की आयु में सात माह के भीतर ही कठोर अभ्यास के द्वारा रामचन्द्र जी ने आत्म-साक्षात्कार प्राप्त कर लिया था। यह एक ऐसी उपलब्धि थी जिसे आध्यात्मिकता के ब्रह्माण्डीय रिकॉर्ड में स्वर्णाक्षरों से खोद दिया गया है। इसके अतिरिक्त फतेहगढ़ के रामचन्द्र जी ने प्राणाहुति को पुनः खोज लिया और उसका उपयोग अपने पास आने वाले लोगों के लिए करना आरंभ कर दिया।

एक गुरु के बारे में यह बात फैल गई कि जो भी उनके साथ ध्यान करता है वह रूपांतरित हो जाता है। आसपास के गाँवों के लोग उस 'मास्टर' के दरवाजे पर भीड़ लगाने लगे जो थोड़ा ही बोलते थे, कोई पैसा नहीं लेते थे, किसी कट्टरता पर जोर नहीं देते थे और जो भी आता उसे ध्यान कराते थे। उनके प्रति प्रेम और आदर भाव के कारण लोग उन्हें लालाजी कहने लगे।

लालाजी के बाद उनके शिष्य ने जिनका नाम भी रामचन्द्र ही था और लोग प्रेम से जिन्हें बाबूजी कहते थे उस पद्धति को परिष्कृत करना जारी रखा। लालाजी और बाबूजी की आध्यात्मिक भागीदारी ने हार्टफुलनेस ध्यान की पद्धति का निर्माण किया जो हम सभी के लिए एक उपहार है। आज हमारे पास एक सरल पद्धति है जिसकी माँग सम्पूर्ण विश्व में है और जो एक सामान्य गृहस्थ के लिए जिसके पास कई जिम्मेदारियाँ होती हैं उपयुक्त है।

हार्टफुलनेस की शोध टीम सम्पूर्ण विश्व में वैज्ञानिक प्रयोगशालाओं, शिक्षा के केन्द्रों और विश्वविद्यालयों में प्राणाहुति के साथ ध्यान करने की प्रभावोत्पादकता का मापन और वर्णन करने के लिए विभिन्न प्रकार के अध्ययन कर रही है। ये दिन आरम्भिक दिन हैं लेकिन हमने पहले ही इन प्रोजेक्ट कार्यों से आशाजनक परिणाम प्राप्त करने आरम्भ कर दिए हैं। ई.ई.जी. के ब्रेन-वेव पैटर्न के अध्ययन दिखाते हैं कि हार्टफुलनेस ध्यान करने वाले (अर्थात् जो प्राणाहुति के साथ ध्यान करते हैं) लोग चाहे वे नए-नए हों या पुराने ध्यान नहीं करने वालों की अपेक्षा

अधिक गहरी और अधिक शान्त दशाओं को महसूस करते हैं।[8] अन्य अध्ययनों ने तनाव और थकान में कमी,[9] एपिजेनेटिक मोड्यूलेशन[10] तथा स्वास्थ्य एवं नींद की गुणवत्ता[11] में सुधार की रिपोर्ट पेश की और इस प्रकार मनुष्य की जीवन-शैली तथा उसके जीवन की गुणवत्ता पर प्राणाहुति की सहायता से हार्टफुलनेस के अभ्यास के लाभदायक प्रभाव की ओर संकेत किया।

जिस चीज को वैध ठहराने में विज्ञान हमारी मदद कर रहा है उसे हम पहले ही अपने हृदय में अनुभव कर चुके हैं। स्वयं के अनुभव पर दृढ़ विश्वास आन्तरिक प्रगति के लिए महत्वपूर्ण होता है और उसे हल्के में नहीं लिया जाना चाहिए। अनुभव मान्यताओं से पर्दा उठाने में मदद करता है। यह संदेह को दूर कर आपकी आन्तरिक यात्रा में सहायता प्रदान करता है। लक्ष्य की समझ और उसके अभ्यासों से सुसज्जित इस पुस्तक के आगे के अध्याय इन मन्त्रों – 'पढ़ें और आनन्द लें', 'अभ्यास करें और महसूस करें', 'ध्यान करें और पार हो जाएं' पर पुनः जोर देंगे।

6

वह गुप्त घटक

एक महात्मा थे जो बड़े संयम के साथ ध्यान किया करते थे। एक दिन गाँव का एक नवयुवक उन्हें ध्यान में डूबा देखकर अत्यन्त प्रभावित हो गया। उसने सम्मानपूर्वक झुककर मन ही मन उन्हें प्रणाम किया। महात्मा ने नवयुवक की उपस्थिति को भाँप लिया और अपनी आँखे खोल दीं। नवयुवक को देख महात्मा बड़े प्रसन्न हुए और उससे पूछा कि क्या वह भी ध्यान करना चाहेगा। नवयुवक नासमझ था और यद्यपि उसे आन्तरिक यात्रा के बारे में ज्यादा कुछ मालूम भी नहीं था उसने तुरन्त हाँ कर दी। अतः महात्मा ने उसे पेड़ के नीचे अपने बगल में ही बैठने को कहा और उसे ध्यान करने का निर्देश देते गए।

जब वह ध्यान कर रहे थे तो ऊर्जा का एक चमकीला प्रकाश-पुंज अवतरित हुआ और उनसे कहा, "धन्य आत्माओं, आपके प्रयासों ने ईश्वर के द्वार पर दस्तक दे दी है अतः आप दोनों को जल्द ही मुक्त कर दिया जाएगा।"

यह सुनकर महात्मा बोले, "धन्यवाद! मेरी प्रार्थना सुन ली गई है। वह शुभ क्षण कब आएगा?"

प्रकाश-पुंज ने कहा, "हे महात्मा! आज से तीसरे जीवनकाल में आपको मुक्ति मिल जाएगी"।

यह सुनकर महात्मा निराश हो गए। शायद उन्हें इसी जन्म में या क्या मालूम उसी क्षण मुक्ति की आशा रही हो।

फिर उस नवयुवक ने पूछा, "मेरी मुक्ति कब होगी?"

प्रकाश-पुंज ने कहा, "जिस पेड़ के नीचे तुम ध्यान कर रहे हो उसकी पत्तियाँ गिन लो। इतने ही जीवन लगेंगे और तुम्हारी मुक्ति निश्चित है।"

यह सुनकर नवयुवक खुशी से नाचने लगा। महात्मा उसके इस व्यवहार को समझ नहीं पाए और उन्होंने उससे पूछा, "तुम इतना नाच क्यों रहे हो? तुम्हें क्या हुआ है?"

नवयुवक ने कहा, "क्या आपने सुना नहीं? ईश्वर ने अभी-अभी मुझे मुक्ति प्रदान की है। इससे क्या अंतर पड़ता है कि मुझे वह कब मिलेगी? एक दिन मैं सीधे वहाँ विधाता के साथ रहूँगा।"

जैसे ही नवयुवक ने ये शब्द बोले प्रकाश ने कहा, "पुत्र, तुम्हारा भाव ईश्वर के दरबार के योग्य है। यह जीवन तुम्हारा अन्तिम जीवन होगा और इसके अंत में तुम्हें मुक्त कर दिया जाएगा।"

ऐसा कहकर प्रकाश गायब हो गया।

इस कहानी से हमें कई पाठ सीखने को मिलते हैं लेकिन सबसे बड़ी शिक्षा जीवन के प्रति हमारे मनोभाव के बारे में है। इस कहानी में कृतज्ञता ने नवयुवक की नियति बदल दी। जीवन के सभी क्षेत्रों में एक उचित मनोभाव का होना हमारे कर्मों को श्रेष्ठता प्रदान करता है। आपका मनोभाव आपकी सफलता का एक गुप्त घटक है।

चाहे ध्यान हो, कोई पत्र-लेखन हो या सैंडविच बनाना ही हो वह मनोभाव जिसके साथ हम काम करते हैं उसमें एक आयाम जोड़ देता है जो हमारे आन्तरिक अस्तित्व को एक आकार प्रदान करता है। किसी कार्य में जो भी हम करते हैं उसका महत्त्व 5 प्रतिशत ही होता है और बाकी 95 प्रतिशत महत्त्व उस मनोभाव का होता है जिसके साथ हम कार्य करते हैं।

आपके मनोभाव आपके पालन-पोषण और जीवन के अनुभवों से बनते हैं। कुछ मनोभाव आप अपने माता-पिता से भी विरासत में पाते हैं। मनोभावों को आप सक्रिय रूप से उत्पन्न भी कर सकते हैं। किसी चीज के बारे में आप क्या सोचते हैं या क्या महसूस करते हैं यह आपके मनोभाव से ही संचालित होता है। हमारे भीतर मनोभाव इतनी गहराई से बैठे होते हैं कि हमें पता भी नहीं पड़ता कि किस प्रकार वे हमारी नियति गढ़ देते हैं। आपका जीवन आपके मनोभावों की अभिव्यक्ति है।

हितकारी मनोभावों को उत्पन्न करने का सक्रिय रूप से ध्यान रखना आध्यात्मिक यात्रा में हमारी प्रगति को तेज करने में सहायक होता है। सोचें कि तब क्या होता है जब पानी के लिए आप एक कुआँ खोदते हैं। आप ऊपर से खुदाई शुरू करते हैं और फिर ऊपर से नीचे की ओर खोदते चले जाते हैं जबकि धरती के

नीचे का पानी भी भीतर से बाहर की ओर सतह से मिलने के लिए उमड़ता चला आता है। जब आपकी आध्यात्मिक यात्रा की बात आती है तो बाहर से भीतर की यह क्रिया तो आपका मनोभाव उत्पन्न करना है और भीतर से बाहर की क्रिया ध्यान के अभ्यास के द्वारा होने वाला कार्य है। ये दोनों एक साथ मिलकर कार्य करते हैं।

वे कौन से मनोभाव हैं जो हमें उत्पन्न करने चाहिएं? विशेष रूप से वे मनोभाव ही क्यों? तीन मूल मनोभाव हैं जो यात्रा में आपकी मदद करेंगे और जिन्हें मैं मदर टिंक्चर मनोभाव कहता हूँ।

मदर टिंक्चर मनोभाव

कुछ दवाइयाँ ऐसी होती हैं जिनमें मदर टिंक्चर की अवधारणा होती है। यह एक आधार सूत्र होता है जिससे फिर भिन्न-भिन्न शक्तियों की अन्य दवाइयाँ बनाई जाती हैं। मदर टिंक्चर की यह अवधारणा मनोभाव उत्पन्न करने पर भी लागू होती है। कुछ मूल मनोभाव मदर टिंक्चर की तरह होते हैं जिनसे फिर अन्य मनोभाव बनते हैं। अपने अभ्यास के आरंभिक दिनों से ही इन मूल मनोभावों को उत्पन्न करने पर ध्यान दें। इससे आपके आन्तरिक विकास के लिए एक मजबूत आधार बन जाएगा। यह आपके दिन-प्रतिदिन के मामलों में भी आपकी मदद करेगा।

ये तीन मनोभाव हैं –

1. शीघ्रता का भाव (sense of urgency)
2. विनम्रता (humility)
3. जीवन्तता (liveliness)

इन तीनों में प्राथमिकता का कोई क्रम नहीं है। सभी का समान महत्त्व है। जो भी आपको ठीक लगे उसी पर कार्य करने का संकल्प कर लें। आपका संकल्प एक सूक्ष्म शक्ति होता है जो आपकी इच्छाशक्ति को सक्रिय करता है और आपके दैनिक जीवन में इन मनोभावों को सक्रिय रूप से उत्पन्न करने में सहायता करता है। आइए इन सभी पर विस्तार से नजर डालें।

शीघ्रता का भाव

किसी भी उपक्रम में शीघ्रता का भाव महत्वपूर्ण होता है। परिवर्तन को लाने के लिए पहला कदम यही होता है। शीघ्रता के निरंतर भाव के बिना प्रयास ढीले पड़ जाते हैं और आत्म-सन्तुष्टि की भावना आ जाती है। केन्द्र की आपकी यात्रा में शीघ्रता

का भाव आपको अपनी प्राथमिकताओं पर ध्यान देने में मदद करेगा। स्वयं से यह प्रश्न पूछने की आदत डाल लें – "इस समय करने के लिए सबसे महत्वपूर्ण चीज क्या है?" इससे आपको पुनः केन्द्रित होने में और अपने लक्ष्य के प्रति शीघ्रता का भाव उत्पन्न करने में मदद मिलेगी।

जैसे-जैसे शीघ्रता का भाव बढ़ता है लक्ष्य प्राप्त करने की आपकी उत्कंठा भी बढ़ती है। ऐसे प्रश्न जैसे, "मैं यहाँ क्यों हूँ?" "मुझे क्या करना है?" और "मेरा ध्येय क्या है?" ज्यादा आने लगते हैं। जब भी ये प्रश्न आपके मन में आते हैं आपकी चेतना में अधीरता (restlessness) की एक लहर छोड़ जाते हैं। किसी शान्त झील में एक कंकड़ फेंकने से बनी लहरों के समान ये लहरें भी लम्बे समय तक बनी रहती हैं। और तब आप कह सकते हैं कि स्पिरिचुअल एनाटमी का यह प्रोजेक्ट लक्ष्य के प्रति बढ़ती अधीरता (restlessness) की यात्रा है।

लेकिन चिन्ता न करें। जिस अधीरता (restlessness) की मैं बात कर रहा हूँ वह वैसी नहीं होती जैसी कि फ्लाइट पकड़ने में देरी होते समय या सामान निकालने में देरी होने से होती है। और न ही ये अधीरता स्वास्थ्य के लिए हानिकारक होती है जो बेचैनी या निराशा की अन्य समस्याओं में बदल जाती हो। यह आध्यात्मिक अधीरता है। यह आपको आत्मा के सच्चे उद्देश्य 'प्रगति और विकास' की ओर धकेलती है। यदि आपको कभी प्रेम हुआ हो तो उस अधीरता की याद कीजिए जिस अधीरता के साथ आप अपनी प्रेमिका की प्रतीक्षा किया करते थे। अब इसे कई गुना बढ़ाकर देखें तो आपको उस अधीरता की एक हल्की झलक मिल जाएगी जिस अधीरता की मैं बात कर रहा हूँ।

आपके ध्यान में उत्पन्न अधीरता को आपके द्वारा उत्पन्न किए गए शीघ्रता के भाव का साथ मिल जाता है। ये दोनों मिलकर आपको अपने लक्ष्य पर केन्द्रित बने रहने में मदद करते हैं। शीघ्रता का यह भाव स्वाभाविक रूप से सजगता, पहल और त्वरितता के गुणों को जन्म देता है।

यहाँ पर गौर करें कि शीघ्रता का भाव किसी हताशा का भाव नहीं होता। शीघ्रता का भाव हमारे द्वारा निर्मित एक सकारात्मक प्रेरक बल होता है परन्तु हताशा का भाव भय या अभाव की भावना से स्वतः उपजी एक प्रतिक्रिया होती है। शीघ्रता का भाव आपको नित्य अपने लक्ष्य की ओर बढ़ते रहने पर केन्द्रित रखने में मदद करता है जबकि हताशा का भाव हड़बड़ी पैदा कर आपको थका देता है। शीघ्रता का भाव आपको अपने भीतर की एन्ट्रॉपी का सामना करने में मदद करता है तथा जीवन के प्रति एक ढुलमुल रवैये से बचाता है।

विनम्रता

विनम्रता अहम् की सबसे विरल दशा है। विनम्रता कोई चापलूसी या अधमता नहीं बल्कि एक बृहद आत्म-जागरूकता का लक्षण है जिसमें आपको एक बहुत उच्च आदर्श के सामने अपने छोटेपन का अहसास होता है। इस प्रकार की जागरूकता आपको तुच्छता (insignificance) का वह भाव प्रदान करती है जो आपकी प्रगति में सहायक होता है। एक विनम्र व्यक्ति स्वभाव से ही सम्मान दर्शाता हुआ होता है और अपने हृदय में सम्मान को उत्पन्न करता है। जिस प्रकार फलों से लदा एक पेड़ स्वाभाविक रूप से अपने ही फलों से झुक जाता है उसी प्रकार आध्यात्मिक फलों से लदा एक मनुष्य भी हर किसी के लिए और अधिक उपलब्ध होता जाता है।

विनम्रता दिव्य-कृपा को आकर्षित करती है। वातावरण में जब कम दबाव का क्षेत्र बनता है तो उस खालीपन को भरने के लिए हवा तेजी से उसकी ओर बहने लगती है। इसी प्रकार जब आप अहम् को वाष्पीभूत करके अपने भीतर एक खाली स्थान निर्मित कर लेते हैं तो आपके हृदय में एक कम दबाव का क्षेत्र बन जाता है जो फिर दिव्य-कृपा से भर दिया जाता है। भीतर जब विनम्रता होती है तो दिव्य-कृपा स्वतः अवतरित होती है। और दिव्य-कृपा आन्तरिक प्रगति के लिए एक उत्प्रेरक है।

जीवन्तता

उदास चेहरा, दुखी मन, और चिड़चिड़ा स्वभाव यात्रा को लम्बा कर देते हैं। लेकिन गुनगुनाता हृदय, मुस्कुराते होंठ और उछलते कदम यात्रा में जीवन्तता ला देते हैं। अतः जीवन्तता का मनोभाव उत्पन्न करें।

जीवन्त और प्रफुल्ल बनें। उदासी, शोक और दुःख का बोझ ढोते रहने से बात नहीं बनेगी। आपके दुखी होने का कारण उचित हो सकता है लेकिन इस दुःख को आप कब तक अपने साथ ढोते रहेंगे? क्या दुःख इतना कीमती होता है? क्या वह इस लायक होता है कि उसे अपने सुन्दर हृदय में संभाल कर रखा जाए और उस पर बोझ बनने दिया जाए? और लगभग सभी स्थितियों में दुःख का कारण हमेशा कोई अन्य व्यक्ति ही होता है और वह भी ईश्वर की ही रचना होता है। अतः रूपान्तरण लाने के लिए जीवंत बनें। वे व्यर्थ की चीजें जो आपको एक जगह से हिलने नहीं देतीं फेंक दें। भावनाओं में लचीलापन रखें। भावनात्मक और मानसिक लचीलापन

हृदय के खुलेपन से आता है। एक भारी और शोकाकुल हृदय खुला नहीं रह सकता। केवल एक खिलखिलाता हृदय ही खुला और सरल हो सकता है।

कुछ वर्ष पूर्व गर्मी की दोपहर में मैं वॉलंटियर टीम की मीटिंग से वापस कार चलाता हुआ घर की ओर आ रहा था। यह तब की बात है जब कान्हा शान्ति वनम् में ध्यान का केन्द्र अभी बन ही रहा था। आज कान्हा बगीचों, लॉन, और उष्ण कटिबंधीय वर्षा वनों का एक हरा-भरा स्वर्ग बन गया है। लेकिन उन दिनों कान्हा चमकती हुई रेत और दूर-दूर तक बिखरे बड़े-बड़े पत्थरों का एक सपाट और बंजर मैदान था। भारत के इस भाग में ग्रीष्मकाल सूखा और धूल से भरा होता है और गर्मी का वह दिन भी कोई अलग नहीं था।

क्योंकि मैं वापस कान्हा में अपने घर जा रहा था मेरे ऑफिस से एक मील की दूरी पर मैंने दस वॉलंटियर महिलाओं के एक समूह को सड़क के किनारे के कंकड़-पत्थरों को हटाते हुए देखा। आप उन्हें देखने से चूक नहीं सकते थे। दूर से उनके रंगीन पारंपरिक वस्त्र बंजर धरती के बीच वसंत ऋतु के फूलों जैसे अलग ही दिखाई दे रहे थे। मैं कार चलाता हुआ उनके पास आ गया और मैं देख सकता था कि कितने आनंदपूर्वक वे कार्य कर रही थीं मानो सौ डिग्री का मौसम भी उनके लिए कोई मायने न रखता हो। ये सभी महिलाएं पश्चिम भारत की हृदय-भूमि के एक छोटे कस्बे से आयी थीं।

उनकी सरलता, भक्ति और उत्साह ने इतनी जीवन्तता उत्पन्न कर दी थी। मैंने गाड़ी एक ओर खड़ी की और उनसे उस दोपहर के बाद अपने घर आने का निवेदन किया। उनके घर पहुँचने पर हम ध्यान में बैठे। उनके हृदय में इतनी भक्ति थी कि ऐसा महसूस हुआ मानो वे दिव्यता का रुख अपनी ओर उतनी ही आसानी से कर रही हों जितनी आसानी से कोई व्यक्ति किसी डाली को एक फूल सूंघने के लिए अपनी ओर खींचता है। ध्यान में कुछ मिनट ही हुए थे कि केन्द्र में मुझे एक तीव्र झटका लगा। कभी-कभी ही ऐसा होता है कि किसी की भक्ति की तीव्रता इतनी बढ़ जाए कि उससे केन्द्र में एक नाद उत्पन्न हो जाए। हजार साल में दिखाई देने वाले एक पुच्छल तारे की तरह ऐसा दुर्लभ ही होता है। लेकिन ऐसा होता है। लेकिन उसके बाद जो हुआ उसने मुझे प्रेम में पिघला कर रख दिया।

भीतर ही भीतर मानो कुछ चल रहा हो हमारे ध्यान में केन्द्र के भीतर एक के बाद एक झटके लग रहे थे। एक के बाद एक इन महिलाओं के हृदयों की प्रेम-

पुकार केन्द्र में गूँज रही थी। ऐसा मैंने पहले कभी नहीं देखा था और उसके बाद भी मैंने ऐसा होते नहीं देखा है।

यह अनुभव इतना हिला देने वाला था कि जब ध्यान समाप्त हुआ तो मैंने उनसे कुछ और देर बैठे रहने का निवेदन किया। हम सब ने कॉफ़ी पी और कुछ देर तक बातचीत की। मेरे एक साथी ने हमारी फोटो खींची। यह फोटो अभी भी मेरे अध्ययन में यह याद दिलाने के लिए है कि हृदय की अबोध पवित्रता उच्चतम के भीतर क्या जगा सकती है।

और इस महत्वपूर्ण अनुभव का क्या रहस्य था? उनका मनोभाव। जीवन और एक-दूसरे के प्रति उनके दृष्टिकोण ने कुछ ऐसा निर्मित कर दिया जिसने उच्चतम कृपा को अवतरित होने के लिए मजबूर कर दिया। उनकी सुन्दर आत्माएं उनके मनोभाव की पवित्रता और सरलता का प्रतिनिधित्व कर रही थीं। यदि इस पुस्तक को पढ़कर आप अपने जीवन में कुछ लागू करना चाहें तो वह ऐसे मनोभाव होने चाहिएं जिन्हें उत्पन्न करके आप अपने जीवन को उन्नत बना सकें।

भाग 4

चक्रों के रहस्य का अनावरण

7

चक्र – समान्य लक्षण और उनकी स्थिति

मेरी पाँच वर्ष की पौत्री के पास त्योहारों के, शहरों के दृश्यों के और अन्य प्रकार के तरह-तरह के रंग-बिरंगे चित्र हैं। इन चित्रों में अपनी जानी-पहचानी लाल और सफ़ेद पट्टियों वाली टीशर्ट और नीली जींस पहने वाल्डो भी छुपा है। अकेले में तो वाल्डो दिखाई देने से बच नहीं सकता लेकिन जब उसे चीजों के ढेर में फेंक दिया जाता है तो फिर उसे ढूँढ पाना एक कठिन काम बन जाता है।

भीतर के परिवर्तनों को देखना भी वाल्डो को ढूँढने की तरह ही है लेकिन एक बड़े घुमाव के साथ। वाल्डो के बारे में तो आपको पता है कि वह कैसा दिखाई देता है। लेकिन भीतर के परिदृश्य में पहले आपको यह सीखना होगा कि आपको ढूँढना क्या है। अतः इस अध्याय में हम दो महत्त्वपूर्ण काम करेंगे। पहला तो यह कि हम

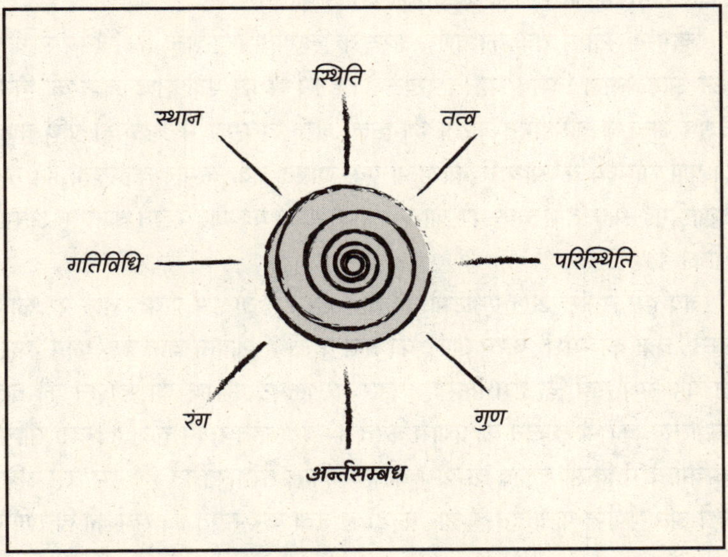

यह जानेंगे कि हमें ढूंढना क्या है और इसलिए हम चक्रों के सबसे सामान्य लक्षण जैसे उनकी तत्व-संरचना, रंग, गति और स्पंदन, स्थिति तथा भावनात्मक गुणों के बारे में सीखेंगे।

हमारा दूसरा काम शरीर पर सभी सोलह चक्रों की स्थिति दर्शाना होगा। इससे आपको चक्रों की स्थिति और उनके लक्षणों के अंतर-सम्बन्ध को जानने में मदद मिलेगी। जैसे-जैसे आप चक्रों में और अधिक गहराई से व्यस्त होते जाएंगे ये लक्षण आपको उनकी ऊर्जा और उनकी आन्तरिक अवस्था को और भी सटीक रूप से समझने में मदद करेंगे। यह समझ आपको आन्तरिक प्रगति को सराहने में प्रवीण बना देगी। यह वाल्डो को ढूंढने जैसा होगा। उसे पहली बार ढूंढना थोड़ा मुश्किल होता है लेकिन एक बार यदि आपने ढूंढ लिया तो अगली बार फिर यह आसान हो जाता है। हर सफल प्रयास के साथ आपका आत्म-विश्वास बढ़ता जाता है और आप यात्रा का और अधिक आनन्द उठाते जाते हैं।

अवस्थाएं - ग्रंथि, चक्र और कमल

जब आत्मा शरीर में उतरती होती है तो वह पर्वत से उतर कर मैदानों में बहते पानी की तरह ही कार्य करती है। नीचे उतरते समय पानी विभिन्न बिन्दुओं पर भँवर और धाराएं बनाता है। आत्मा भी शरीर के विभिन्न स्थानों पर जिन्हें हम चक्र कहते हैं अपनी ऊर्जा को व्यक्त और जमा करती है। चक्र का अर्थ पहिया होता है जो इन ऊर्जा-केन्द्रों की भँवर जैसी प्रकृति का प्रतीक है।

विभिन्न मतों में चक्र का वर्णन करने के लिए विभिन्न शब्द हैं। जिनमें से ग्रंथि, चक्र और कमल विशेष महत्त्व रखते हैं। इनमें से हर एक शब्द चक्र की किसी विशेष अवस्था को इंगित करता है। कली जैसी अवस्था में चक्र को ग्रंथि कहते हैं। पूर्ण सामर्थ्य के साथ खिला हुआ एक जाग्रत चक्र कमल कहलाता है। नीचे दिखाई गई आकृतियाँ चक्र की विभिन्न अवस्थाओं को याद रखने का एक आसान तरीका हैं।

जब हम स्पिरिचुअल एनाटमी की बात करते हैं तो हम प्रायः 'चक्र पर कार्य' करने 'चक्र को स्पर्श' करने आदि की बात करते हैं लेकिन चक्र पर 'कार्य' करने का यह अर्थ नहीं कि हम किसी उपहार पर लिपटे कागज को खोलने की तरह किसी चक्र को भी खोलने का प्रयास करते हैं। यह बहुत सूक्ष्म चीज है। जरा सोचिए कि बगीचे में किसी गुलाब के पौधे को हम किस तरह सींचते हैं। हम उसे उचित मिट्टी और पर्याप्त पानी देते हैं और कीड़ों से बचा कर रखते हैं। सूर्य की किरणों से

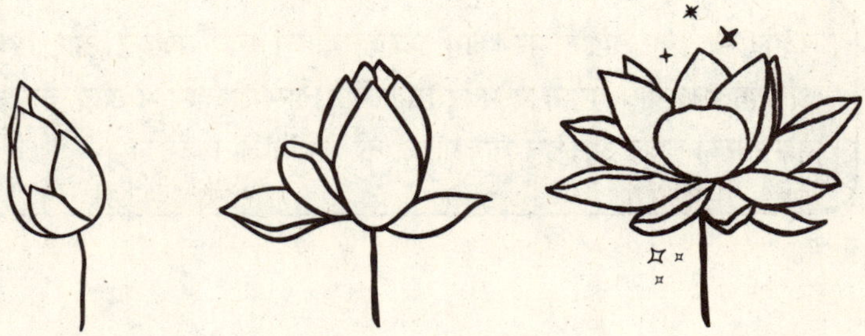

ग्रंथि — *चक्र की कली जैसी अवस्था*
चक्र — *ग्रंथि की गतिशील अवस्था*
कमल — *जाग्रत चक्र*

गर्मी पाकर गुलाब की कली स्वाभाविक रूप से खिलती है। हम पौधे का खयाल रखते हैं और कली स्वयं खिलती है। इसी प्रकार जब आप स्वयं ध्यान करते हैं, हार्टफुलनेस के ट्रेनर (प्रशिक्षक) के साथ या समूह में ध्यान करते हैं तो चक्रों पर 'कार्य' होता है।

चक्रों के चारों ओर के क्षेत्र की सफ़ाई की जाती है तथा दो चक्रों के मध्य की जगह को भी साफ़ कर दिया जाता है। क्षेत्र के पवित्र हो जाने पर चक्र पर प्राणाहुति भेजी जाती है। इससे चक्र जाग्रत होने लगता है, उसकी ऊर्जा हृदय में उतरने लगती है और आन्तरिक दशाएं निर्मित करने लगती है। सफ़ाई करने और प्राणाहुति देने का कार्य बारी-बारी से किया जाता है और पूरी आध्यात्मिक यात्रा में जारी रहता है। यह याद रखें कि इस कार्य को आप प्रायः ध्यान के दौरान और ध्यान के बाद भी होता हुआ महसूस करते हैं। जैसे-जैसे अभ्यासियों की जागरूकता विकसित होती है तो

पॉइंट – विशेष चक्र

चक्रों का एक विशेष वर्ग होता है जिन्हें मैं पॉइंट कहता हूँ। ये पॉइंट विशेष चक्र होते हैं और हमारी स्पिरिचुअल एनाटमी में एक विशेष भूमिका निभाते हैं। उदाहरण के लिए हमारे शरीर की विस्तृत श्वसन-प्रणाली में नाक एक विशेष भूमिका निभाती है। इसी प्रकार हमारी विस्तृत स्पिरिचुअल एनाटमी में हर पॉइंट भी एक विशेष और महत्वपूर्ण भूमिका निभाता है। सोलह चक्रों के अतिरिक्त चार पॉइंट ऐसे हैं जिन पर हम इस पुस्तक में अधिक केन्द्रित

रहेंगे। इन चार पॉइंट पर कार्य करने से हमें एक मजबूत और स्थिर आध्यात्मिक नींव बनाने में मदद मिलती है। इस अध्याय में आगे चलकर हम सोलह चक्रों और इन चार पॉइंटों की स्थिति ज्ञात करेंगे।

कई अभ्यासी यह भी महसूस करते हैं कि उनकी दैनिक गतिविधियों जैसे घूमने, खाना बनाने आदि के दौरान भी आन्तरिक कार्य चलता रहता है।

पाँच तत्व और चक्र

योग-दर्शन के अनुसार ब्रह्माण्ड पाँच तत्वों पृथ्वी, आकाश, अग्नि, जल और वायु से मिलकर बना है। पदार्थ के विषय में हमारे आधुनिक ज्ञान के अनुसार निश्चय ही इन पाँच तत्वों के अतिरिक्त बहुत से अन्य तत्व भी होते हैं। हमारे पूर्वजों का जो तात्पर्य था वह पदार्थ के इन पाँच अलग-अलग गुणों को देखने से था। उन्होंने तत्वों का परमाणविक अवलोकन नहीं बल्कि गुणात्मक अवलोकन किया था। हर तत्व एक विशेष गुण का प्रतिनिधित्व करता है।

पृथ्वी – यह ठोसता का वर्णन करती है।

वायु - यह वाष्प द्वारा प्रदर्शित गति का प्रतिनिधित्व करती है।

जल - यह द्रव अवस्था का प्रतिनिधित्व करता है।

अग्नि – यह पदार्थ के एक अवस्था से दूसरी अवस्था में रूपांतरित होने के गुण को दर्शाती है। (जैसे, पानी को जब गर्म किया जाता है तो वह वाष्प में बदल जाता है।)

आकाश – यह आधार है जो मूल पदार्थ है। इसका कभी सृजन नहीं हुआ। यह हमेशा था। यह शून्यता के विचार का प्रतिनिधित्व करता है।

इस समझ के साथ जब आप मानव-शरीर को देखते हैं तो आपको मालूम पड़ता है कि हम सचमुच पाँच तत्वों से मिलकर बने हैं। शरीर की ठोसता पृथ्वी तत्व है। शरीर में विद्यमान विभिन्न द्रव पदार्थ जल तत्व हैं। हमारी साँस वायु तत्व को लेना और छोड़ना है। खाने को ऊर्जा में परिवर्तित करने की पाचन प्रक्रिया

अग्नि तत्व के रूपान्तरणकारी गुण को दर्शाती है। और आकाश तत्व पूरे शरीर में उपस्थित होता है। कोशिकाओं के मध्य खाली स्थान, रक्त वाहिकाओं, आँतों का खोखलापन आदि ये सभी आकाश तत्व को दर्शाते हैं।

ये पाँच तत्व केवल फ़िज़िकल एनाटमी तक ही सिमित नहीं होते। स्पिरिचुअल एनाटमी में भी वे एक महत्वपूर्ण भूमिका निभाते हैं। इन पाँच तत्वों के गुण हर चक्र में विद्यमान होते हैं और हर चक्र का एक प्रमुख तत्व होता है। इसे इस प्रकार सोचें। कुछ मिट्टी लेकर उसे अपनी मुट्ठी में थामे रहें। पृथ्वी तत्व (ठोसता) प्रभावी होगा। ऐसा ही है न? लेकिन उस मिट्टी के बीच-बीच में वायु फँसी होगी और कुछ नमी (जल तत्व) भी होगी। जब सूर्य मिट्टी को गर्म करता है तो वह पक कर सख्त हो जाती है जिसमें हमें अग्नि का रूपान्तरणकारी गुण दिखाई देता है। और अन्ततः वायु तत्व मिट्टी के कणों के मध्य मौजूद रहता है। लेकिन फिर भी हाथ में थामे हुए हम उसके पृथ्वी-गुण को ही पहले पहचानते हैं। यही बात चक्रों के प्रमुख तत्व के विषय में भी है।

चक्रों पर विद्यमान दशाएं

इस पुस्तक में हम जितने भी लक्षणों की बात करेंगे उनमें से चक्रों पर कार्य करने से उत्पन्न दशा को समझना सबसे महत्वपूर्ण है। जब चक्र जाग्रत होता है तो उसके भीतर बन्द ऊर्जा धीरे-धीरे मुक्त होती है और इस ऊर्जा को हम हृदय में उत्पन्न भावनात्मक दशाओं के रूप में महसूस करते हैं। इन दशाओं को जब हम पनपने देते हैं और उन्हें अपनी प्रकृति का अंग बना लेते हैं तो वे स्वयं को हमारे व्यवहार में व्यक्त करती हैं। इस प्रकार उन गुणों को विकसित कर जो हमारी प्रगति और विकास में सहायक होते हैं हम लगातार अपने व्यवहार को ढालते रहते हैं।

ये दशाएं अनन्त के मार्ग पर चढ़ने की सीढियाँ होती हैं। वे दशाएं जिनका हम अनुभव करते हैं प्राणाहुति और गुरु के कार्य से निर्मित होती हैं। उदाहरण के लिए प्रथम चक्र पर हमारे भीतर स्वीकार्यता तथा दूसरे चक्र पर शान्ति उत्पन्न होती है और इसी तरह अन्य चक्रों पर भी होता है। इन दशाओं को जब हम अपने भीतर महसूस करते हैं तो फिर हम उन्हें आत्मसात करने के लिए उनके साथ मिलकर कार्य करते हैं। जब हम स्वयं को किसी दशा में डुबो कर उस दशा का उपयोग करते हैं तो हमारी प्रगति होती है। और यदि हम ऐसा नहीं करते तो वह दशा गायब हो जाती है।

चक्रों का आपस में जुड़ा तंत्र

प्रकृति में दिखाई देने वाली सत्य की उल्टी स्थितियों को दर्शाने के लिए बाबूजी ने एक शब्द 'इन्वरटेंडो' दिया। 'इन्वरटेंडो' उन विरोधाभासों पर प्रकाश डालता है जो हम प्रकृति की रचना में देखते हैं। उदाहरण के लिए, जितना हम नीचे जाते हैं (विनम्रता) हमारी चेतना उतनी ही ऊपर जाती है, हमारा हृदय जितना खाली होता जाता है उतना ही वह दिव्य-कृपा से भरता जाता है, (केन्द्र की ओर) जितना हम सिमटते जाते हैं उतनी ही हमारी चेतना फैलती जाती है।

बाबूजी ने देखा कि स्पिरिचुअल एनाटमी में चक्रों के मध्य आपसी सम्बन्ध इन्वरटेंडो के उदाहरण हैं। इसे समझने के लिए हर चक्र को ऊपर और नीचे के भागों में बाँट दें। जैसे-जैसे चक्र जाग्रत होना आरम्भ करता है तो उसके ऊपर और नीचे के दोनों भाग जाग्रत हो जाते हैं। एक चक्र के ऊपरी भाग के स्पंदन अगले चक्र के निचले भाग के स्पंदनों के साथ एक क्रम में स्पंदन करते हुए रिले रेस की तरह ऊर्जा का एक प्रवाह निर्मित करते हैं।

आपस में जुड़ा होने के कारण चक्रों के समूह में इसी प्रकार के स्पंदनों का पैटर्न देखने को मिलता है। विषम संख्या के क्रम वाले चक्रों के पैटर्न अलग होते हैं और सम संख्या के क्रम वाले चक्रों के पैटर्न अलग। इस आपसी सम्बन्ध को समझना एक सार्थक खोज है क्योंकि इसने ध्यान के अभ्यास को तैयार करने में मदद की है जिसके कारण हम एक चक्र के बाद दूसरे चक्र को लेने की बजाय एक साथ पूरी एनाटमी पर कार्य कर सकते हैं।

इसे इस प्रकार सोचें। आप एक मकान बना रहे हैं। मकान को निपुणतापूर्वक बनाने का एक तरीका यह है कि मित्री, इलेक्ट्रीशियन, प्लंबर और कारपेंटर को एक निर्धारित समय दे दिया जाए और यह पक्का कर लिया जाए कि जैसे ही नींव पड़ जाएगी तो मिस्त्री ढाँचा खड़ा करना आरम्भ कर देंगे। जब मिस्त्री ढाँचा बनाने का काम कर रहे हों तो इलेक्ट्रीशियन केबल बिछाने का कार्य कर सकते हैं। साथ-साथ होने वाला काम निपुणतापूर्वक और समयबद्ध तरीके से हो जाता है।

इसकी तुलना इसके विपरीत सिविल कारीगरों को लाकर नींव खुदवाने, उसके पूरा हो जाने पर मिस्त्रियों के पास जाने और मिस्त्री का काम पूरा होने पर बिजली का काम देखने से करें। क्रमबद्ध तरीके से इस प्रकार कार्य करने में निपुणता नहीं होती और इसमें प्रायः पुनः कार्य करना पड़ जाता है।

सम्पूर्ण एनाटमी पर कार्य करने हेतु हार्टफुलनेस प्रणाली इन्वरटेंडो का लाभ उठती है। यही कारण है कि कभी-कभी अभ्यासी एक ही ध्यान में कई चक्रों पर स्पंदन महसूस करता है। हो सकता है कि किसी चक्र विशेष पर कार्य हो रहा हो लेकिन उसका उत्तरोत्तर प्रभाव अन्य चक्रों पर महसूस किया जा रहा हो। कभी-कभी प्रशिक्षक ऐसा अभ्यास भी कराते हैं जो अभ्यासी को चक्रों के आपस में जुड़े होने की प्रकृति के प्रति संवेदनशील बनाने में मदद कर सकें। इन सत्रों में वे एक ग्रुप के सारे अभ्यासियों के एक ही चक्र पर कार्य करते हैं और फिर उनसे उनके अनुभव बताने को कहते हैं। सामान्य रूप से यही देखने को मिलता है कि प्रतिभागी एक चक्र पर तीव्र तथा अन्य चक्रों पर हल्के स्पंदन महसूस करते हैं जिससे यह ज्ञात होता है कि एक चक्र पर कार्य करने से उसका प्रभाव दूसरे चक्रों तक पहुँच जाता है।

चक्रों के रंग

ध्यान में अभ्यासी प्रायः विभिन्न रंग देखा करते हैं विशेषतः अभ्यास के आरंभिक वर्षों में। उदाहरण के लिए जब प्रथम चक्र पर कार्य होता है तो ध्यान के दौरान पीला रंग दिखाई दे सकता है। इसी प्रकार चक्र के अनुसार आपको सफ़ेद, गुलाबी, नारंगी, लाल, हरा या नीला रंग दिखाई दे सकता है। ये रंग आपको ध्यान के दौरान एक हल्की चमक, एक सतत रंग-क्रम या एक कौंध के रूप में दिखाई दे सकते हैं। एक चक्र से दूसरे चक्र की ओर बढ़ते समय रंग प्रायः एक-दूसरे में मिल जाया करते हैं। इन रंगों को हर कोई नहीं देख पाता। कुछ लोगों को रंग दिखाई दे सकते हैं तो किसी का रुख ध्यान के दौरान होने वाले स्पंदनों, हलचल या भावनाओं की ओर ही अधिक होता है। अन्ततः जो सबसे महत्वपूर्ण है वह है बिना किसी आकलन या अपेक्षा के ध्यान के दौरान उठने वाली संवेदनाओं या अनुभवों के प्रति सजग बने रहना।

गति और स्पंदन

घड़ी की सुई की भाँति चक्र ऊर्ध्व अक्ष पर घूमा करते हैं। कुछ चक्र दक्षिणावर्त (clockwise) और कुछ चक्र वामावर्त (counterclockwise) घूमा करते हैं। और एक चक्र ऐसा है जिसे हम मूडी कह सकते हैं। सभी चक्रों की एक दिशा होती है लेकिन पहले पाँच चक्रों में जो हृदय-क्षेत्र में होते हैं इस गति को सबसे अधिक महसूस किया जा सकता है।

चक्रों का एक ऊर्जा-क्षेत्र होता है और हर व्यक्ति का ऊर्जा-क्षेत्र भिन्न होता है। यहाँ तक कि एक जैसे जुड़वाँ बच्चों के ऊर्जा-क्षेत्र भी एक जैसे नहीं होते। ऊर्जा-

चक्रों की गति

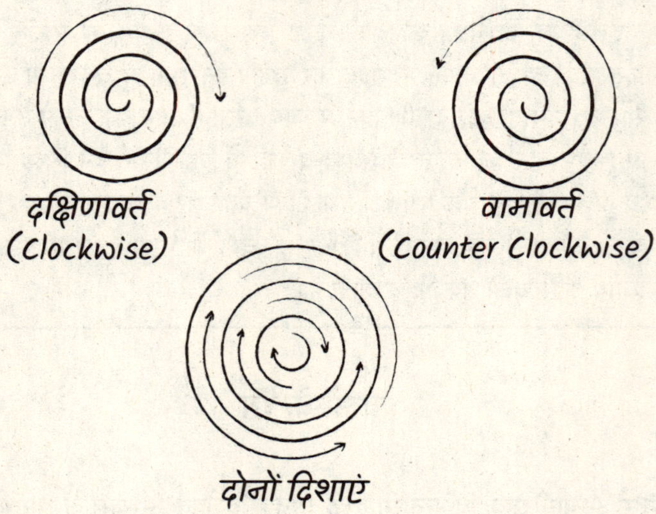

क्षेत्र के स्पंदनों को भौतिक रूप से महसूस किया जा सकता है। इसे आप चक्रों के स्थित होने की जगह पर एक हल्की भिनभिनाहट या चक्राकार गति के रूप में महसूस कर सकते हैं। कभी-कभी आपको चक्र के फड़फड़ाने, स्पंदित होने, चुभने या गुदगुदाने जैसी अन्य संवेदनाएं भी महसूस हो सकती हैं। ये सभी प्रकार के स्पंदन तब महसूस होते हैं जब चक्र पर कार्य हो रहा हो।

कभी-कभी ऐसा भी होता है जब आपको दैनिक कार्य जैसे पढ़ते समय, रसोईघर में काम करते समय या टीवी देखते समय वक्ष स्थल में, अपने पैर के तलवों में, हथेली में या अपने सिर के पीछे कुछ स्पंदन महसूस हों। इन संकेतों पर गौर करें। ये उस कार्य की ओर संकेत करते हैं जो किसी पिछले ध्यान के दौरान आरम्भ

हुआ था और अभी चल रहा है या फिर किसी नए कार्य की ओर जो आपके तंत्र में आरम्भ हो गया है।

जब आपको ऐसा कुछ लगे तो अपनी आँखें हलके से बन्द करें और स्वयं को प्रेमपूर्वक हृदय से जोड़ते हुए केन्द्रित कर लें। अपना ध्यान उस ओर ले जाएं जहाँ कार्य हो रहा है। कोमल बने रहें, एक बच्चे को अपनी गोद से बिस्तर पर रखने की तरह जब वह आपकी गोद में ही सो गया हो। स्वयं को अपने भीतर उस समय लयबद्ध कर लेना जब आपको किसी कार्य के होने की आहट मिलती है आपको अपने तंत्र में होने वाले आध्यात्मिक कार्य की सराहना करने में मदद करेगा।

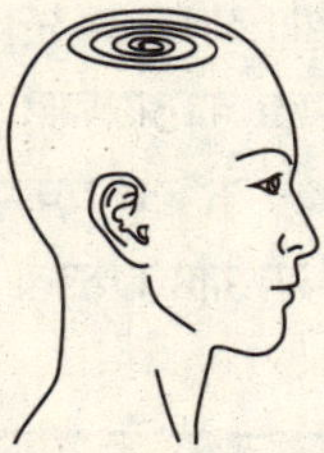

सिर के शीर्ष पर वृत्ताकार कंपन

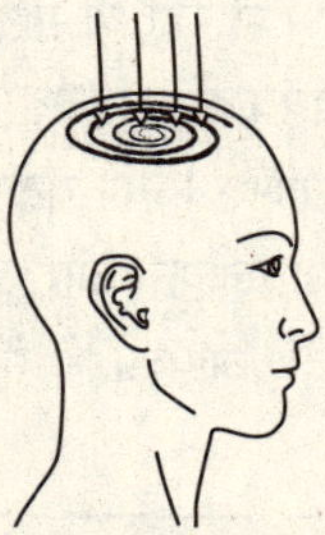

ऊपर से दबाव के साथ वृत्ताकार कंपन

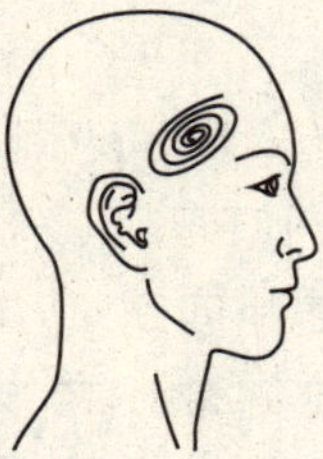

कनपटी पर आराम पहुँचाने वाला दबाव

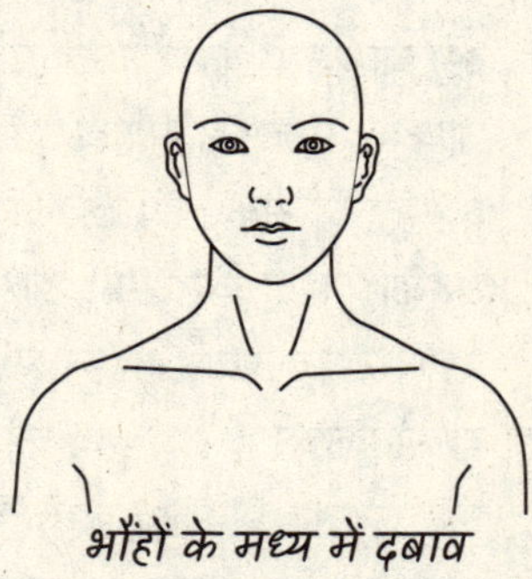

भौंहों के मध्य में दबाव

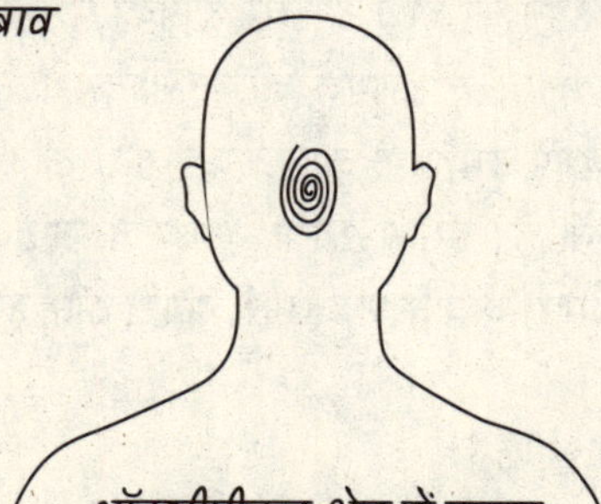

ऑक्सीपीटल क्षेत्र में दबाव

कभी-कभी सिर के शीर्ष पर आप वृत्ताकार स्पंदन या नीचे की ओर एक कोमल दबाव महसूस कर सकते हैं और कभी ऐसी सरसराहट मानो आपके बालों पर कोई एक पंख चला रहा हो। और कभी आप कनपटी और ऑक्सीपीटल क्षेत्रों पर भी दबाव महसूस कर सकते हैं। ये किसी आध्यात्मिक कार्य के चिन्ह हो सकते हैं। इस पर अपना सिर खुजलाने की बजाय कुछ समय स्वयं को केन्द्रित करने में लगाएं और महसूस करें कि क्या हो रहा है।

चक्रों की गति विशेषतः हृदय-चक्रों की गति त्वचा पर हल्के धब्बों के रूप में भी दिखाई दे सकती है। अपने आरंभिक दिनों के ध्यान के दौरान मैंने हृदय-चक्रों पर जहाँ कार्य हो रहा था गुलाबी रंग के धब्बे देखे थे। ये धब्बे कुछ घण्टों तक रहे और फिर गायब हो गए। तब मैं कॉलेज का विद्यार्थी था। अपना ये अनुभव जब मैंने अपने एक प्रशिक्षक को बताया तो उन्होंने मेरी सजगता को प्रोत्साहित किया और मुझे अपने अवलोकन और अनुभवों को पर नजर रखने के लिए एक डायरी रखने की सलाह दी। आपको भी मैं ऐसा ही करने के लिए प्रोत्साहित करता हूँ।

सावधान रहें - अनुभव और कल्पना

इस जानकारी का एक नकारात्मक पक्ष भी है। यह आपको कल्पना के आकाश में ले जा सकता है और आप इन गतियों को मानसिक रूप से निर्मित कर सकते हैं। ख्यालों की दुनिया पर रोक लगाने का एक प्रभावी तरीका यह है कि अपने अवलोकन को डायरी में लिख कर उसे भूल जाएं। समय बीतने पर जब हम डायरी पढ़ते हैं तो हम कुछ क्रमों को देखेंगे जिससे हमें अनुभव को कल्पना से अलग करने में मदद मिलेगी। और जब भी आपको सचमुच कोई अनुभव होगा तो आपको उस पर कोई संदेह न होगा। आपने जो देखा उस पर आपको पक्का विश्वास होगा।

इसके अतिरिक्त अपने अनुभवों की तुलना दूसरों के अनुभवों के साथ करने से बचें। यद्यपि हम सभी का लक्ष्य एक है लेकिन हरेक की यात्रा अलग-अलग होती है। हमारा रवैया, लक्ष्य के प्रति हमारी उत्सुकता, हमारी वृत्तियाँ, हमारा वातावरण, हमारी संगति और हमारे कई अन्य

कारक भिन्न-भिन्न होते हैं। हमारे जीवन में इतनी भिन्नता के होते तुलना करना हमें भ्रमित ही कर सकता है। इससे संदेह और प्रतिस्पर्धा का जन्म होता है जो हमें अपने मुख्य लक्ष्य से भटका सकता है। अतः उचित मनोभावों को उत्पन्न करने की ओर ध्यान देते रहें और अपना अभ्यास करते रहें।

पॉइंट और चक्रों की स्थिति

हम जीते-जागते एटलस और केन्द्र के चलते-फिरते मानचित्र हैं। चक्रों के अक्षांश और देशांतर सहित चेतना के वृत्तों का भौगोलिक मानचित्र शरीर पर बनाया जा सकता है। इस भाग में आप हमारी स्पिरिचुअल एनाटमी में महत्वपूर्ण भूमिका निभाने वाले चार पॉइंट और सोलह चक्रों की स्थिति के बारे में जानेंगे। इन पॉइंट और चक्रों की स्थिति को याद कर लें तथा उन जगहों पर महसूस होने वाले किसी भी प्रभाव के प्रति सजग रहें। रुचिपूर्वक और गौर करते हुए अपनी उत्कंठा को बनाए रखना यात्रा में आपको व्यस्त रखता है।

A, B, C और D पॉइंट

चक्रों की स्थिति जानने के लिए पहले हम अपने शरीर में A, B, C और D पॉइंट की स्थिति ज्ञात करते हैं। जैसा कि मैंने पहले भी बताया है कि ये पॉइंट विशेष चक्र होते हैं और चक्रों के रास्ते ऊर्जा के प्रवाह को निर्देशित करने में उनकी एक विशेष भूमिका होती है।

स्टर्नम के आधार (RIBCAGE CAVITY) जहाँ से पसलियों की शुरुआत होती है से आरम्भ करें। अपनी अंगुली से एक अंगुल चौड़ाई के बराबर नीचे आएं। फिर चार अंगुल चौड़ाई के बराबर बायीं ओर आएं। यह पॉइंट B की स्थिति है।

पॉइंट B से दो अंगुल ऊपर पॉइंट A है।

पॉइंट B के ठीक नीचे निचली पसली पर पॉइंट C है।

पॉइंट C से दो अंगुल बायीं ओर और बायीं निप्पल के ठीक नीचे पॉइंट D है।

कुछ समय अपने शरीर में इन चारों पॉइंट की स्थिति ज्ञात करने में लगाएं। जब मैंने इसका अभ्यास किया था तो मैंने अपनी छाती में इन पॉइंटों के ऊपर छोटे-छोटे गोल स्टिकर चिपका दिए थे। उसके बाद मैंने अपने मन में इन पॉइंटों की सही

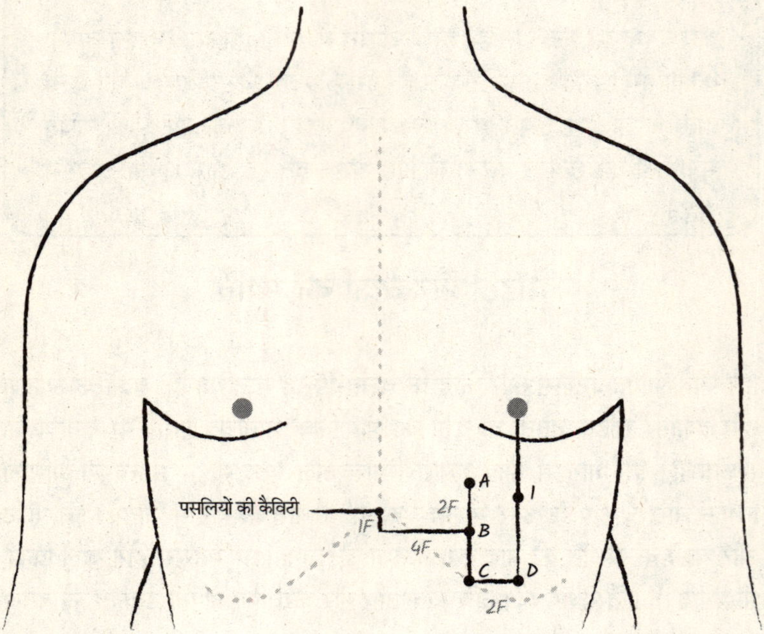

स्थिति की स्पष्ट तस्वीर बनाने के लिए स्वयं को दर्पण में देखा। एक छोटी सी जगह पर इतने ढेर सारे पॉइंट एक भीड़-भाड़ वाली रियल एस्टेट जैसे प्रतीत हुए और ऐसा करना शरीर में उनकी एक निश्चित स्थिति जानने में सहायक सिद्ध हुआ।

समय के साथ आप इन जगहों पर होने वाले स्पंदनों को पहचानने में दक्ष हो जाएंगे। इसमें धैर्य की जरूरत होती है और यह भी जरूरी होता है कि आप अपने हृदय को अपना मार्गदर्शन करने दें। इसमें रुचि लें लेकिन ज्यादा जोर न दें। यह स्वाभाविक रूप से होगा। आरम्भ में किसी नए कौशल को सीखने में समय लगता है और फिर यह बच्चों के साइकिल सीखने की तरह स्वचालित हो जाता है। वे तीन पहिए की साइकिल से शुरू करते हैं, फिर दो पहिए के साथ जुड़े हुए अतिरिक्त पहियों वाली साइकिल से और अन्ततः वे बिना किसी प्रयास के दोस्तों से बात करते हुए, गाना गाते हुए और यहाँ तक कि हैंडल को बिना पकड़े भी साइकिल चलाने लगते हैं।

A, B, C और D पॉइंट की स्थिति ज्ञात कर लेने के पश्चात अब हम चक्रों की स्थिति ज्ञात करेंगे।

सोलह चक्र

आइए प्रथम चक्र (हृदय-चक्र) से आरंभ करें। जैसा कि चित्र से स्पष्ट है कि यह बायीं निप्पल और पॉइंट D के ठीक बीच में स्थित है। पॉइंट D से लगभग तीन अंगुल (3f) चौड़ाई के बराबर ऊपर जाने से भी आपको पहला चक्र मिल सकता है।

नीचे बने चित्र में आप देख सकते हैं कि दूसरा चक्र शरीर के बायीं ओर पहले चक्र की मिरर-इमेज है।

अब पहले और दूसरे इन दोनों चक्रों को ऊपर की ओर पलट देने की कल्पना करें जिससे कि वे निप्पल से ऊपर उनकी मिरर-इमेज बन जाएं। यह तीसरा और चौथा चक्र है।

पाँचवाँ चक्र गर्दन के नीचे ठीक वहाँ होता है जहाँ पर दोनों कॉलर बोन मिलती हैं। पाँचवें चक्र को कंठ-चक्र भी कहते हैं। पहले चक्र से पाँचवे चक्र तक के ये चक्र हृदय-मंडल के चक्र कहलाते हैं।

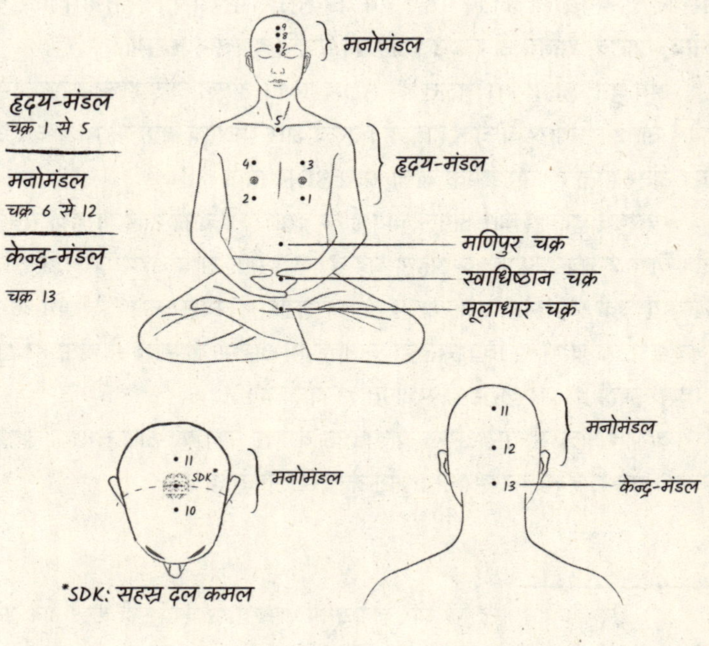

*SDK: सहस्र दल कमल

अब मनोमंडल के चक्रों की ओर चलते हैं।

आपके कान का उच्चतम भाग हेलिक्स कहलाता है। अपनी दाँयी तर्जनी (INDEX FINGER) दाएं हेलिक्स पर और बायीं तर्जनी बाएँ हेलिक्स पर रखें। अब दोनों हेलिक्स से ऊपर की ओर लाइन खींचते हुए सिर के बीचोंबीच मिला दें। यह शीर्ष चक्र की स्थिति है जिसे सहस्र दल कमल*, सहस्रार या SDK भी कहते हैं। इस पुस्तक में मैं इसे SDK ही कहूँगा। SDK से दो अंगुल चौड़ाई के बराबर माथे की ओर दसवाँ चक्र होता है।

दसवें चक्र से चार अंगुल चौड़ाई के बराबर माथे की ओर नौवाँ चक्र होता है।

नौवें चक्र से दो अंगुल आगे आठवाँ चक्र होता है।

आठवें चक्र से तीन अंगुल नीचे तथा भौहों से थोड़ा ऊपर छठा चक्र होता है।

छठे चक्र के ठीक ऊपर और उससे थोड़ा ढका हुआ सातवाँ चक्र होता है।

छठा चक्र थोड़ा आगे होता है और सातवाँ चक्र पीछे। सातवाँ चक्र छठे चक्र से बड़ा भी होता है। दोनों चक्र मिलकर 8 की आकृति बनाते प्रतीत होते हैं। जिसमें ऊपर का वृत्त नीचे के वृत्त से बड़ा होता है।

अब एक नजर फिर दौड़ा लेते हैं। अभी तक हमने हृदय के पाँच चक्रों की स्थिति ज्ञात कर ली है। फिर हम घूम कर SDK पर आए जिसने हमें फिर दसवें, नौवें, आठवें, सातवें और छठे चक्रों की स्थिति का ज्ञान कराया।

अब पुनः SDK पर चलते हैं। SDK से दो अंगुल चौड़ाई के बराबर सिर के पीछे की ओर ग्यारहवाँ चक्र होता है। दसवें और ग्यारहवें चक्र के मध्य चार अंगुल का अंतर होता है और इसके बीचों-बीच SDK होता है।

ग्यारहवें चक्र से चार अंगुल चौड़ाई के बराबर नीचे की ओर बारहवाँ चक्र होता है। बारहवें चक्र का रोचक पहलू यह है कि इसके साथ ब्रह्मरंध्र जुड़ा होता है। बारहवें चक्र पर स्थित इस रंध्र से आत्मा शरीर में प्रवेश करती है। गर्भ के भीतर जब भ्रूण का ब्रह्मरंध्र विकसित हो जाता है तो आत्मा ब्रह्मरंध्र से होती हुई भ्रूण में प्रवेश करती है और शरीर में स्थापित हो जाती है।

बारहवें चक्र से चार अंगुल चौड़ाई के बराबर नीचे की ओर तेरहवाँ चक्र तथा मानव तंत्र में केन्द्र का स्थान अर्थात् केन्द्र-मंडल होता है।

---

* क्योंकि हम केन्द्र की ओर जाते समय ब्रह्मरंध्र पर कार्य नहीं करते अतः इसे हम सोलह चक्रों के साथ नहीं गिनते। SDK पर कार्य नहीं करने का कारण हम अध्याय 24 में दसवें चक्र पर पर चर्चा करते समय मालूम करेंगे।

मूलाधार, स्वाधिष्ठान और मणिपुर चक्र

यदि आप मेरे साथ गिनती कर रहे हों तो आपने देखा होगा कि हमने चार पॉइंट और तेरह चक्रों की स्थिति मालूम कर ली है। अब आप कहेंगे, "लेकिन दाजी, आप तो कह रहे थे कि चक्र सोलह होते हैं। तो बाकी तीन चक्र कहाँ हैं?"

इन तेरह चक्रों के अलावा जिनकी स्थिति हम मालूम कर चुके हैं तीन और चक्र हमारी रीढ़ पर होते हैं। ये तीन चक्र हैं मूलाधार, स्वाधिष्ठान और मणिपुर चक्र। ये तीन निम्न चक्र पशु जगत् में सामान्य रूप से पाए जाते हैं और उनकी प्राथमिक भूमिका भौतिक अस्तित्व को बनाए रखना होती है।

मूलाधार चक्र – मूलाधार चक्र हमें जमीन से जुड़े रहने का अहसास करता है। यह हमें अस्तित्व हेतु प्राथमिक साधन उपलब्ध कराता है तथा उत्तरजीविता की सबसे मूल आवश्यकताओं की निरंतरता को बनाए रखता है। (मूलाधार = मूल + आधार)

स्वाधिष्ठान चक्र – यह निम्न स्व का स्थान है तथा प्रजनन और वासना से सम्बंधित है। (स्वाधिष्ठान = स्व + अधिष्ठान, स्व का निवास स्थान)

मणिपुर चक्र - नाभि में स्थित यह चक्र प्रभुत्व और शासन के अहंकारी पहलू को उत्पन्न करता है। अहंकार और शक्ति का भाव यहीं से आता है। (मणिपुर = मणि + पुर, मणियों का स्थान)

इन तीन चक्रों का मुख्य उद्देश्य हमारी उत्तरजीविता को सुनिश्चित करना होता है। वे भोजन, काम, शक्ति, प्रभुत्व आदि के लिए किए जाने वाले हमारे कर्मो के लिए उत्तरदायी होते हैं। ये हमारी प्राथमिक एवं सहज आवश्यकताएँ होती हैं और इसीलिए ये चक्र भी शक्ति से पूर्ण होते हैं।

हार्टफुलनेस के अभ्यास में पहले हम अपने तंत्र को शुद्ध करने और हृदय-चक्र को जाग्रत करने पर ध्यान देते हैं जिसके बाद फिर उच्चतर चक्र भी जाग्रत होने लगते हैं। जब हमारा तंत्र शुद्ध होता है तो ऊर्जा उच्च चक्रों से निम्न चक्रों की ओर बहती है और उन्हें पोषण प्रदान करती है। इस प्रकार का उतरोत्तर प्रभाव वैसा ही होता है जैसे चलने से हृदय स्वस्थ होता है उससे फिर कुल स्वास्थ्य भी सुधरता है और टाँगों की मांसपेशियां भी सशक्त होती हैं। हृदय पर ध्यान करने से उच्च और निम्न दोनों चक्रों को लाभ पहुँचता है।

उत्तरोत्तर प्रभाव का यह तरीका कई चक्रों पर एक साथ कार्य कर हमारा समय भी बचाता है। इसके बिना हमें निम्न चक्रों से मुक्त ऊर्जा के प्रभाव को सँभालने

के लिए कठोर अनुशासन का पालन और कड़ी तपस्या करनी होगी। ऐसे अभ्यास कठिन और समय की बर्बादी साबित हो सकते हैं।

हृदय-चक्र और इसे ऊपर के चक्र पशुओं में सुप्त रहते हैं इस कारण पशु अपनी चेतना को अपनी मर्जी से विकसित नहीं कर सकते। हृदय-चक्र को जाग्रत करना और अपनी चेतना का विकास करना मनुष्य के लिए संभव है लेकिन इसमें स्वेच्छापूर्वक ओर आनंदपूर्वक भाग लेने की आवश्यकता होती है। मनुष्य सोच सकता है और विकास कर सकता है इसीलिए कई संस्कृतियाँ मनुष्य जीवन को उस सर्वशक्तिमान के एक आशीर्वाद के रूप में मनाती हैं।

तीन चक्र मूलाधार, स्वाधिष्ठान और मणिपुर चक्र तथा वक्षस्थल एवं सिर में स्थित तेरह अन्य चक्र मिलकर सोलह चक्र और इनके साथ चार विशेष चक्र या पॉइंट भी बोनस के तौर पर होते हैं। अब आपके पास चक्रों के गुण, उनकी स्थिति और उनके आपसी सम्बन्ध का मानचित्र मौजूद है। अब तक आप जो भी जान गए हैं वह आपके अभ्यास में एक अलग महक ला देगा तथा इस पुस्तक का 'ध्यान करें और पार हो जाएं' वाला पहलू और भी अधिक जीवंत हो जाएगा।

एक बात याद रहे, अभ्यास करते हुए यदि कुछ गलत हो जाए तो चिन्ता न करें। अभ्यास करके ही हम महारथ हासिल करते हैं। यह भी समझ लें कि कभी-कभी आप अभ्यास करने से चूक भी सकते हैं लेकिन इस कारण से अभ्यास करना छोड़ें नहीं। जब भी आपको लगे कि आप रास्ता भटक रहे हैं 'रीसेट' का बटन दबा दें और जोरशोर से लग जाएं।

दाजी से पूछें

दाजी, मेरे मन में और शरीर में क्या हो रहा है यह जानने के लिए मुझे संघर्ष करना पड़ता है। इसे मैं कैसे सुधार सकता हूँ?

बाहरी दुनिया को महसूस करने के लिए आपके पास पाँच इन्द्रियों के उपकरणों का बॉक्स है। आप गुलाब को सूंघ सकते हैं, सूर्यास्त को देख सकते हैं, अपनी प्रेमिका के स्पर्श को महसूस कर सकते हैं और जीवन जो स्वाद देता है उसे चख सकते हैं। जन्म से ही हमारा ध्यान बाहर की ओर, बाहरी दुनिया की ओर कर दिया गया है। लेजर के लाल बिंदु के पीछे चारों ओर दौड़ते बिल्ली के बच्चे की तरह हमारा ध्यान भी आसानी से भटक जाता है।

जब आप स्पिरिचुअल एनाटमी प्रोजेक्ट का आरंभ करते हैं तो आप पूरी यात्रा में आने-जाने के समय को चिन्हित कर देते हैं। ध्यान के द्वारा आप अपना ध्यान भीतर की ओर लगाते हैं मानो आत्मा के मंच को आप स्पॉट लाइट से प्रकाशित कर रहे हों। वहाँ की विशेषताओं को खोजने और आन्तरिक दृश्य का अभ्यस्थ होने में कुछ समय लगता है। भीतर खोजने के लिए आपको संवेदनशीलता उत्पन्न करनी पड़ती है।

संवेदनशीलता को विकसित करने के लिए ध्यान के दौरान हमारा रवैया चूहे का इन्तेजार करती बिल्ली की तरह होना चाहिए। अत्यधिक सतर्कता की जरूरत होती है। लेकिन अधिकतर लोग इतने डूब जाते हैं कि वे एक गहरे ध्यान में चले जाते हैं और ज्यादा गौर नहीं कर पाते। भीतर होने वाले कार्य को समझने हेतु संवेदनशीलता उत्पन्न करने में समय लगता है। छोटे-छोटे चरणों में आरम्भ कीजिए। उदाहरण के लिए यह पहचानें कि वक्ष स्थल पर आपको कहाँ पर भारीपन महसूस हुआ और कहाँ पर हल्कापन? ऊपर के अर्ध भाग में या नीचे के अर्ध भाग में? प्राणाहुति का प्रवाह कैसा था? ध्यान से पहले आपकी दशा कैसी थी और ध्यान के बाद कैसी? आपको कौन-कौन से विचार आए? ये सब बातें अपनी डायरी में लिखना आरंभ कर दें और आपकी संवेदनशीलता बढ़ने लगेगी।

लेकिन संवेदनशीलता लाभदायक भी हो सकती है और हानिकारक भी। मान लीजिए यदि आप अत्यधिक संवेदनशील हैं तो आप अपने चारों ओर की अच्छाई, बुराई और गन्दगी के लिए एक खुले द्वार के समान हो जाएंगे। क्या आप अपने सामने आने वाली हर चीज को सहन कर सकेंगे? अतः संवेदनशीलता की निचली सीमा तो माँ प्रकृति द्वारा प्रदत्त आपकी सुरक्षा का एक उपाय है। जैसे-जैसे आप और अधिक स्वीकार करने वाले, और अधिक उदार तथा और और अधिक क्षमाशील होते जाएंगे आप और अधिक संवेदनशील होते जाएंगे। यदि आप पहले से ही संवेदनशील हैं तो इस उपहार का उपयोग अपने ऊपर कार्य करके करें। उच्च स्तर की स्वीकार्यता एवं उदारता उत्पन्न करें। इससे संवेदनशीलता में सहनशक्ति आ जाएगी और आप इसका उपयोग जब भी जरूरी हो एक उपकरण की भाँति कर सकेंगे।

8

चक्र के जाग्रत होने की चार अवस्थाएं

यदि मैं किसी से पूछूं, "आपका ध्यान कैसा रहा?" तो सबसे सामान्य उत्तर होता है, "ओह! मैं तो बहुत गहराई में चला गया था", "मुझे तो बहुत विचार आ रहे थे", "मुझे लगता है कि मैं सो गया था", "मैंने हल्कापन महसूस किया", "मैंने रिलैक्स्ड महसूस किया" और कुछ इसी तरह। ध्यान के अनुभव को बताना कठिन होता है क्योंकि पूरे समुद्र के सार को हम किसी तरह चाय के प्याले में उड़ेलना चाहते हैं। देखने की संवेदनशीलता तथा बयान करने के लिए शब्द दोनों की आवश्यकता होती है और इन्हें विकसित होने में कुछ समय लगता है। यह बताना प्रायः सबसे आसान होता है कि ध्यान समाप्त होने पर हमें कैसा लगा।

ध्यान के बाद जो आप महसूस करते हैं वह एक दशा होती है। शान्ति, आनन्द, परमानन्द, हल्का, उग्र, बेचैन, संतुष्ट, चिड़चिड़ा, प्रसन्न, साहसी, स्थिर और दयालु महसूस करना आपके अभ्यास में उपहारस्वरूप मिली दशाएं होती हैं। जब भी आप ध्यान करने बैठते हैं तो चक्रों के भीतर कैद ऊर्जा धीरे-धीरे मुक्त होने लगती है। उच्च शक्ति की यह ऊर्जा हल्के-हल्के हमारी चेतना के केन्द्र हृदय में प्रवाहित होने लगती है और इस ऊर्जा को हम अपने हृदय में महसूस की गई एक दशा के रूप में महसूस करते हैं।

इस दशा को बनाए रखने के लिए आपको सजग रहना पड़ता है। इस दशा की सुरक्षा करते हुए जब आप इसे बनाए रखते हैं तो यह विकसित होकर एक ध्यानावस्था में बदल जाती है और आपके साथ रहती है। लेकिन यदि आप मिली हुई दशा को खो देते हैं जैसे ध्यान के तुरन्त बाद अपना फ़ोन देख कर या व्यर्थ की बातों में लगकर तो आप वापस अपनी पूर्व दशा में चले जाते हैं। फिर यह एक छेद वाली बाल्टी में कुएँ से पानी खींचने की तरह हो जाता है। जब तक आप बाल्टी को खींच कर ऊपर तक लाते हैं वह खाली हो जाती है। ऐसा हममें से अधिकतर के

साथ होता है। हम एक बेहतरीन दशा का आनन्द ले रहे होते हैं और कुछ ही घण्टों में जो मिला था वह गायब हो जाता है। लेकिन जब आप उस दशा को पालते-पोसते हैं तो आप उस दशा का निर्माण कर उसके ऊपर एक और नई दशा बनाने की तैयारी कर लेते हैं।

दशा कुछ ऐसी चीज है जिसमें रहकर और जिसके साथ आप कार्य करते हैं अर्थात् आप ध्यान से निर्मित शान्तिपूर्ण दशा में रहते हुए कार्य कर सकते हैं और उसके साथ पूरे दिन जुड़े रह सकते हैं तथा उस शान्तिपूर्ण दशा के साथ आप कार्य भी कर सकते हैं और उसे विकसित कर सद्भाव और आनन्द में बदल सकते हैं।

पहली बात तो यह कि दशा का अवतरण एक गहरे ध्यान के पश्चात ही होता है। यद्यपि अभ्यास से आपकी चेतना उस स्तर तक भी विकसित हो सकती है जहाँ आप मेन्यू देखकर कोई डिश ऑर्डर करने की तरह ही शान्ति, आनन्द या किसी भी दशा का अपने भीतर आह्वान कर सकें।

चक्रों से होती हुई दिव्य-स्रोत तक की यात्रा राह में निर्मित दशाओं पर निर्भर होती है। वे दशाएं जो अनन्त की सीढ़ियों का कार्य करती हैं। पहले अध्याय में मैंने लिखा था कि हृदय की प्रेरणा से अनुभूति, अनुभूति से विचार और विचार से फिर कर्म बनते हैं। लेकिन प्रेरणा को सबसे पहले कौन उत्पन्न करता है। भीतर की दशा प्रेरणा को उत्पन्न करती है जो विकसित होकर अनुभूति, विचार और कर्म में बदल जाती है। अनुभूति, विचार और कर्म रूपान्तरण के इंजन को पॉवर देते हैं जिससे आपको अपनी नियति को ढालने में सहायता मिलती है। इसके गर्भ में ध्यान का आपका अभ्यास होता है जो उन दशाओं को बनाता है जो आपकी चेतना को बंधनों से मुक्त कर देती हैं और आपको विकसित होने में मदद करती हैं।

दशा → प्रेरणा → आपकी अनुभूति बदल देती है → आपकी सोच बदल देती है → आपके कर्म बदल देती है → आत्म-रूपान्तरण

आप पूछ सकते हैं कि, "दाजी, दशाओं को कौन बनाता है?" चेतना में विद्यमान रुकावटें दशा के बनने को प्रभावित करते हैं। लेकिन दशाओं को बनाने वाला एक बड़ा कारक वह गुप्त घटक – 'आपका मनोभाव' है। जिस मनोभाव के साथ आप ध्यान करते हैं वह उस ऊँचाई को निर्धारित करता है जहाँ से वे दशाएं आपके हृदय में उतरती हैं। एक क्रोधी, चिड़चिड़े और रुचिहीन मनोभाव की तुलना प्रेमी, कोमल और करुण मनोभाव से करें। किस मनोभाव वाला हृदय आन्तरिक विकास के लिए दशाओं को आकर्षित करेगा?

जब आप एक उचित मनोभाव रखते हुए दशाओं का पालन-पोषण करते हैं और उन पर गौर करने में तीव्र रुचि रखते हैं तो आप यह भी देख सकते हैं कि किस प्रकार चक्रों का जाग्रत होना चेतना के विकास में सहायक होता है। आप अपने भीतर होने वाले सूक्ष्म परिवर्तनों को देख सकते हैं। उदाहरण के लिए दूसरे चक्र और फिर आठवें चक्र के जाग्रत होने से जो शान्ति प्राप्त होती है उसका आप अनुभव कर सकते हैं। और फिर आप गहरी शान्ति, मामूली सी शान्ति, हल्की शान्ति और डुबो देने वाली शान्ति आदि शब्दों का प्रयोग करने लगते हैं। चक्रों के जाग्रत होने से ये सभी दशाएं तथा और भी कई दशाएं बनती हैं।

चक्र का जाग्रत होना चार भिन्न अवस्थाओं से होकर गुजरता है और ये अवस्थाएं ग्रंथि से आरंभ होकर कमल बनने तक की अवस्थाएं होती हैं। हर अवस्था का एक विशेष उद्देश्य होता है और जब वह उद्देश्य पूरा हो जाता है तो अगली अवस्था आरम्भ होती है बहुत कुछ एक रॉकेट की अवस्थाओं की तरह जो उसे एस्केप वेलोसिटी तक पहुँचने और फिर ऑर्बिट में स्थापित करने तक धक्का लगाती रहती हैं। वे चार अवस्थाएं जिनमें कोई चक्र जाग्रत होता है इस प्रकार हैं –

1. सालोक्यता
2. सामीप्यता
3. सारूप्यता
4. सायुज्यता

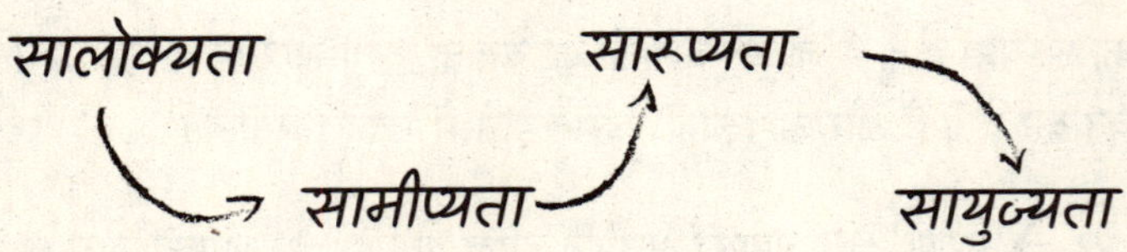

प्रथम अवस्था – सालोक्यता*

सालोक्यता में आपकी चेतना उस चक्र के स्तर तक उठा दी जाती है जिस चक्र पर आप पहुँच गए हैं। चेतना में आया अचानक बदलाव कुछ लोगों के लिए अजीब हो सकता है। यह किसी नए देश में चले जाने के समान होता है जहाँ भाषा, संस्कृति और खाना-पीना सब अलग होता है। आपको नई जगह और वहाँ के भिन्न मौसम और हवा का आदी होना पड़ता है। आपकी भली-भाँति स्थापित चेतना अब सालोक्यता के

* संस्कृत में सालोक्यता का अर्थ है 'उसी लोक या संसार में एक साथ रहना' प्रत्येक चक्र स्वयं में एक संसार है।

नए प्रदेश में होती है।

यह एक ऐसी दशा है जिसमें आप जाग्रत और सजग महसूस करते हैं। आपका मन एक व्यापक दिव्य-शक्ति की उपस्थिति का बोध करता है और आपको अपनी चेतना के स्तर को उन्नत करने योग्य बनाता है। सालोक्यता कुछ लोगों के मन में

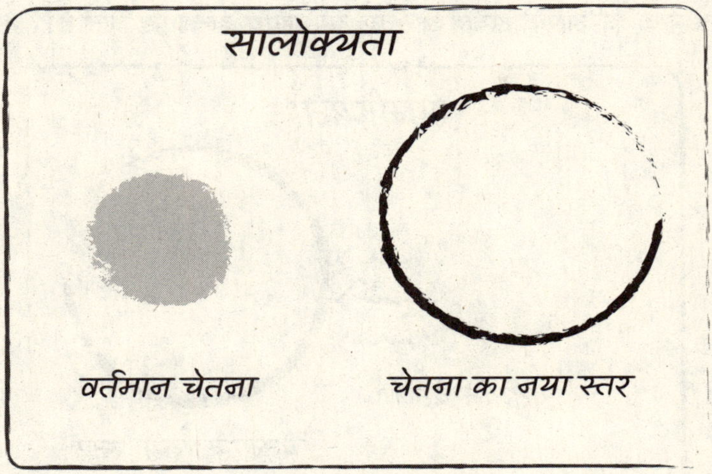

थोड़ी बेचैनी या सिर में थोड़ा भारीपन उत्पन्न कर सकती है। सालोक्यता में आन्तरिक विसंगति या असहजता का होना प्रगति का एक चिन्ह है। लेकिन कुछ लोगों में परिवर्तन के प्रति एक अवचेतन प्रतिरोध होने के कारण वे ध्यान करना छोड़ देते हैं। इस बारे में ज्यादा सोचे बिना ही आप एक दिन ध्यान करना छोड़ देते हैं क्योंकि ध्यान करने को आपका मन नहीं करता। एक दिन दो दिन बन जाता है। फिर आप पुनः एक-दो दिन स्वयं ध्यान करके देखते हैं लेकिन उतनी रुचि के साथ नहीं। कुछ दिनों तक कभी-कभी ध्यान करने से आप अपनी लय खो देते हैं और ओर आपका ध्यान छूट जाता है।

कृपया याद रखें कि जब भी आपका मन ध्यान करने को न करे या आप असहज महसूस करें तो यह इस बात का संकेत है कि आपकी चेतना एक नए वातावरण में व्यवस्थित होने का प्रयास कर रही है। यह जिम में अपनी आदत से अधिक भार उठाने की तरह है। शुरू में आपको दिक्कत होती है लेकिन कुछ दिनों तक भार उठाने का नया क्रम जारी रखने से आप अपनी प्रतिरोधक क्षमता से ऊपर उठ जाते हैं और उस नई क्षमता का आनन्द उठाते हैं।**

** यदि आपको लगे कि आप संघर्ष करने में लगे हैं तो मैं आपको हार्टफुलनेस एप के माध्यम से किसी प्रशिक्षक तक पहुँचने या फिर आमने-सामने ध्यान करने के लिए समय लेने को कहूँगा

दूसरी अवस्था – सामीप्यता

सालोक्यता में आप एक नए संसार के तट पर पहुँच गए थे। सामीप्यता में महसूस होने वाली असहजता हमारे अभ्यास और हमारी सिटिंग से दूर हो जाती है। कुछ ही दिनों में वह जो आपको अजीब और नया लग रहा था हल्का पड़ जाता है।

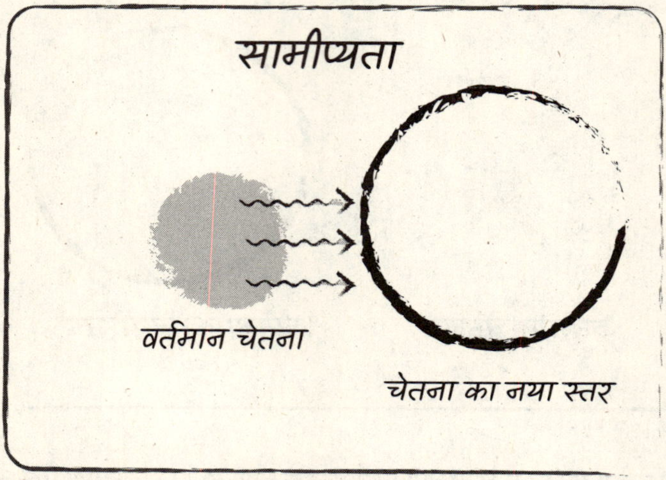

संस्कृत में समीप का अर्थ निकट या नजदीक होता है। यह वह अवस्था है जहाँ आप चेतना के नए स्तर के साथ तालमेल बैठाने लगते हैं और नई दशा का आनंद लेने लगते हैं। आपका हृदय उस दशा का और अधिक स्वाद लेना चाहता है तथा आपका मन ध्यान के बाद भी देर तक डूबे रहने को करता है। आप स्वयं को वापस ध्यान में जाते हुए महसूस करते हैं और दिन के समय भी आपका मन आँखें बन्द कर उस दशा का स्वाद चखने को करता है।

इस अवस्था में थोड़ी-थोड़ी देर कई बार ध्यान करना सहायक होगा। दिन में कुछ मिनटों का समय निकालें और ध्यान करें। लंच से पहले या जब आप कॉफ़ी पीने उठें तो पहले पाँच मिनट ध्यान कर लें। ध्यान के ये छोटे-छोटे सत्र आपकी दशा को आगे बढ़ा देते हैं।

दिव्य-शक्ति की व्यापक अनुभूति आपके चारों ओर हर चीज के दिव्यता में डूबे होने की अनुभूति में बदल जाती है। कुछ लोग तो इसका अनुभव कर चकित रह जाते हैं। वे बता ही नहीं पाते कि आखिर क्यों किसी फूल या पक्षी को देखना या चुपचाप बैठना उनके हृदय को आनन्द से भर देता है। ध्यान के इन छोटे-छोटे सत्रों

से सामीप्यता जीवंत बनी रहती है और उस चक्र की दशा को आप अच्छी तरह से महसूस कर लेते हैं।

तीसरी अवस्था – सारूप्यता

एक बार जब आप किसी चक्र पर विद्यमान विभिन्न दशाओं से परिचित हो जाते हैं तो आपके भीतर सारूप्यता विकसित होने लगती है। 'सारूप' का अर्थ है 'एक जैसा रूप'। सारूप्यता में आपकी चेतना नए स्तर की चेतना जैसी ही हो जाती है। आपको कैसे ज्ञात होगा कि सारूप्यता का आरंभ हो गया है? हल्केपन की अनुभूति इसका एक लक्षण है। हृदय में हल्कापन सभी मानसिक गतिविधियों के बोझ को भी हल्का कर देता है। आपके विचारों में हल्कापन प्रतीत होता है। आपकी बातचीत में हल्कापन होता है और आप व्यर्थ की चर्चा में शामिल नहीं होते। एक चक्र के जाग्रत होने के लिए एक नए देश में बसने की उपमा देना उपयुक्त है। पहली

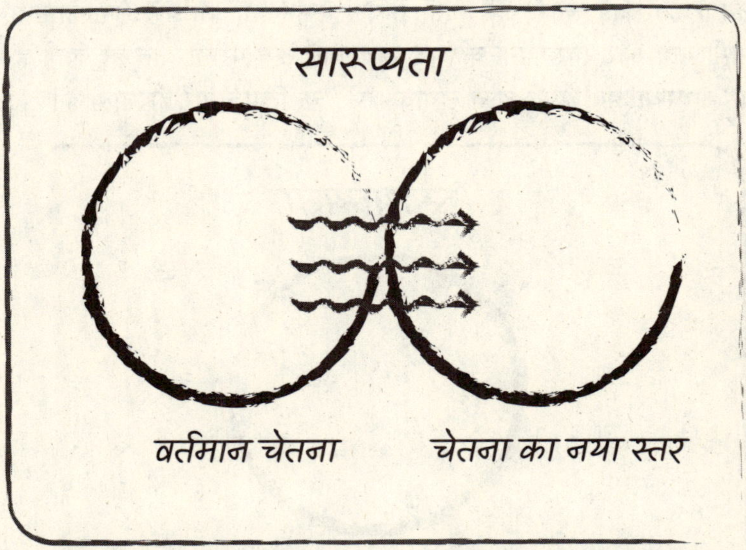

बार जब अप किसी देश में जाकर बसते हैं तो आपकी अवस्था सालोक्यता की अवस्था होती है। समय बीतने पर जब आप अपने आस-पास के वातावरण से परिचित हो जाते हैं और नए देश में स्थापित हो जाते हैं तो आप सामीप्यता की अवस्था में पहुँच जाते हैं। और जब आप भली-भाँति स्थापित हो जाते हैं तो एक अजनबी होने का आपका सारा भाव निकल जाता है और आप स्वयं की पहचान उस नए देश से करने लगते हैं। यह दशा सारूप्यता की दशा होती है।

आपकी चेतना स्पंदनों के एक नए स्तर की लय में आ जाती है। आपको अहसास हो जाता है कि आपके भीतर कोई महत्वपूर्ण परिवर्तन हो गया है।

आप कृतज्ञ और स्थिर महसूस करने लगते हैं लेकिन प्रकृति आपको विकसित होते देखना चाहती है। अतः आपके हृदय में अब और आगे बढ़ने की एक ललक जोर पकड़ने लगती है परिणामस्वरूप निषेध का एक भाव हृदय में जागने लगता है। निषेध एक मौन बोध होता है जो लयावस्था के लिए एक भूमि तैयार करता है और यह चक्र के जाग्रत होने की चौथी अवस्था होती है।

चौथी अवस्था - सायुज्यता – लयावस्था और उससे आगे

'युज्' संस्कृत का एक शब्द है जिसका अर्थ है 'एक हो जाना'। योग का मूल शब्द भी यही है। सायुज्यता चक्र के जाग्रत होने की अन्तिम अवस्था है। आपकी चेतना अब उच्चतर स्पंदनों के स्तर के साथ मिलकर स्पंदन (Resonate) करने लगती है। कोई लहरें नहीं होतीं केवल एकरूपता होती है। सालोक्यता, सामीप्यता और सारूप्यता की पूर्व अवस्थाएँ अब पुरानी बात हो जाती हैं। यह अवस्था अब अपने अन्त लयावस्था*** के लिए तैयार हो जाती है।

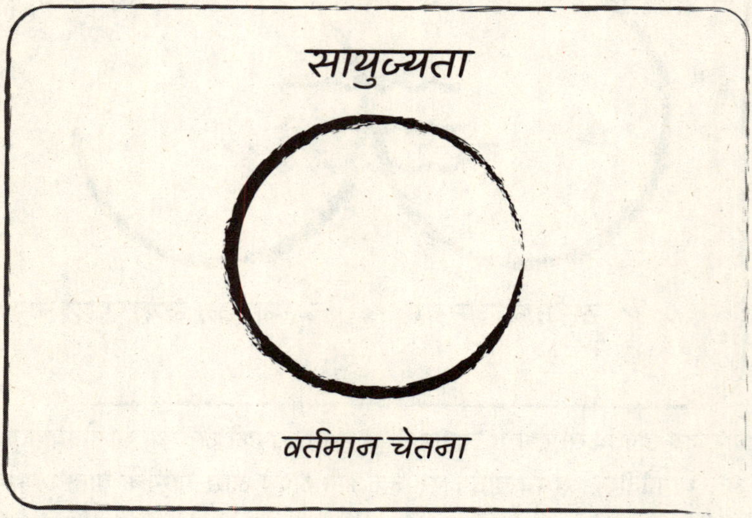

*** संस्कृत में लयावस्था का अर्थ है विलीन हो जाने की अवस्था। जब आप एक चक्र से दूसरे चक्र की ओर बढ़ते हैं तो आप चेतना की विभिन्न अवस्थाओं में विलीन होते जाते हैं और अन्तिम विलय केन्द्र के साथ होता है।

बूँद सागर में गिर जाती है। अब बूँद सागर में होती है या सागर बूँद में? चक्र में लय होकर आप एक समाधि जैसी अवस्था में पहुँच जाते हैं। एकता का एक अहसास होता है जिसमें पूर्व चेतना एक नए स्तर की चेतना में समा जाती है। आपके लिए अब यह सहजता का एक नया स्तर बन जाता है। किसी चक्र पर अपनी दशा को सुरक्षित कर लेना लयावस्था से ही संभव है। जब तक आप अलग रहते हैं दशा के गायब हो जाने की संभावना बनी रहती है। लेकिन जब आप लय हो जाते हैं तो आपसे फिर उसे कोई नहीं छीन सकता। अतः लयावस्था हमें सुरक्षा प्रदान करती है।

लयावस्था हृदय में कोमलता उत्पन्न करती है। यह संकेत जब आपको दिखाई देने लगें तो उसे अपने व्यवहार में लाकर अपनी आन्तरिक अवस्था को गतिशील कर दें। आपका बोलना, कार्य करना, सोचना या देखना आपकी इस आन्तरिक अवस्था से भीगा हुआ हो। इससे भीतर और बाहर में एक संतुलन आ जाएगा और लयावस्था बनी रहेगी।

लयावस्था प्रेम को उत्पन्न करती है और प्रेम अहम् को पिघला देता है। और जब अहम् पिघलता है तो चेतना का विकास होता है। लयावस्था में आपकी चेतना अपने नए स्तर के साथ एक हो जाती है। लयावस्था के पूर्ण होने के बाद कुछ समय तक हमारा जो ध्यान होगा उसमें हमारी दशा ऐसी हो जाती है मानो हमारा सब कुछ चला गया हो। हृदय में कोई छाप नहीं रहती, अस्तित्व की भी नहीं। यदि ध्यान गहरा या डुबो देने वाला नहीं होता तो मामूली भी नहीं होता। केवल एक अथाह गहराई का भाव बना रहता है। कभी-कभी ऐसी दशा ध्यान करने वालों को भ्रमित कर सकती है। उन्हें चिन्ता होने लगती है कि किसी चीज ने उनकी चेतना को रोक दिया है क्योंकि उन्हें कुछ महसूस ही नहीं हो रहा। लेकिन कुछ ही दिनों में यह दशा गायब हो जाती है और चक्र को जाग्रत करने वाला अगला चक्र आरंभ हो जाता है।

चक्र का जाग्रत होना जैसे नदी का सागर में मिलना

किसी चक्र का जाग्रत होना किसी एक क्षण होने वाली घटना नहीं है। जिस प्रकार किसी नदी का बहते हुए लगातार सागर में समाना कभी पूर्ण नहीं होता उसी प्रकार किसी चक्र में लय होना भी उस स्तर पर हमारी यात्रा का पूर्ण हो जाना नहीं होता। किसी चक्र में लय हो जाने से उस चक्र के गुणों की अभिव्यक्ति हमारी चेतना में

होने लगती है। कोई कितना उदार, प्रेमी या दयालु बन सकता है इसकी कोई सीमा नहीं होती। चेतना की एक सीमा को जब हम लाँघ लेते हैं तो हम अगले चक्र की ओर आगे बढ़ते हैं लेकिन पिछले चक्र पर महारथ हासिल करना जारी रहता है।

इसे इस तरह सोचें। मान लें आप कोई स्टोर खोलते हैं और उससे व्यापार अच्छा होने लगता है। अब आपके पास दूसरा व्यापार आरम्भ करने के लिए पर्याप्त पूँजी इकट्ठा हो जाती है। इन दो स्टोरों से अब आपके पास तीसरा और आगे भी व्यापार करने के लिए पूँजी इकट्ठा हो जाती है। लेकिन इसका यह मतलब नहीं कि आप पहले या दूसरे स्टोर को भूल जाते हैं। आपको पहले वाले स्टोरों को भी चलाना पड़ता है और यह सुनिश्चित करना होता है कि वे फलते-फूलते रहें। यदि ये स्टोर नहीं चल पाते तो फिर आप नए भी नहीं खोल सकते।

इसी प्रकार आप जैसे ही पर्याप्त गति हासिल कर लेते हैं आप एक चक्र से दूसरे चक्र की ओर बढ़ जाते हैं। उदाहरण के लिए पहले और दूसरे चक्र पर अनुभव होने वाली आध्यात्मिक ऊर्जा और दशाएं आपको तीसरे चक्र की ओर धकेल देती हैं और आप तो तीसरे चक्र पर पहुँच जाते हैं लेकिन नीचे के उन चक्रों पर सायुज्यता प्राप्त करने हेतु कार्य चलता रहता है। इस प्रकार हर निम्न चक्र पर मौजूद दशा को जब आप गहरा बना रहे होते हैं तो तब भी उच्चतर चेतना की ओर आपकी ऊर्ध्व यात्रा जारी रहती है। ऊपर उठने और लय होने की यह प्रक्रिया हमें यात्रा की हर अवस्था की विभिन्न दशाओं को महसूस करने तथा उन पर महारथ हासिल करने के योग्य बनाती है

इस अवस्था में पूछने योग्य मुख्य प्रश्न यह है कि चक्र के चारों ओर के क्षेत्र में वह क्या चीज है जो रुकावट पैदा करती है और चक्र को जाग्रत होने से रोकती है। अध्याय के आरंभ में मैंने चेतना में मौजूद उन रुकावटों के बारे में लिखा है जो हृदय में दशाओं के उतरने में बाधा डालती हैं। अब आगे हम इन रुकावटों के बारे में और अधिक समझेंगे और यह भी कि उन्हें कैसे दूर किया जाए जिससे कि चक्र जाग्रत हो सकें।

प्रस्तावित अभ्यास - आन्तरिक दशा का AEIOU

ध्यान से निर्मित हुई सुन्दर आन्तरिक दशाएं बीज की भाँति होती हैं जो खिल कर और अधिक गहरी अवस्थाएं बना सकती हैं। AEIOU का अभ्यास आपको इन दशाओं को बनाए रखने तथा उनके पालन-पोषण करने में मदद करेगा जिससे कि वे और नई ध्यानावस्थाओं में विकसित हो सकें।

A का अर्थ है दशा को अर्जित करना (Acquire)। E का अर्थ है दशा को जाग्रत करना (Enliven), I का अर्थ आत्मसात करना (Imbibe), O का अर्थ उसके साथ एक हो जाना (become One) तथा U का अर्थ है संयुक्त हो जाना (Unite)।

A अर्जित करना (Acquire) – ध्यान करके हम एक दशा को अर्जित

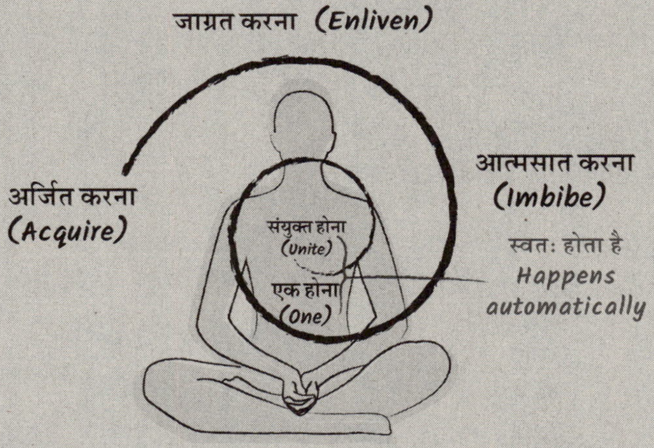

करते हैं और ध्यान के बाद जाग्रत, आत्मसात, एक हो जाना तथा संयुक्त हो जाना पूर्ण होने पर हम उठने के लिए तैयार हो जाते हैं। ये चार चरण दशा को स्थापित करने और उसके विस्तार में सहायक होते हैं। इसमें चार से पाँच मिनट का समय लगता है।

E जाग्रत करना (Enliven) – ध्यान में जो आप अर्जित करते हैं वह एक दशा का बीज होता है। आप उस पर ध्यान देकर और अपनी इच्छा से उसे वास्तविकता में बदल सकते हैं। उदाहरण के लिए ध्यान के पश्चात यदि आप शान्ति महसूस करें तो अपनी आँखें बन्द ही रखें और अपने शरीर

की हर कोशिका को उस शान्ति का आनन्द लेने दें। फिर कोशिका के स्तर पर शान्ति की उस भौतिक अनुभूति को भीतर अपने सूक्ष्म स्तरों में खिंचने दें। जब आप साँस लें तो उस शान्ति को अपने हर अंग में प्रवाहित होता महसूस करें। और जब आप साँस बाहर निकालें तो उस शान्ति की ब्रह्माण्ड में फैलने की कल्पना करें।

I आत्मसात करना (Imbibe) – एक बार जब वह दशा जाग्रत हो जाए तो उसका उसी प्रकार स्वाद लें जिस प्रकार आप एक स्वादिष्ट खाने का स्वाद लेते हैं या एक सुन्दर पेंटिंग की प्रशंसा करते हैं। उसका स्वाद लेने से आप उस दशा को अपने भीतर पचा लेते हैं।

O एक हो जाना (become One) तथा

U संयुक्त हो जाना (Unite) – कुछ मिनट आत्मसात करने से आप स्वतः ही उस आन्तरिक अवस्था के साथ एक होकर संयुक्त हो जाते हैं। इस स्वीकारोक्ति के साथ समाप्त करें। "मेरे विचार, मेरे शब्द और मेरे कर्म मेरे भीतर की आध्यात्मिक अवस्था से ओत-प्रोत हैं।

सुझाव

ध्यान के पश्चात AEIOU के लिए उसी मुद्रा में बैठे रहें। शारीरिक जागरूकता को धीरे-धीरे आने दें। इसमें कोई जल्दबाजी न करें।

ध्यान के तुरन्त पश्चात पानी न पीने की सलाह दी जाती है। कुछ मिनट प्रतीक्षा करें। पानी में आन्तरिक दशा को बदल देने का अद्भुत गुण होता है। उदाहरण के लिए यदि कोई परेशान हो तो उसे हम एक गिलास पानी देते हैं जिससे वह बेहतर महसूस करने लगता है। लेकिन ध्यान के बाद आँखें खोलते ही पानी पीना आपके भीतर की ध्यानावस्था को कमजोर कर देगा। ध्यान समाप्त होते ही जोर-जोर से बात करने या फोन करने से बचें। जो दशा हम ध्यान के बाद अर्जित करते हैं वह सूक्ष्म होती है अतः उसकी ओर कोमलता से ध्यान देने पर उसे हमारे भीतर स्थापित होने में मदद मिलेगी।

भाग 5

भावनात्मक प्रवृत्ति - संस्कार

9

प्रवृत्तियाँ जो हमें बाँधे रखती हैं - हाथी और कुर्सी

Journal of Psychopathology and Clinical Science में प्रकाशित एक प्रसिद्ध अध्ययन में डार्टमाउथ और प्रिन्सटन के फुटबॉल प्रेमियों को एक ही खेल देखने के पश्चात एक प्रश्नावली दी गई। शोधकर्ता यह समझना चाहते थे कि खेल प्रेमियों के अनुसार खेल में आखिर क्या हुआ था? परिणाम चौंका देने देने वाले थे। यह खेल कई खेल साबित हुआ। खेल प्रेमियों के लिए एक ही खेल में घटी घटनाओं के प्रकार अलग-अलग थे। और हर प्रकार उस व्यक्ति के लिए उतना ही वास्तविक था जितना वास्तविक कोई दूसरा प्रकार दूसरे व्यक्ति के लिए।[12] हर खेल प्रेमी का सत्य का अपना ही प्रकार था। यह अध्ययन सन् 1954 में किया गया था। तब से हुए अनेक शोध यही दिखाते आए हैं कि संसार को लोग अपने ही चश्मे से देखते हैं। उनके मनोभाव, उनकी मान्यताएं और उनके पूर्वाग्रह उनके स्वयं के बारे में तथा संसार के बारे में उनके बोध को परिभाषित करते हैं।

हम सभी इस प्रकार की प्रवृत्तियों के शिकार हैं। ये हमारी आध्यात्मिक प्रगति को सीमित कर देती हैं और बहुत सी चीजें हमें दिखाई देने से रह जाती हैं। केवल तभी जब हम अपनी चेतना का विकास कर लेते हैं हम उन चश्मों के प्रति जागरूक हो पाते हैं और उन्हें दूर कर पाते हैं जो हमारी जागरूकता में रुकावट बन रहे थे। ये चश्में हैं हमारे भीतर आदतन उठने वाले विचार और भावनाएं।

हम जागरूकता के हरण का शिकार हैं

आपकी चेतना जब मुक्त रूप से प्रवाहित होती है तो आप आगे तक जुड़ा हुआ महसूस करते हैं। सोचें कि आपको तब कैसा लगता है जब आप आनंदित, प्रसन्न और कृतज्ञ महसूस करते हैं। तब हृदय खुल जाता है और चेतना बेरोकटोक प्रवाहित

होती है। लेकिन जैसे ही आपके हृदय का सामना किसी ऐसी चीज से होता है जिसे आप पसंद नहीं करते तो उसकी स्वाभाविक प्रतिक्रिया आपकी चेतना को छुइमुई की भाँति सिकोड़ देती है। उसे छूते ही उसकी पत्तियाँ सिकुड़ जाती हैं। आपकी चेतना भी इसी प्रकार होती है, हर समय सिकुड़ती हुई या फैलती हुई। वह हमेशा प्रवाहित होती रहती है।

चेतना में यह प्रवाह आपकी पसन्द और नापसन्द के कारण होता है जो आपकी जागरूकता को प्रवृत्त करती हैं। यदि आप अपने मन में चल रहे विचारों पर गौर करें तो आप देखेंगे कि उनमें से अधिकतर विचार आपकी पसन्द और नापसन्द से जुड़े होते हैं। जिस चीज को आप पसन्द करते हैं वह चीज आपका ध्यान आकर्षित करती है और विचारों का एक चक्र बना लेती है। और कोई ऐसी चीज जिसे आप पसन्द नहीं करते वह भी आपका ध्यान खींचती है और अपना एक अलग चक्र बना लेती है।

यद्यपि पसन्द और नापसन्द का यह विचार हानिरहित प्रतीत होता है लेकिन उनसे शुरू होने वाली क्रिया और प्रतिक्रिया हमारी चेतना में अवरोध उत्पन्न कर देती हैं। ये अवरोध हमारे चक्रों पर भारीपन उत्पन्न कर हमारी चेतना के प्रवाह को अवरुद्ध कर देते हैं और उस खिलते आध्यात्मिक अस्तित्व को जंजीरों में जकड़

आपकी पसन्द और नापसन्द

अगली बार जब आप किसी व्यस्त जगह पर हों तो क्षण भर अपने विचारों पर गौर करें। ऐसा आप किसी रेस्टोरेंट में, भीड़-भाड़ वाली गली में या हवाई जहाज में भी कर सकते हैं। जब लोग जहाज पर चढ़ रहे हों तो अपने विचारों पर गौर करें। क्या आप उनके हाव-भाव, उनके पहनावे, उनके सामान, उनकी बातचीत और उनके सामान भरने के तरीके से अपने मन में चल रहे उनके आकलन को सुन सकते हैं। यह पसन्द और नापसन्द से मँजी हुई चेतना की एक धारा होती है। हममें से अधिकांश लोग स्वयं का और दूसरों का अचेतन रूप से आकलन करते रहते हैं। हमारी यात्रा आकलन से स्वीकार्यता की ओर और स्वीकार्यता से दया की ओर बढ़ने की यात्रा होती है।

लेते हैं। जब भी आप परिवर्तन की किसी लहर को उत्पन्न करना चाहें तो ये अवरोध उस नई लहर को दबा देते हैं। जब भी कोई प्रेरणा ऊपर उठती है वह हीरा बनने से रोक दी जाती है। लेकिन ये अवरोध बने कैसे?

पसन्द, नापसन्द और ग्रंथियाँ

आपकी पसन्द और नापसन्द आपकी भावनाओं को प्रेरित करती है और आपकी भावनाएं वे अवरोध उत्पन्न कर देती हैं जिनसे फिर चक्र प्रभावित होते हैं। इसका खुलासा मैं एक उदाहरण से करता हूँ।

मान लें कि बचपन में आपको किसी कुत्ते ने झपट कर आपकी टाँग में काट लिया था। कुत्ते के काटने के डर के अलावा आपको इन्फेक्शन से बचाने के लिए लगाए गए इंजेक्शन का दर्द भी सहना पड़ा था। इस पूरी घटना ने आपके भीतर कटु स्मृतियाँ भर दीं और तब से आज वयस्क हो जाने पर भी आप कुत्तों से दूर रहते हैं और उनके आस-पास होने पर नर्वस हो जाते हैं।

अब कल्पना करें कि आपकी एक छोटी बेटी है जिसके साथ आप बाहर पार्क में टहल रहे हैं। पार्क में एक कुत्ते को देखकर वह उसके साथ खेलने लगती है। आप तो डर से सहम जाते हैं लेकिन वह झुक कर कुत्ते के कान मरोड़ती है और उसकी पूँछ खींचती है। आपकी छोटी बच्ची के इस अजीबोगरीब लाड़-प्यार का कुत्ता आनन्द उठाता है। आपकी घबराहट जब बढ़ रही होती है तब आपकी बेटी अपनी खुशी की सर्वोत्तम यादें सँजो रही होती है।

आपकी प्रतिक्रियाएं भिन्न क्यों थीं? सीधी सी बात है कि उसकी यादें आपकी यादों से भिन्न थीं।

हम कह सकते हैं कि बच्चे का मन एक नौसिखिया मन होता है। बिना किसी पूर्व अनुभव के उसने कुत्ते को वैसा ही देखा जैसा वह उस पल था। प्यार करने वाला, खेलने वाला और खुश होने वाला। और दूसरी ओर आपके मन ने अतीत के उस दर्दनाक अनुभव को जगा दिया। जो आपके भीतर है वह उसके प्रति जो आपके बाहर है आपका दृष्टिकोण निर्मित कर देता है। भीतर की यादें उन भावनाओं को निर्मित करती हैं जिनके आधार पर आप संसार का आकलन करते हैं। आपके अतीत ने आपको ढाल दिया है और उसमें बिना कोई कमी लाए वह आपके वर्तमान को निर्देशित करता रहता है।

आप प्रायः जीवन में आने वाले अनुभवों पर कार्य करते हुए जीवन व्यतीत करते हैं। किताब पढ़ना, कार चलाना, किसी स्टोर में जाना, खाना बनाना और स्नान

करना कुछ ऐसे उदाहरण हैं जिनका हम अनुभव करते हैं और उन पर कार्य करते हुए फिर अगले अनुभव की ओर बढ़ते हैं। ऐसा करते हुए यदि आपके भीतर आनंद, कृतज्ञता या प्रसन्नता का भाव रहता है तो आपका हृदय खुलता है और आपकी चेतना बिना किसी रुकावट प्रवाहित होती है। आपको अपने चारों ओर के वातावरण से जुड़े रहने की एक गहरी अनुभूति भी होती है। यदि नहीं होती तो ये अनुभव खट्टे-मीठे अनुभव होते हैं और गुजर जाते हैं। और यह भी ठीक है।

लेकिन जब कोई चीज आपकी पसन्द और नापसन्द को प्रेरित करती है तो आपको वह उसके बोध से, उस पर कार्य करने से और आगे बढ़ने से रोकती है। आप वहीं ठहर जाते हैं। जो अनुभव आपको पसन्द नहीं उनका आप प्रतिरोध करते हैं और जो अनुभव आपको पसन्द हैं उनसे आपको लगाव हो जाता है। चाहे लगाव हो या प्रतिरोध, पसन्द हो या नापसन्द चेतना का प्रवाह रुक जाता है। कुछ ऐसे अनुभव होने चाहिएं जो इन रुकावटों को पार कर सकें और हमारा ध्यान आकर्षित कर सकें।

कुछ क्षण के लिए वापस अपने जीवन पर एक नजर दौड़ाएँ और उन घटनाओं को याद करें जब आपने किसी चीज का प्रतिरोध किया हो या आपको किसी चीज से लगाव हो गया हो। "मुझे धोखा दिया गया", "मैं उस व्यक्ति से घृणा करता हूँ", "मैं हर हाल में उस काम को करना चाहता हूँ"। "मैं" का भाव (अहम्) जितना अधिक होगा भावनाएँ भी उतनी तीव्र होंगी। ऐसी तीव्र भावनाएं आपके मन पर कब्ज़ा कर लेती हैं। आप गाड़ी चला रहे हों, खाना खा रहे हों, नहा रहे हों या किसी दोस्त से बात कर रहे हों आपका मन उसी घटना के बारे में सोचता रहता है। चाहे कोई लगाव हो या कोई प्रतिरोध परिणाम वही होता है। आप उसी अवरोध पर ठहर जाते हैं जिसने आपके मन पर कब्जा कर लिया है।

अपनी बेस्ट सेलिंग पुस्तक 'द अनटेदर्ड सोल' में मिशेल सिंगर नीले रंग की 'फोर्ड मस्टैंग' के बारे में लिखती हैं। आपको एक नीली मस्टैंग दिखाई देती है जो आपकी गर्ल फ्रेंड की कार जैसी ही है और आपको लगा कि आपने दो लोगों को लिपटते हुए देखा है। वे कुछ पल आपके ठहर जाने के लिए काफी होते हैं और फिर आपको बाकी कारें, पेड़, ड्राइवर कुछ नहीं दिखाई देता। ऐसी अनसुलझी भावनाओं से निर्मित अवरोध अत्यधिक व्यापक एवं भावनात्मक अस्थिरता की दीर्घकालिक यादों की बेहद गहरी छापें बनाते हैं। इन छापों को योगी संस्कार कहते हैं।

आपकी चेतना के अवरोध – संस्कार

एक ही मैदान में बहते-बहते पानी अपने लिए एक रास्ता बना लेता है। समय बीतने पर यह रास्ता और चौड़ा होता जाता है और एक नदी के बहने के लिए रास्ता बना देता है। जब बारिश होती है तो पानी उसी मार्ग से होकर बहता है। आपके संस्कार भी आपके लिए व्यवहार का एक मार्ग बना देते हैं। आप कैसे सोचते हैं, कैसे प्रतिक्रिया करते हैं तथा आपकी पसन्द और नापसन्द क्या हैं ये सब आपके संस्कारों के ही परिणाम हैं। आपका जीवन आपके सामने आपके संस्कारों का खुलना ही है।

इस विषय में आधुनिक मनोविज्ञान की अंतर्दृष्टि बड़ी गहरी है। न्यूरोप्लास्टिसिटी, ट्रौमा, लाइट बल्ब मेमोरी तथा आदत का बनना यह बताता है कि भावनात्मक यादों को हम किस प्रकार सँजो कर रखते हैं तथा किस प्रकार वे हमारे व्यवहार को प्रवृत्त करती हैं। प्रायः दोहराया जाने वाला कथन, "Neurons that fire together wire together" अर्थात् "जब दो न्यूरॉन साथ-साथ सक्रिय होते हैं तो उनके आपसी सम्बन्ध और मजबूत होते जाते हैं" का भी यही आशय है जो आशय हर साल बारिश के पानी से उसी मार्ग के और अधिक गहराते जाने से है।

अधिकतर लोग यह महसूस ही नहीं कर पाते कि उनके संस्कारों ने उन्हें कितना प्रवृत्त कर रखा है। ये संस्कार वे अदृश्य फिल्टर हैं जिनसे हम संसार को देखते हैं।

इसका एक सुन्दर उदाहरण यह है कि किस प्रकार हाथी जैसे एक शक्तिशाली जीव को असमर्थ और प्रवृत्त बनाया जा सकता है।

सबसे पहले, जब हाथी एक बच्चा होता है तो उसे एक रस्सी के द्वारा एक पेड़ से बाँध दिया जाता है। अभी हाथी में इतनी शक्ति नहीं होती कि वह रस्सी को तोड़ सके। जैसे-जैसे हाथी बड़ा होता जाता है और उसे जब भी बाँधा जाता है तो वह असहाय महसूस करता है और एक ही जगह पर खड़ा रहता है। अन्ततः वह इतना प्रवृत्त हो जाता है कि यह सोच भी नहीं सकता कि रस्सी को तोड़ कर वह मुक्त भी हो सकता है। अब इस हाथी को किसी हल्की प्लास्टिक की कुर्सी से भी बाँधा जा सकता है और वह हिलता-डुलता भी नहीं यद्यपि वह चाहे तो पूरे जंगल को तहस-नहस कर सकता है।

भावनात्मक प्रतिक्रिया की आदत संस्कारों से बनती है

अनसुलझे भावनात्मक अवरोध हमारे भीतर जहर घोलते रहते हैं और ऐसे संस्कार बनाते हैं जो हमारे व्यवहार के पैटर्न को उत्तेजित करते रहते हैं। जब भी कोई परिस्थिति आती है तो हम पर उसी प्रकार के व्यवहार का पैटर्न हावी हो जाता है और परिणामस्वरूप हमारी भावनात्मक आदतें बन जाती हैं।

किसी आदत में ऐसी ख़ास बात क्या होती है? एक बार यदि कोई आदत बन जाती है तो फिर वह बिना हमारे ध्यान या प्रयास के स्वतः प्रकट होती रहती है। प्रकट होने के लिए जो उसे चाहिए वह बस एक इशारा या कोई प्रेरणा है और फिर सारा तैयार किया हुआ कार्यक्रम आरंभ हो जाता है। उदाहरण के लिए सुबह जब आप कॉफ़ी मेकर को ऑन करते हैं तो आगे के काम फिर स्वतः होने लगते हैं। कॉफ़ी मेकर को ऑन करना आदत के प्रकट होने के लिए एक इशारे का कार्य करता है, ऊबा हुआ महसूस करना बिना सोचे-समझे सोशल मीडिया या मेल चेक करने के लिए एक इशारे का काम कर सकता है, अपने व्यायाम के कपड़े देखना आपको व्यायाम के लिए प्रेरित कर सकता है या खाने की खुशबू आपको खाने के लिए प्रेरित कर सकती है।

हमारा मन को आदत बनाना पसंद है। आदत मन को हर समय सक्रिय रूप से उपस्थित रहने के दबाव से मुक्ति दिलाती है। अन्यथा यदि आपको हर रोज खाना बनाना, गाड़ी चलाना आदि सीखना पड़े तो क्या होगा? आदतें जीवन को सुचारू

रूप से चलने देती हैं। हमारे मन में आदतों के लिए नियत यादों का एक बड़ा गोदाम होता है जो हमारे जीवन को आसान बनाता है।

संस्कार भावनात्मक प्रतिक्रियाओं की आदत में बदल जाते हैं। वे ऐसा प्रोग्राम बनाते हैं जो परिस्थिति के आने पर स्वचालित प्रक्रिया को प्रेरित कर देते हैं। और जब भी वह परिस्थिति पुनः आती है तो आप वही कदम उठाते हैं और वे संस्कार फिर और अधिक मजबूत हो जाते हैं। पीज़ा की खुशबू सूंघ कर उसका ऑर्डर कर देना, कुत्ते को देखकर किनारे हो जाना, नीली मस्टैंग देखकर पिछली गर्ल फ्रेंड को कोसना। यह सब अपने आप होता है।

और जब संस्कारों को प्रेरित किया जाता है तो वे भावनाओं का एक 'चेन रिएक्शन' बना सकते हैं। किसी चेन रिएक्शन में अनियंत्रित विस्फ़ोट को प्रेरित करने के लिए एक न्यूट्रॉन ही काफ़ी होता है। संस्कार भी ऐसा कर सकते हैं। वे भी अनियंत्रित भावनात्मक प्रतिक्रिया उत्पन्न कर सकते हैं और आपको कमजोर व असहाय महसूस करा सकते हैं। आपकी भावनात्मक प्रतिक्रिया जितनी तीव्र होगी उतना ही भारी आपका संस्कार होगा। सदमा पहुँचाने वाली ये सभी घटनाएं जैसे प्रियजनों का बिछुड़ जाना, हिंसा से सामना होना, दिल का टूट जाना या दुर्व्यवहार होना गहरे संस्कार बनाती हैं और ये संस्कार हमारी आत्मा पर बोझ बन जाते हैं। उत्पत्ति चाहे कहीं से भी हो संस्कार ऐसे थक्के होते हैं जो चेतना को अवरुद्ध कर देते हैं।

चक्र की उन तीन अवस्थाओं ग्रंथि, चक्र और कमल की याद करें। आप क्या सोचते हैं कि चक्र जो ऊर्जा का एक पहिया है सबसे पहले ग्रंथि कैसे बना होगा? यह संस्कारों के कारण होता है। उन्होंने चक्र के चारों ओर के क्षेत्र को अवरुद्ध कर उसे घोट दिया और परिणामस्वरूप चेतना में अवरोध खड़े हो गए।

यह याद रखना जरूरी है कि लगाव और प्रतिरोध दोनों ही संस्कार बनाते हैं। पिंजरा चाहे सोने का हो या लोहे का आपको तो वह कैद ही करेगा। अपनी स्पिरिचुअल एनाटमी की देखभाल करने और उच्चतम गुणों में हमारी लयावस्था को बाधित करने वाली भावनाओं, यादों और अनुभवों में जागरूकता लाने से हम इन संस्कारों को साफ़ कर सकते हैं और अपने द्वारा निर्मित ऊर्जा की ग्रंथियाँ चक्रों को वापस लौटा सकते हैं।

याद रखें कि ये भावनात्मक अवरोध हमारे व्यवहार में प्रकट होने लगते हैं क्योंकि उन्हें विघटित होने की आवश्यकता है। क्रोध जीवन में हर रोज प्रकट होता है क्योंकि यह भावनात्मक अवरोध प्रेम के द्वारा विघटित हो जाना चाहता है।

चिड़चिड़ापन इसलिए होता है जिससे कि वह दया पाकर विघटित हो सके। शोक जो हृदय को भारी कर देता है करुणा की कोई किरण खोजता है। भय साहस के द्वारा शुद्ध होने के लिए प्रकट होता है।

इस बात से अनजान कि भावनाओं को निदान चाहिए हमारी सहज प्रतिक्रियाएं क्रोध को और भड़का देती हैं, चिड़चिड़ेपन को बढ़ाकर घृणा में बदल देती हैं, शोक को निराशा में डुबो देती हैं और भय में बेचैनी घोल देती हैं। सफ़ाई के द्वारा ऐसी भावनात्मक प्रतिक्रियाओं में परिवर्तन आने लगता है।

सफ़ाई का अभ्यास हमारे हृदय में जगह बनाता है और ध्यान का दैनिक अभ्यास उस जगह को ऐसी दशाओं से भर देता है जो ज्ञान उत्पन्न करती हैं। धीरे-धीरे आपके भीतर फिर परिस्थिति को सोचने और समझने का सही ज्ञान उत्पन्न होने लगता है। सही सोच और सही समझ उत्पन्न होने के कारण फिर आप स्वयं को एक नए सिरे से ढालने लगते हैं और अपनी चेतना के अवरोधों को हटाने लगते हैं।

संस्कार बनाने यह अर्थ नहीं कि आप कोई खतरनाक व्यक्ति हैं या आपके भीतर मानवता की कोई कमी है। संस्कार और कुछ नहीं बल्कि भावनाओं के 'कारण और प्रभाव' समीकरण का एक हिस्सा हैं। जो बात महत्वपूर्ण है वो यह कि कहीं आप इन अवरोधों से बँध कर न रह जाएं। आप इन संस्कारों से जो आपको बाँधते हैं अधिक बड़े और शक्तिशाली हैं। आपके भीतर एक सुन्दर आध्यात्मिक जीव जंजीरों से जकड़ा हुआ है। आपका स्पिरिचुअल एनाटमी प्रोजेक्ट इस जीव को छुड़ा लेगा। पर उस रस्सी को जिसने हाथी को बाँधा था काटना होगा।

10

संस्कारों की फ़ीडर फैक्ट्रियाँ - पॉइंट A, B, C और D

जॉन स्नो लन्दन में रहने वाले मध्य उन्नीसवीं शताब्दी के एक चिकित्सक और महामारी विशेषज्ञ थे। वहाँ हैजा फैलना एक आम बात हो गई थी और हर साल हजारों लोग इस बीमारी से मर जाया करते थे। उस समय वहाँ दलदल से पानी निकाल देना और हवा में कीट नाशक छिड़कना एक पालिसी थी क्योंकि तब यह समझा जाता था कि हैजा हवा से फैलने वाली एक बीमारी है। लेकिन स्नो को इस सिद्धांत पर सन्देह था और उन्होंने मानचित्र पर लन्दन में हैजा ग्रस्त जगहों को ढूँढना शुरू किया। अपनी जाँच में उन्होंने अपने पड़ोस में ही पानी के पम्प के आस-पास ऐसे कई मामले देखे। उन्होंने स्थानीय अधिकारियों को पम्प के हैंडल को हटाने को कहा जिससे कि दूषित पानी के स्रोत को हटाया जा सके। महामारी थम गई और जॉन स्नो के इस सिद्धांत की पुष्टि कि हैजा पानी से फैलता है बाद में वैज्ञानिकों द्वारा भी कर दी गई।

स्नो का यह कार्य किसी समस्या के मूल कारण को पहचानने और उस पर कार्य करने के महत्त्व की याद दिलाता है। जैसा कि पिछले अध्याय में आपने सीखा कि संस्कार चक्रों को अवरुद्ध कर देते हैं अतः हम संस्कारों को साफ़ करते हैं और फिर हमारी प्रगति होती है। लेकिन संस्कार बनने की शुरुआत ही कैसे होती है? पॉइंट A, B, C और D ही संस्कारों के बनने का मूल कारण हैं। इन पॉइंट्स में जब कोई गड़बड़ी होती है तो वे दूसरे चक्रों पर प्रभाव डालते हैं और संस्कारों के बनने को प्रेरित करते हैं जिससे हम डगमगा जाते हैं। संस्कारों को प्रेरित करने में इन पॉइंट्स की ही मूलभूत भूमिका होती है। यहाँ दी जाने वाली जानकारी उनके बनने और हमारी यात्रा पर उनके प्रभाव को समझने में आपकी मदद करेगी।

पॉइंट C ही मुख्य केन्द्र है

जब भी आप किसी सार्वजनिक स्थान जैसे रेस्टोरेंट, भीड़ वाली गली या हवाई जहाज में हों तो अपने चारों ओर मौजूद लोगों को देखते समय अपने विचारों पर गौर करें। आपको महसूस होगा कि आपके मन में उनके दिखावे, उनके पहनावे, उनके सामान, उनके बात करने के तरीके और यहाँ तक कि उनके सामान रखने के तरीके के प्रति भी पसन्द और नापसन्द की एक धारा बहती रहती है। चेतना की यह धारा व्यक्तिगत प्राथमिकताओं पर आधारित हमारे आकलन की आदी हो जाती है। ध्यान से गौर करें तो किसी तीव्र प्रतिक्रया के दौरान आपको अपनी छाती पर हल्का सा दबाव भी महसूस होता होगा। यह दबाव पॉइंट C पर महसूस होता है। (पॉइंट की स्थिति जानने के लिए पुनः पृष्ठ संख्या 104 पर देखें।)

स्पिरिचुअल एनाटमी में पॉइंट C का एक निर्णायक महत्त्व है। जब भी हम पसन्द या नापसन्द की भावना से किसी चीज पर प्रतिक्रिया करते हैं तो उसके स्पंदन पॉइंट C से आरम्भ होते हैं। यदि आपकी प्रतिक्रिया नरम हो तो इन स्पंदनों से कोई संस्कार नहीं बनेंगे लेकिन यदि स्पंदन शक्तिशाली हों तो संस्कारों का बनना पॉइंट्स के साथ-साथ चक्रों को भी प्रभावित करेगा।

लेकिन इसका यह अर्थ नहीं कि हमारी कोई निजी प्राथमिकताएं ही न हों। निजी प्राथमिकताएं रखना हमारी प्रकृति में है। हम जो पढ़ते हैं, खाते हैं, पहनते हैं और सोचते हैं वह हमारी निजी प्राथमिकताओं द्वारा संचालित होता है। मुझे गुजराती खाना पसंद है जबकि आपको इटालियन खाना पसंद हो सकता है। लेकिन यदि हम किसी चीज पर अड़े रहने, जिद करने या माँग करने से दूर रहें तो हम पॉइंट C को अशांत होने से और अधिकांश संस्कारों को बनाने से बचा सकते हैं।

सतत स्मरण* के अभ्यास का अर्थ यही है कि हम अपनी पसन्द और नापसन्द से तथा उसके बाद भी अपने संस्कारों से किस प्रकार निबटते हैं। सतत स्मरण ध्यान के दौरान निर्मित सकारात्मक आन्तरिक दशाओं के साथ जुड़े रहने और उन्हें विकसित होने देने का अभ्यास है।

खाते समय, पढ़ते समय, गाड़ी चलाते समय या कुछ और भी करते समय अपने हृदय से जुड़े रहें। यह जुड़ाव आपके ध्यान को अन्दर की ओर बनाए रखने के लिए एक मार्ग बना देता है। जैसे कि एक कहावत है – 'Energy goes where attention flows' अर्थात् 'ऊर्जा वहीं जाती है जहाँ ध्यान जाता है'।

* सतत स्मरण का अभ्यास संसार की कई परमपराओं में प्रचलित है। ईसाई धर्म में इसे 'निरंतर प्रार्थना (ceaseless prayer)' और हिन्दू धर्म में इसे 'भजन' कहते हैं।

सतत स्मरण के द्वारा आप अपने ध्यान की दिशा मोड़ सकते हैं और संस्कारों की गहरी नालियाँ बनने से रोक सकते हैं और साथ ही अपनी चेतना के लिए नए मार्ग भी खोज सकते हैं। सतत स्मरण हमें पसन्द और नापसन्द के विरोधाभास से ऊपर उठा कर आन्तरिक विकास की संभावनाओं का निर्माण करता है।

पसन्द और नापसन्द का विरोधाभास

इससे पहले कि हम आगे बढ़ें आइए लोगों को होने वाले इन आश्चर्यों का स्पष्टीकरण कर लें – "दाजी, क्या आप यह कहना चाहते हैं कि हम सारी इच्छाएँ त्याग दें? क्या इच्छाएँ होती ही बुरी हैं?"

नहीं। इच्छाएँ और अभिलाषाएं तो हम सभी की होती हैं और स्पिरिचुअल एनाटमी प्रोजेक्ट भी स्वयं में आत्म-सुधार की एक इच्छा ही है।

इच्छा उस पार जाने के लिए आत्मा की तड़प की एक अभिव्यक्ति है। लेकिन संस्कारों के कारण इच्छा की यह ऊर्जा प्रायः अपनी दिशा बदल कर जीवन के निम्न उद्देश्यों की पूर्ति में लग जाती है। यह ऐसा ही है जैसे किसी कम्पास के पास लोहे का कोई टुकड़ा रख देने पर वह उसके वास्तविक उत्तरी ध्रुव की दिशा बदल देता है। हमारी आत्मा के वास्तविक उत्तरी ध्रुव का कम्पास संस्कार रूपी लोहे के टुकड़ों से घिरा होता है जिस कारण हर चक्र स्वयं एक ध्रुव बन जाता है और हम अपने मुख्य लक्ष्य की बजाय विभिन्न दिशाओं में चले जाते हैं।

यह कहना कि, "इच्छाओं पर विजय प्राप्त करें" आसान है लेकिन वास्तविकता में यह उतना आसान नहीं। इच्छाओं का दमन स्थायी हल नहीं देता क्योंकि कभी तो यह कामयाब होता है और कभी नहीं भी। कई बार इच्छाओं का दमन इच्छाओं के होने की तुलना में ज्यादा भारी अवरोध खड़े कर देता है। दूसरा विकल्प इच्छाओं की पूर्ति है लेकिन हर इच्छा की पूर्ति बदले में और अधिक इच्छाओं को निर्मित कर देती है जो लगाव को और बढ़ा देता है। इच्छाओं का त्याग तनाव पैदा कर सकता है जबकि इच्छाओं के वशीभूत हो जाना लगाव को मजबूत करता है। तो फिर इसका क्या हल है?

इच्छा एक ऐसी ऊर्जा है जो कमी से उत्पन्न होती है। ऊर्जा न तो निर्मित की जा सकती है और न ही नष्ट लेकिन रूपांतरित की जा सकती है। इच्छा की ऊर्जा को किसी उच्चतर के साथ जैसे किसी उच्चतर मूल्य या उच्चतर लक्ष्य के साथ जोड़ कर रूपांतरित किया जा सकता है। मन को उच्च सिद्धांतों या उच्च लक्ष्यों पर

स्थापित करके तथा विवेक और वैराग्य के सुरक्षा अवरोध खड़े करके हम एक उत्तम चुनाव कर सकते हैं।

अपने दैनिक जीवन की क्रियाओं में अपनी इच्छाओं के क्रम पर गौर करते रहें। यह क्रम एक साधारण सी कामना से आरम्भ होकर हमें कामना से इच्छा की ओर और इच्छा से अपेक्षा की ओर ले जाता है। और यह अपेक्षा फिर एक माँग खड़ी कर देती है कि इस अपेक्षा की पूर्ति होनी ही चाहिए। हम इस माँग पर अड़ जाते हैं कि, "यह तो मेरा अधिकार है"।

जब आप माँग करने लगते हैं तो आप गिर जाते हैं। आप अपनी ही नज़रों में सचमुच गिर जाते हैं। आपका हृदय जानता है कि जो आप कर रहे हैं वह गलत है लेकिन आपका अहम् उसे ठीक करने से आपको रोकता है। और यदि यह प्रवृति जारी रहे तो हम अलग-थलग पड़ जाते हैं और अपराध बोध से ग्रस्त हो जाते हैं। आप देखें कि इसीलिए हार्टफुलनेस की प्रार्थना में एक पंक्ति 'हम अपनी इच्छाओं के गुलाम हैं' है। इसके पीछे जो ज्ञान है वह यह है कि हमें मूल कारण – 'अपनी इच्छाओं' पर कार्य करना है।

इच्छाओं से माँग (और उससे जुड़े अपराध-बोध) तक का यह प्रवाह शेष तीन पॉइंट्स A, B और D से सम्बंधित होता है। इस प्रवाह को समझ लेने से आप आत्म-जागरूक हो जाएंगे और संस्कारों को जाग्रत करने वाले उस मूल कारण को मिटाने के लिए कोई कदम उठा पाएंगे।

पॉइंट A और B – संपत्ति तथा इन्द्रियों के अनुभव

आइए एक प्रयोग करते हैं। कागज का एक पेज लें और उसे दो कॉलम में बाँट दें। पहले कॉलम में अपनी पसंद लिखें और दूसरे कॉलम में अपनी नापसंद। आपकी पसंद में कोई लक्ज़री कार, आनन्ददायक एस्प्रेसो, छुट्टियाँ, हॉट योगा, परिवार के साथ समय गुजारना आदि, आदि हो सकते हैं। और नापसंद की लिस्ट में बीमार पड़ना, प्रियजन को खोना, दिल टूटना, पाइनएप्पल वाला पीज़ा आदि हो सकते हैं।

हर कॉलम में जब कम से कम दस पसंद और दस नापसंद हो जाएं तो लिस्ट का विश्लेषण करें। आपको दो चीजें दिखाई देंगी। पहली तो यह कि आपकी पसंद और आपकी नापसंद आपकी इच्छा को व्यक्त करती हैं। हम उस चीज को जिसकी हमारे पास कमी होती है पाना चाहते हैं। जैसे कोई कार, गहरे आपसी सम्बन्ध, उच्च कैरिअर, दर्द से छुटकारा तथा और अधिक धन। ये सभी इच्छाएँ जीवन में महसूस हो रही कमी को पूरा करने के लिए होती हैं। दूसरी चीज जो आप देखेंगे

वह यह कि अधिकांश चीजों के दो ही वर्ग हैं। सम्पत्ति और अनुभव। उदाहरण के लिए एस्प्रेसो, हॉट योगा और ठण्डे पानी से स्नान अनुभव हैं। जबकि लक्ज़री कार, कश्मीरी स्वेटर और विंटेज रिकॉर्ड एल्बम सम्पत्ति हैं।

सम्पत्ति, शक्ति, स्टेटस तथा सांसारिक चीजें पॉइंट A को प्रभावित करती हैं। कोई घड़ी, कोई पदोन्नति, कोई छुट्टी या किसी भी चीज को पाने के लिए आप जितना अधिक जोर लगाते हैं उतने ही अधिक आप संस्कार भी बनाते हैं। वह चीज जिससे पॉइंट A सबसे अधिक प्रभावित होता है वह है ईर्ष्या। आपका मित्र या परिवार का कोई सदस्य जब एक चमकीली मर्सिडीज़ इलेक्ट्रिक सीडान खरीदता है या बोरा बोरा में वेकेशन होम खरीदता है या कैरियर में उच्च सफलता हासिल करता है तो क्या आपके मन में ऐसा ख़याल आता है कि वे ही क्यों, मैं क्यों नहीं? क्या आप उनकी योग्यता पर सवाल उठाते हैं? ऐसी भावनाएं कुछ देर तक बनी रहती हैं और यदि वे हमारे नियंत्रण से बाहर हो जाएं तो पॉइंट A प्रभावित हो जाता है जिससे वह भावना और अधिक प्रबल हो जाती है।

दूसरी ओर पॉइंट B का सम्बन्ध इन्द्रियों पर आधारित पसंद या नापसंद से अधिक होता है। सभी प्रकार की चाहतें इसी वर्ग में आती हैं। जब आप अपने इन्द्रिय सुख में अधिक लिप्त हो जाते हैं तो उसके स्पंदन पॉइंट B पर पहुँच जाते हैं। इनमें कामुकता सबसे शीर्ष पर होती है। आकर्षण होना स्वाभाविक है और इससे प्रजातियों के वंश का आगे बढ़ना सुनिश्चित होता है। लेकिन जब इच्छा पर नियंत्रण नहीं रहता तो मन बेचैन हो जाता है। कामुक विचार मन पर हावी हो जाते हैं और कोई दूसरा उस इच्छापूर्ति की वस्तु बन जाता है। ऐसे विचारों का मनन करना संस्कार बनाता है।

इच्छा चाहे सम्पत्ति की हो या अनुभव की उसमें अपनी लिप्तता का हमें भान होता है। भीतर की आवाज हमें संयम बरतने के लिए अपना जोर लगाती रहती है।

पसन्द और नापसन्द से ऊपर उठना

हमारी पसन्द और नापसन्द में बड़ा सूक्ष्म अंतर होता है। यद्यपि भौतिक शक्तियों, सम्पत्ति तथा संवेदी आवेगों के प्रति तीव्र आकर्षण होना एक समस्या है लेकिन सांसारिक जीवन से दूर रहने की भी अपनी ही परेशानियां हैं। पसन्द और नापसन्द तथा आकर्षण और विकर्षण दोनों ही संस्कार निर्मित करते हैं। पक्षी के दो पंखों के उदाहरण की तरह जब किसी भी एक पॉइंट में

कोई खराबी आ जाती है तो पक्षी एक वृत्त में चक्कर लगाने के समान आपकी चेतना भी अवरुद्ध हो जाती है और विकास धीमा पड़ जाता है। लेकिन जब हमारी नजर उच्चतर लक्ष्य पर होती है और अपना ध्यान हम उस लक्ष्य पर टिका देते हैं तो हम पसन्द और नापसन्द से ऊपर उठकर अपनी चेतना को विकसित होने देते हैं।

लेकिन मानव भावनाएं बड़ी जटिल होती हैं। आदतों को और प्रवृत्तियों को छोड़ पाना कठिन होता है। अपराध-बोध का जन्म अधिकांशतः भीतर की आवाज की उपेक्षा करते हुए स्वयं को लिप्त कर देने से होता है। ऐसा नहीं कि काम कोई बुरी चीज है या टीवी या कार खरीदना कोई ज्यादती है। लेकिन जब आपके मनोभाव में ही लिप्तता या स्वार्थ हो तो इससे अपराध-बोध के संस्कार का निर्माण होता है।

पॉइंट D – अपराध-बोध

अपराध-बोध के सभी संस्कार पॉइंट D पर जमा होते हैं। अपराध-बोध से तंत्र में अत्यधिक भारीपन उत्पन्न हो जाता है। अपराध-बोध बनने के कई कारण होते हैं। इसका एक आम कारण अपनी अंतरात्मा की आवाज को नकार देना है। अपने हृदय के 'ना' कहने पर भी जब हम किसी न किसी प्रकार आगे बढ़ जाते हैं तो हमारे भीतर अपराध-बोध उत्पन्न हो जाता है। विचारों को तो हमारा अहम् साफ़ कर सकता है लेकिन अपराध-बोध रह जाता है और पॉइंट D पर स्थापित हो जाता है।

अपराध-बोध हमारी अकर्म से भी बनता है। कर्म से बने संस्कारों की अपेक्षा अकर्म से बने संस्कार अधिक गहरे होते हैं। उदाहरण के लिए जब हम क्षमा याचना करना चाह रहे हों तो घमंड बीच में आ जाता है और बाद में हमें अपराध-बोध होता है। या वयस्कों का एक दूसरा उदाहरण लें कि उन्हें अपने बूढ़े माता-पिता की देखभाल न करने का अपराध-बोध होता है। जब माता-पिता गुजर जाते हैं और अपराध-बोध असहनीय हो जाता है तो फिर वे गरीबों को खाना खिलाते हैं तथा माता-पिता के नाम पर तरह-तरह का दान करते हैं। दान देने से हालांकि थोड़ा-बहुत सुकून तो मिलता है लेकिन वह संस्कार, वह भावनात्मक बोझ रह जाता है।

अपराध-बोध न हो इसके लिए पूरी सत्यनिष्ठा के साथ अपना सर्वोत्तम प्रदर्शन करें। हो सकता है कि आपको कम समय में ज्यादा काम करना पड़े लेकिन इससे आपका अंतर्मन स्पष्ट रहेगा और आप अपने जीवन के प्रति अच्छा महसूस करेंगे। पश्चाताप अपराध-बोध को दूर करने का एक शक्तिशाली उपाय है।

यह करके देखें। रात में अत्यन्त विनीत भाव से अनजाने में हुई किसी भी गलती के लिए क्षमा माँगते हुए प्रार्थना करें। जानबूझ कर की गई गलतियों को ठीक करने का संकल्प लें। जब आप पूरी ईमानदारी के साथ अन्तरावलोकन और पश्चाताप करते हैं तो अपराध-बोध की ऊर्जा एक उन्नतकारी शक्ति में रूपान्तरित हो जाती है। प्रार्थना करते समय यदि कुछ आँसू बहाएं तो भावनाओं में एक अलग स्तर का हल्कापन आ जाता है। "What soap is for the body, tears are for the soul" अर्थात् शरीर के लिए जो काम साबुन करती है वही काम आँसू आत्मा के लिए करते हैं"। इस यहूदी कहावत की सच्चाई को आप खुद परख सकते हैं।

शर्म और अपराध-बोध

अकर्म और कर्म की त्रुटियों के अतिरिक्त ऐसे कुछ अन्य कर्म भी हैं जिनसे अपराध बोध बनता है। ये आघात और दुराचार के वे कर्म हैं जिसमें आप अपने या दूसरों के कर्मों के कारण गंभीर रूप से आहत होते हैं। उन सैनिकों के बारे में सोचें जो PTSD और निराशा की अन्य बीमारियों से पीड़ित रहते हैं। उनका अपराध बोध यह होता है कि वे अपने मित्रों को नहीं बचा पाए या उन्होंने दूसरों को मार दिया।

दुराचार के शिकार लोग इतनी यातनाएं झेलते हैं कि वे चोट पहुँचने के लिए भी स्वयं को ही दोष देते हैं। वे उस कष्ट के लिए जो वे स्वयं झेलते हैं अपने रूप को और अपने व्यवहार को दोष देते हैं। शर्म का जो भाव बोझ बनकर उनके साथ रहता है वह बड़ा जहरीला होता है। ऐसी सभी परिस्थितियों में हृदय के इस घाव को भरने में समय तो लगता है लेकिन घाव का भरना संभव जरूर है। सोचने और समझने के ऐसे पैटर्न बनाना संभव है जो इसे दूर करने में आपकी मदद कर सकें। घाव को भरने की इस यात्रा में दया और पूर्ण स्वीकार्यता एक महत्वपूर्ण भूमिका निभाती हैं।

अपनी भावनात्मक संरचना में पॉइंट A, B, C और D की भूमिका समझने लेने के बाद हम एक ऐसी जीवनशैली बनाने दिशा में कार्य करते हैं जो संस्कारों को बनने से रोकने में हमारी मदद कर सके। हम इच्छाओं को या सांसारिक सम्पत्ति और अनुभवों को त्यागते नहीं बल्कि उस इच्छा की ऊर्जा को किसी उच्चतर लक्ष्य से जोड़कर उसे रूपांतरित कर देते हैं। जब हम पॉइंट A, B, C और D पर कार्य करते हैं तो हम अपने विकास के लक्ष्य की ओर चल सकते हैं तथा वर्तमान में जीने का आनन्द उठा सकते हैं।

दाजी से पूछें

दाजी, मुझे सतत स्मरण में रहने में कठिनाई होती है। क्या आप मुझे कोई सलाह दे सकते हैं?

मेरे अभ्यास के आरंभिक दिनों में मेरा भी यही प्रश्न था। एक बार मैंने बाबूजी से पूछा, "मैं तीव्र प्रगति कैसे करूँ?" उन्होंने उत्तर दिया, "सतत स्मरण से"। बाबूजी छोटे-छोटे वाक्यों में और फिर एक लम्बी चुप्पी के बाद उत्तर दिया करते थे। मैं उन्हें और प्रश्न करके परेशान नहीं करना चाहता था लेकिन उनके मुख से मैं और अधिक सुनना चाहता था अतः मैंने पूछा, "बाबूजी, सतत स्मरण के लिए कोई नुस्खा?"

उन्होंने कहा, "जब भी आप एक के बाद दूसरा काम करें तो हृदय से जुड़ जाएं।"

मान लीजिए कि आप पढ़ाई कर रहे हैं और आप पानी पीने के लिए उठें तो प्रेमपूर्वक और कोमलतापूर्वक अपने हृदय से जुड़ जाएं। आप मेल देखने के लिए बाहर कदम रखें तो हृदय से जुड़ जाएं, आप खाना बनाना शुरू करें तो हृदय से जुड़ जाएं, आप काम कर रहे हों और फ़ोन बज उठे तो आपको यही ख़याल आए। हृदय से जुड़ने की आदत बना लें सतत स्मरण का सुरक्षा कवच आपकी सुरक्षा करेगा। सतत स्मरण आपको हृदय के भीतर केन्द्रित रहने, एक ध्यान को दूसरे ध्यान से जोड़ने तथा आपको अनुभव हो रही दशाओं को बनाए रखने में मदद करेगा।

11

सही सोच और सही समझ – संस्कारों की सफ़ाई

एक जलती हुई मोमबत्ती की कल्पना करें। मोमबत्ती के सामने एक रंगीन काँच का टुकड़ा रख दें। मोमबत्ती का प्रकाश अब काँच से होकर दिखाई देगा। लेकिन काँच के रंगीन होने के कारण थोड़ा प्रकाश ही फ़िल्टर होकर बाहर आ पाता है। अब एक एक दूसरे रंग के काँच को पहले काँच के सामने रख दें। अब और भी कम प्रकाश बाहर आता है। जब तक उनकी संख्या सोलह न हो जाए इसी तरह और भी काँच जोड़ते रहें। अब कितना प्रकाश बाहर आएगा? अधिकांश प्रकाश फ़िल्टर हो जाता है। कुछ समय के बाद धूल और जाले प्रकाश को और भी अधिक धुँधला करने और मिटाने का काम करते हैं। अपनी यात्रा आरम्भ करते समय हम सबसे बाहर वाले काँच पर होते हैं। हमें शायद ही प्रकाश आता दिखाई देता है।

अब बाहर वाले काँच पर लगी सारी गन्दगी को साफ़ कर दें और देखें कि क्या होता है। अब और अधिक प्रकाश बाहर आने लगेगा। इस काँच को ही हटा दें तो और अधिक प्रकाश बाहर आने लगेगा। जैसे-जैसे हम काँच के टुकड़ों को साफ़

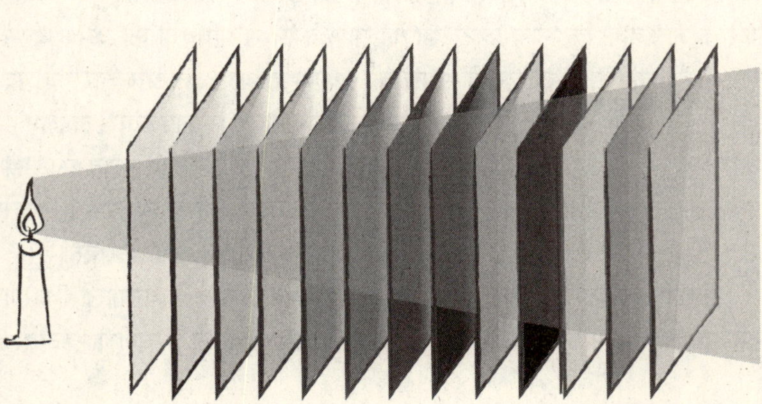

करते और हटाते जाएंगे अधिक से अधिक प्रकाश दिखाई देने लगेगा। और अन्ततः हम अन्तिम काँच को भी हटा कर प्रकाश के स्रोत मोमबत्ती तक पहुँच जाएंगे।

यह मोमबत्ती 'आत्मा' है और काँच के टुकड़े हमारे 'चक्र'। तंत्र की सफ़ाई करने से प्रकाश बाहर आने लगता है और चक्र जाग्रत होने लगते हैं। चक्रों के जाग्रत होने से अन्तर्निहित ऊर्जा धीरे-धीरे हमारी चेतना के केन्द्र हृदय में प्रवाहित होने लगती है। इस ऊर्जा की अनुभूति हमें हृदय के भीतर निर्मित दशाओं के रूप में होती है। इस प्रकार जैसे-जैसे हम चक्रों को पार करते जाते हैं ऊर्जा का प्रवाह बढ़ता जाता है तथा और अधिक सूक्ष्म दशाएं निर्मित होती जाती हैं।

जो बात महत्वपूर्ण है वो यह कि हमें संस्कारों को दूर करना है जो हमारे चक्रों तथा ऊर्जा की वाहिकाओं को अवरुद्ध करते हैं। अब तक आपको संस्कार और उनके बनने की प्रक्रिया का अच्छा ज्ञान हो गया होगा और यह भी मालूम हो गया होगा कि अतीत में बनाया गया प्रोग्राम ही अब हमारे वर्तमान को ढाल रहा है। लेकिन जैसा भविष्य आप चाहते हैं उसे बनाने के लिए आपको अपना यह प्रोग्राम अपग्रेड करना होगा। आप जो थे, आप जो हैं और आपको जो होना चाहिए उसकी पूरे आत्म-विश्वास के साथ जिम्मेदारी उठाने के लिए स्पिरिचुअल एनाटमी का यह प्रोजेक्ट आपको सशक्त बनाता है। और इस जिम्मेदारी का अहसास करते हुए आप कुछ प्रश्नों जैसे "अपने प्रोग्राम को मैं कैसे बदलूँ?" या "अपने शुद्ध बोध को मैं पुनः कैसे प्राप्त करूँ?" के उत्तर खोजने लगते हैं।

संस्कारों की सफ़ाई के तरीके

संस्कार अच्छे या बुरे नहीं होते। वे जैसे भी हों लेकिन वे ऐसे अवरोधक होते हैं जो चेतना के प्रसार को रोकते हैं। काँच के टुकड़ों और मोमबत्ती पर पुनः विचार करें तो ज्ञात होगा कि काँच के टुकड़ों को साफ करने से मोमबत्ती की चमक बढ़ने लगती है। सही सोच और सही समझ का प्रकाश संस्कारों के अन्धकार को भेद देता है। उदाहरण के लिए आपके यह सोचने से कि किसी ने आपके पैसे ले लिए हैं आप परेशान हो गए। लेकिन बाद में आपको मालूम पड़ा कि आप गलत थे। सही सोच आपको स्पष्टता प्रदान करती है और एक ईमानदार व्यक्ति पर आरोप लगाने से होने वाला पश्चाताप पूरे प्रकरण से सम्बंधित संस्कारों को साफ़ कर देता है।

संस्कार दूर करने के कई तरीके हैं। ब्रह्माण्ड की स्वतः कार्यप्रणाली 'कारण और प्रभाव' के माध्यम से जिसे 'कर्म और 'भोग' भी कहते हैं चलती रहती है।

इसमें स्वयं ब्रह्माण्ड आपकी यात्रा को सहारा देने का प्रबन्ध कर आपको अपने अवरोधों से सफलता पूर्वक निबटने का अवसर प्रदान करता है।

मान लीजिए कि आप और आपके मित्र के बीच कोई गलतफ़हमी थी जो झगड़े में बदल गई और आपका सम्बन्ध-विच्छेद हो गया। यह अनसुलझा क्रोध और पीड़ा आपके भीतर दबे रहते हैं और दबी हुई ऊर्जा को प्रकट होने के लिए कोई निकास चाहिए। अतः प्रकृति ऐसी परिस्थिति उत्पन्न करती है कि आपको इससे मुक्ति मिल सके। उदाहरण के लिए पुनः वैसी ही एक परिस्थिति उत्पन्न हो जाती है जिसमें आपके सामने फिर से एक गतिरोध उत्पन्न हो जाता है। लेकिन इस बार यह आपके मित्र के साथ नहीं बल्कि आपके पुत्र या आपके साथ के किसी कर्मी के साथ होता है। अब आपकी प्रतिक्रिया कैसी होगी? आप क्रोध करेंगे या क्षमा? यदि आप क्रोध करेंगे तो वह संस्कार और अधिक प्रबल हो जाएगा। लेकिन यदि आप थोड़ा ठहरेंगे और क्षमा कर देंगे तो आपका क्रोध प्रेम में रूपांतरित हो जाएगा। अनसुलझा क्रोध और पीड़ा दोनों दूर हो जाएंगे और आप उसी क्षण हल्का महसूस करने लगेंगे। सही सोच और सही समझ ने आपको एक ऐसा चुनाव करने में मदद की जिसने संस्कारों को दूर कर दिया।

कई वर्ष पहले एक फ्रेंच अभ्यासी जिसके अपनी माँ के साथ बड़े खराब सम्बन्ध थे चारी जी से मिलने आयी। उसने अपना दर्द चारीजी को बताया और हीलिंग के लिए मदद माँगी। उस समय उस महिला की माँ एक हॉस्पिस में थी। चारीजी ने उसे अपनी माँ के साथ रहने और उनके अन्तिम दिनों में उनकी देखभाल करने को कहा। एक महीने के बाद जब वह वापस आयी तो उसका चेहरा खिला हुआ था और उसकी आँखों में एक सूक्ष्म कोमलता थी। उसने अपनी कहानी सुनाई कि किस प्रकार अपनी माँ के साथ उसका जुड़ाव हो गया और किस प्रकार उनका साथ खिलकर एक प्रेम में बदल गया। उसने बड़े विस्तार से बताया कि जिस दिन उसकी माँ का देहांत हुआ तो कमरा गुलाब की सुगंध से भरा हुआ था और उसकी माँ का चेहरा खिला हुआ था। यहाँ तक कि हॉस्पिस के स्टाफ़ ने भी कमरे में एक हल्कापन महसूस होने की बात कही। अपनी अन्तरात्मा को जब हम कार्य करने देते हैं तो हमारा विकास होने लगता है।

लेकिन अतीत के बोझ से निबटने के लिए परिस्थितियाँ निर्मित करने हेतु केवल ब्रह्माण्ड पर ही निर्भर रहने से हमारा काफी समय व्यर्थ हो जाता है। हमारे साथ संस्कारों का एक विशाल संग्रह होता है और अपने उस बोझ में हम और भी जोड़ते चले जाते हैं। हमने इतना इकट्ठा कर लिया है कि हरेक से निबटने के लिए एक

जीवनकाल पर्याप्त नहीं। और जो बोझ बचा रह जाता है उस बोझ को सूक्ष्म शरीर एक जीवन से दूसरे जीवन में ढोया करता है।

जैसा कि पहले मैंने कहा है कि स्वयं को साफ़ करने और अतीत से मुक्ति पाने के कई तरीके हैं। 'कारण और प्रभाव' के अतिरिक्त अन्य सोचे-समझे विकल्प भी होते हैं। इसमें थेरैपी, पिछले जीवन में लौटना, EMDR, आत्म-सम्मोहन तथा अन्य विकल्प भी शामिल हैं।

हीलिंग और आत्म-चिंतन का जो भी अभ्यास आप कर रहे हों हार्टफुलनेस सफ़ाई (जैसा कि पेज 75 में बताया गया है) उसके साथ जुड़ जाती है। आपके प्रयास की शक्ति को यह कई गुना बढ़ा देती है। अपनी हीलिंग हो जाने तथा स्वयं को और अधिक मजबूत बन कर उभरता देखने पर आपको आश्चर्य होता है। हार्टफुलनेस सफ़ाई का अद्वितीय पहलू यह है कि जिस चीज को भी साफ़ करना हो उसे याद करने का आपको कष्ट नहीं उठाना पड़ता। आप किसी दर्द पर ध्यान नहीं देते। किसी सदमे को पुनः याद कर आप उसे पुनर्जीवित नहीं करते। इसके बदले आप अपनी ओर से बिना किसी आकलन के यह मान लेते हैं कि सभी जटिलताएं और अशुद्धियाँ दूर हो रही हैं। एक तरह से यह शुद्धता और प्रेम के सागर में डुबकी लगाने के समान है जिसके बाद हम एक ताज़गी और एक नयापन लेकर बाहर आते हैं।

सफ़ाई का अभ्यास स्वयं करने के अतिरिक्त जब आप सिटिंग लेते हैं (एप से या प्रशिक्षक से) तो उस कार्य का अधिकांश भाग सफ़ाई ही होता है जिसमें अतीत के विचार जैसे, हाई स्कूल में गणित की परीक्षा, बचपन के घर की यादें, छुट्टियों और अन्य घटनाओं की तस्वीरें आदि उभरने लगती हैं। ये वे संकेत हैं जो बताते हैं कि उस समय के बने हुए अवरोध अब साफ़ हो रहे हैं। आपका अभ्यास जब और अधिक गहरा होता जाएगा तो बेहद अतीत के संस्कार भी साफ होने लगेंगे।

सफ़ाई और ध्यान के अभ्यास आपको 'कारण और प्रभाव' को समझने में मदद करते हैं। जिस ऊँचाई से आप परिस्थिति को देखा करते थे उस ऊँचाई को वे उठा देते हैं और आप अपने चारों ओर की एक बेहतर तस्वीर देख पाते हैं। पहले आप घाटी में थे और अब आप ऊँचाई पर होते हैं। सफ़ाई और ध्यान हमारी समझ को बढ़ाते हैं। समझ के कारण ही संस्कार मिटते हैं और समझ के कारण ही हम अतीत से मुक्त हो पाते हैं।

आक्रामक बनाम रक्षात्मक - सफ़ाई और जीवनशैली

हार्टफुलनेस की पहल के ही एक भाग के रूप में भारत में Forests by Heartfulness नाम से हमारा एक राष्ट्रीय अभियान है। इसका उद्देश्य पूरे भारत में सन् 2025 तक लगभग 3 करोड़ देसी और मूल प्रजातियों के पेड़ उगाना है। यह पर्यावरण विशेषज्ञ, वृक्ष विशेषज्ञ, वैज्ञानिक, वनस्पति वैज्ञानिक, कंजर्वेटर तथा कम्यूनिटी आयोजकों की टीमों के साथ स्थानीय स्तर पर होने वाला एक विशाल अभियान है। एक दिन किसी बड़े शहर के एक चीफ़ इंजीनियर ने किसी झील को साफ़ करने और उसका नवीनीकरण करने के लिए हमारी टीम से मदद माँगी। उसने हमारे काम के बारे में सुन रखा था और वह यह भी जानता था कि Forests by Heartfulness के कुछ सदस्य झील के नवीनीकरण के विशेषज्ञ हैं। जब मैंने चीफ़ इंजीनियर से यह पूछा कि झील के दूषित होने की शुरुआत कैसे हुई तो उसने मुझे झील के चारों ओर स्थित इमारतों द्वारा झील में सीवेज डाले जाने के बारे में बताया। मैंने उस इंजीनियर को बताया कि झील को साफ़ करना महँगा और अस्थायी होगा। सीवेज का इलाज पहले करना होगा।

हमारे हृदय भी इस झील की तरह बन गए हैं। इसकी पवित्र धरती पर हम हर प्रकार की गन्दगी डालते रहते हैं। जब तक हम सीवेज को रोक नहीं देंगे तब तक चाहे हम कितनी बार भी स्वयं को साफ़ कर लें वह सफ़ाई का एक निरंतर और निरर्थक प्रयास ही रहेगा। अतः हमें एक ऐसी जीवनशैली अपनाने की जरूरत है जो हमारी सुरक्षा करे। हमें उचित मनोभाव और प्रभावी आदतें उत्पन्न करने की जरूरत है। अभ्यास में नियमित होने से हमें अपनी आन्तरिक शुद्धता का बचाव करने एवं उसे बनाए रखने में सहायता मिलती है।

कृपया स्वयं के प्रति सहिष्णु रहें। परिवर्तन में समय लगता है। तंत्र से संस्कारों की सफ़ाई हो जाने पर भी सिनेप्टिक जोड़ों में ये आदतें बनी रहती हैं। उनमें से कुछ आदतें आपके व्यवहार की प्रवृत्ति बन चुकी होती हैं। स्वयं को पुनः ढालने में समय लगता है। अतः धैर्य रखें। विशेषतः जब आप किसी गहरे आघात या सदमे से निबट रहे हों तब स्वयं के प्रति आपको अधिक दयालु रहना चाहिए।

अभ्यास के आरंभिक दिन महत्वपूर्ण होते हैं। आरंभिक दिनों में आप अपनी यात्रा की एक मजबूत नींव स्थापित कर सकते हैं। अपने अभ्यास में एक प्रवाह निर्मित करने का यह एक अवसर होता है। यह प्रवाह या स्वचालन आपको संस्कारों के बंधन से मुक्त कराने के लिए आवश्यक एस्केप वेलोसिटी प्रदान करता

है। नियमित रूप से ध्यान करें, शाम को सफ़ाई करें और सोते समय प्रार्थना करें। सप्ताह में एक बार प्रशिक्षक के साथ ध्यान का एक सत्र करें। नब्बे दिन तक ऐसा करें और परिणाम देखें। यदि आप काफी समय से ध्यान कर रहे हैं और आपको यह लगता है कि आरम्भ के दिनों में आपने अपना सर्वोत्तम प्रयास नहीं किया तो कोई बात नहीं। रीसेट का बटन दबाएँ, स्वयं को एक नया अभ्यासी समझें और पुनः आरम्भ कर दें। अनन्त की ओर इस यात्रा में हर दिन को पहला दिन ही समझें।

आपकी आन्तरिक स्वच्छता में सहायक कुछ तरीके –

मान लीजिए कि आप किसी रेस्टोरेंट में अपने साथियों के साथ लंच कर रहे हैं और आपकी सफ़ेद रंग की शर्ट पर थोड़ा सा मैरीनारा सॉस गिर जाता है। आप क्या करेंगे? क्या आप शर्ट को साफ़ करने के लिए शाम को घर जाने तक का इन्तजार करेंगे? आप झटपट अपनी शर्ट से सॉस को हटाने लगेंगे। नैपकिन और पानी से आप इसे हटाने का प्रयास करेंगे। जब आप काम पर जाएंगे तो आप एक स्टेन रिमूवर लेंगे और उसके बचे हुए दाग को भी साफ़ करने लगेंगे।

अब यदि किसी चीज ने आपकी चेतना पर दाग लगा दिया है तो उस आन्तरिक उपद्रव के साथ आप भला किसी अन्य तरीके से कैसे निबटेंगे? उसे भी आपको तुरन्त साफ़ करना होगा। इस आकस्मिक सफ़ाई के लिए हार्टफुलनेस सफ़ाई का तरीका पेज 75 पर दिया गया है जिसे केवल कुछ मिनट ही करना होगा। अपने साथी से बहस होने पर, ईमेल पर झगड़ा होने पर, अपने बच्चे पर बिगड़ने पर ऑनलाइन वीडियो से परेशान होने पर या आन्तारिक संतुलन को बिगाड़ने वाली किसी भी चीज के घटित होने पर यह आकस्मिक सफ़ाई कर लें। कुछ ही मिनटों में आप स्वयं को केन्द्रित कर लेंगे और संस्कारों का बनना रोक देंगे। कुछ देर ठहर कर आकस्मिक सफ़ाई कर लेने से सही सोच और सही समझ को उत्पन्न होने का अवसर मिल जाता है।

ऐसी परिस्थितियाँ भी आती हैं जब हुआ कुछ भी न हो लेकिन फिर भी आपको लगता हो कि कुछ गलत हो रहा है। आप कमरे में प्रवेश करते हैं, अपने साथी पर एक नजर डालते हैं और जान जाते हैं कि कोई बात है जो ठीक नहीं है। या आप ऑफिस में हों और काम करने वाली जगह पर आपको अच्छे विचार महसूस नहीं हो रहे हों तो ऐसे अवसरों पर कुछ मिनट के लिए स्वयं को अलग कर लें, एक शान्त जगह खोजें और स्वयं की सफ़ाई कर लें। इससे आपको केन्द्रित होने में तथा किसी धोखे से बचने में मदद मिलेगी।

सफ़ाई से तात्पर्य ऊर्जा के उन सभी अवशेषों से मुक्त होना है जो हमारे गहनतम आधार में बसे होते हैं। जीवन के प्रति सहानुभूतिपूर्ण समझ और एक परिपक्व दृष्टिकोण उत्पन्न करने से हमारा हृदय और अधिक खुलता है तथा स्वीकार्यता की स्थिति में आ जाता है। लेकिन यह तभी संभव हो पाएगा जब हम उस ऊर्जा को मुक्त कर दें जो हमें बाँधे रखती है। जीवन के प्रति एक परिपक्व दृष्टिकोण, सही समझ तथा स्वीकार्यता आपके अभ्यास से प्राप्त होने वाले प्रचुर उपहार हैं।

दाजी से पूछें

दाजी, मुझे कैसे मालूम पड़ेगा कि मेरे संस्कार साफ़ हो रहे हैं?

हल्केपन की बढ़ती हुई अनुभूति इस बात का संकेत है कि कोई चीज जो हम पर बोझ बनी हुई थी निकल गई है। आप यह भी महसूस करेंगे कि अब आप प्रतिक्रिया करने से पहले थोड़ा रुक जाते हैं और किसी भी परिस्थिति पर प्रतिक्रिया करने से पहले सही समझ को प्रकट होने का अवसर देते हैं। एक डायरी बनाने से आपकी प्रगति की पुष्टि होती है। अपनी डायरी को जब आप दो-तीन साल पीछे से पढ़ना आरम्भ करते हैं तो आपको ज्ञात होता है कि आपकी कुछ प्रतिक्रियाएं कमजोर पड़ गई हैं या निकल गई हैं। अपने भीतर आपको कुछ परिवर्तन जैसे हल्कापन, कोमलता, दया और क्षमाशीलता भी महसूस होंगे।

आपको अपने ध्यान में अधिक गहराई भी महसूस होगी। आपके लिए अब जल्द ही ध्यान में चले जाना आसान होगा। इस बात का एक अन्य अचूक संकेत कि संस्कार साफ़ हो रहे हैं यह भी है कि अब आप अपने भीतर अधिक झाँकने लगते हैं और अपने हृदय से सलाह भी लेने लगते हैं। अब आपकी यह मान्यता कि हृदय ही एक ऐसी जगह है जहाँ से आपको हमेशा कार्य करना चाहिए बढ़ने लगती है। आप अपने जीवन का नेतृत्व हृदय से करने को उत्सुक रहते हैं तथा भीतर की और गहराइयों की खोज में लगे रहते हैं। ये सभी चिन्ह इस बात का संकेत होते हैं कि भीतर की जटिलताएं और अशुद्धियाँ दूर हो रही हैं।

ध्यान करें
और
पार हो जाएं

भाग 6

हृदय-मंडल

12

हृदय-मंडल के पाँच चक्र - द्वंद्वों का क्षेत्र

जब मैं 'हृदय' शब्द का प्रयोग करता हूँ तो उसे शरीर का कोई पंप न समझें। भौतिक हृदय आपके हृदय-मंडल को व्यक्त करता है जिसमें कई रहस्य छुपे हैं। यह वह वाहन है जो आपको चेतना के उच्चतर स्तरों की ओर ले जाता है। आखिर क्यों? क्योंकि हृदय-मंडल की यह विशेषता है कि यह सभी सोलह चक्रों से जुड़ा हुआ है। जिस प्रकार पेड़ की जड़ को पानी देने से उसकी दूर-दूर तक की शाखाओं को पोषण मिल जाता है उसी प्रकार हृदय-मंडल पर ध्यान करने से सभी चक्रों पर कार्य सुनिश्चित हो जाता है।

वक्ष स्थल पर पाँच चक्र होते हैं जो मिलकर तारामंडल की तरह चेतना के एक क्षेत्र का निर्माण करते हैं। चेतना का यह क्षेत्र 'हृदय-मंडल' कहलाता है। हृदय-मंडल उन पाँच तत्वों का प्रतिनिधित्व करता है जिन्हें हमारे पूर्वज ब्रह्माण्ड के मूल तत्व पृथ्वी, आकाश, अग्नि, जल और वायु कहा करते थे। बच्चों की एनिमेटेड सिरीज़ से लेकर हॉलीवुड की ब्लॉकबस्टर में भी अंगूठी, मणि और अन्य आभूषणों की मदद से इन पाँच तत्वों को वश में करने की कहानियाँ प्रचलित हैं। लेकिन वास्तविकता तो यह है कि हृदय-मंडल पर विजय प्राप्त करके ही इन पाँच तत्वों को वश में किया जा सकता है। क्या इसका अर्थ यह है कि फिर आप हवा में उड़ने लगेंगे और दुष्ट शक्तियों पर आग उगलने लगेंगे? क्षमा करें। ऐसा नहीं है। आप इससे भी कुछ अधिक अद्भुत करेंगे जिसमें ऐसा कोई दिखावा नहीं होगा। आप उन प्रवृत्तियों पर विजय प्राप्त कर लेते हैं जिन्होंने आपको निम्न स्तर की चेतना से बाँध रखा था। आप बंधनों को तोड़ कर वास्तविक स्वतंत्रता में प्रवेश कर जाते हैं। मैं इसकी व्याख्या करूंगा।

हृदय-मंडल मानव दशा की सामूहिक चेतना है। यह दैनिक जीवन के संघर्षों और खुशियों से जूझ रहे आपके, मेरे और हर किसी के हर दिन का प्रतिनिधित्व करता है। मानव दशा में हमारी इच्छा, असुरक्षा की भावना, भय, चिन्ता, आनन्द, सुख, अनुभूति, भावना, उदासीनता, ताकत, कमजोरी तथा पूर्वाग्रह ये सभी दशाएं मिल कर रहती हैं। हृदय-मंडल पर विजय मानव दशा पर विजय का प्रतीक है। हमारे रूपान्तरण में हृदय-मंडल को पार करते हुए पदार्थ से ऊर्जा और ऊर्जा से परम तत्व की ओर बढ़ने का अर्थ है अपनी जागरूकता को भौतिक स्तर से उठाकर सूक्ष्मतर स्तर तक फैलाना।

हृदय-मंडल पर विजय प्राप्त करना आपको केन्द्र तक की यात्रा जारी रखने के लिए जरूरी एक गति प्रदान करता है। यह आपको अन्तिम लक्ष्य तक जो बहुत दूर है पहुँचने के लिए पर्याप्त सामर्थ्य प्रदान करता है। यह एक पर्वतारोहण के समान है जिसमें कोई पर्वतारोही एक ऊँची चोटी पर चढ़ने की तैयारी में छोटी-छोटी चोटियों पर चढ़ने में काफी समय लगाता है। और आपका समय किस चीज में लगता है? हमारे अधिकांश संस्कार हृदय के चक्रों पर ही जमे होते हैं। इसी क्षेत्र को साफ़ करने में आप अपना समय लगाते हैं जिससे कि चक्र जाग्रत हो सकें और आपको आगे की यात्रा के लिए ताकत और आत्म-विश्वास प्रदान कर सकें। हृदय-मंडल को जब आप पार करते हैं तो आप सहज-प्रवृत्ति से उठकर एक उदार और परोपकारी मानवीय जीव बन जाते हैं और मुक्त होकर चेतना के उस स्तर पर पहुँच जाते हैं जिसे हम वास्तविक स्वतंत्रता कह सकते हैं।

बाबूजी कहा करते थे, 'स्वतंत्रता से स्वतंत्रता ही वास्तविक स्वतंत्रता है'। मुझे मालूम है कि इस बात में लचीलापन है अतः मेरे साथ बने रहें। वास्तविक स्वतंत्रता को समझने के लिए हमें स्वतंत्रता को समझना होगा। स्वास्थ्य बीमारी से स्वतंत्रता है। जब हम स्वस्थ रहते हैं तो सुखी रहते हैं। प्रेम घृणा से स्वतंत्रता है, धन गरीबी से स्वतंत्रता है और यह स्वतंत्रता सुख देती है। लेकिन यह स्वतंत्रता जो किसी के कारण आती है सशर्त स्वतंत्रता है। लेकिन वास्तविक स्वतंत्रता जो सभी शर्तों से मुक्त होती है तभी प्राप्त होती है जब आप हृदय-मंडल को पार कर लेते हैं। आप स्वतंत्र इसलिए होते हैं क्योंकि यही आपकी प्रकृति है।

वास्तविक स्वतंत्रता के लिए योगियों के पास नाम हैं। वे इसे लिबरेशन, कैवल्य, निर्वाण, मुक्ति आदि कहते हैं। मुक्ति का अर्थ द्वंद्वों के बंधन से मुक्त होना है। ऐसी दशा हमारे भीतर एक अत्यन्त गहरी एवं सधी हुई अवस्था निर्मित कर देती है। तालाब में पत्थर फेंक कर आप तरंगें उत्पन्न कर सकते हैं लेकिन जरा सागर

में पत्थर फेंक कर देखें। आप कितना भी प्रयत्न कर लें सागर अपनी लय में ही अविचल बना रहता है। एक मुक्त व्यक्ति भी ऐसा ही होता है। अत्यन्त गहरा और अविचल। उसने मानव-अस्तित्व को एक मानवीय अस्तित्व में बदल दिया है। ऐसे व्यक्ति किसी पर कुछ थोपते नहीं, किसी से कुछ माँगते नहीं। वे जहाँ भी होते हैं आनन्द बिखेरते हैं और दूसरों के भीतर आनन्द उत्पन्न करते हैं। उनकी स्वतंत्रता से इतना हल्कापन उत्पन्न होता है कि दूसरे लोग कुछ समय के लिए अपने कष्ट भूल जाते हैं। हृदय-मंडल के अन्त में ये सभी चीजें और इससे भी ज्यादा काफी-कुछ आपकी प्रतीक्षा में रहता है। क्या ये सब वही चीजें नहीं जिनकी खोज हम सभी किसी न किसी स्तर पर किया करते हैं?

हृदय-मंडल - द्वंद्वों की समझ

द्वंद्व हमारे जगत की विशेषता हैं। जैसे दिन और रात, धनात्मक और ऋणात्मक, गर्म और ठंडा, सुख और दुःख, जीवन और मृत्यु, आदि। ये द्वंद्व इस जगत की रूपरेखा का ही एक भाग हैं और हृदय-मंडल के पाँच चक्र भी इन्हें धारण करते हैं।

हर चक्र पर परस्पर विपरीत भावनाओं के संस्कार एकत्रित होते हैं। उदाहरण के लिए सन्तोष और असंतोष से सम्बंधित संस्कार पहले चक्र पर एकत्र होते हैं। इसी प्रकार शान्ति और अशांति से सम्बंधित संस्कार दूसरे चक्र पर एकत्रित होते हैं। नीचे दिए गए चित्र में इन पाँच चक्रों पर एकत्र होने वाले संस्कारों के प्रकार को प्रदर्शित किया गया है। इन द्वंद्वों को याद रखने का एक आसान तरीका यह है कि उन्हें हृदय-क्षेत्र के पाँच 'स' और पाँच 'अ' के रूप में सोचा जाए।

किसी समय हम कैसा सोचते हैं यह इन पाँच 'स' और पाँच 'अ' के इधर से उधर होने पर निर्भर करता है। एक स्तर पर हम संतुष्ट और दूसरे स्तर पर अशांत महसूस कर सकते हैं। हो सकता है कि बाहर हमें शान्ति महसूस हो रही हो लेकिन साथ ही साथ भीतर की गहराई में हमें रोष भी महसूस हो सकता है। इस प्रकार हमारी भावनात्मक अवस्था में एक प्रवाह बना रहता है जो अस्थिरता उत्पन्न करता है। इस अस्थिरता के लिए संस्कार जिम्मेदार होते हैं। उदाहरण के लिए किसी संस्कार से सम्बंधित हमारी इच्छा की यदि पूर्ति हो जाए तो पहले चक्र के क्षेत्र में सन्तोष का भाव स्पंदित होने लगता है। लेकिन यदि वह इच्छा अधूरी रह जाए तो वही चक्र अब असंतोष के भाव से स्पंदित होने लगेगा क्योंकि वह संस्कार

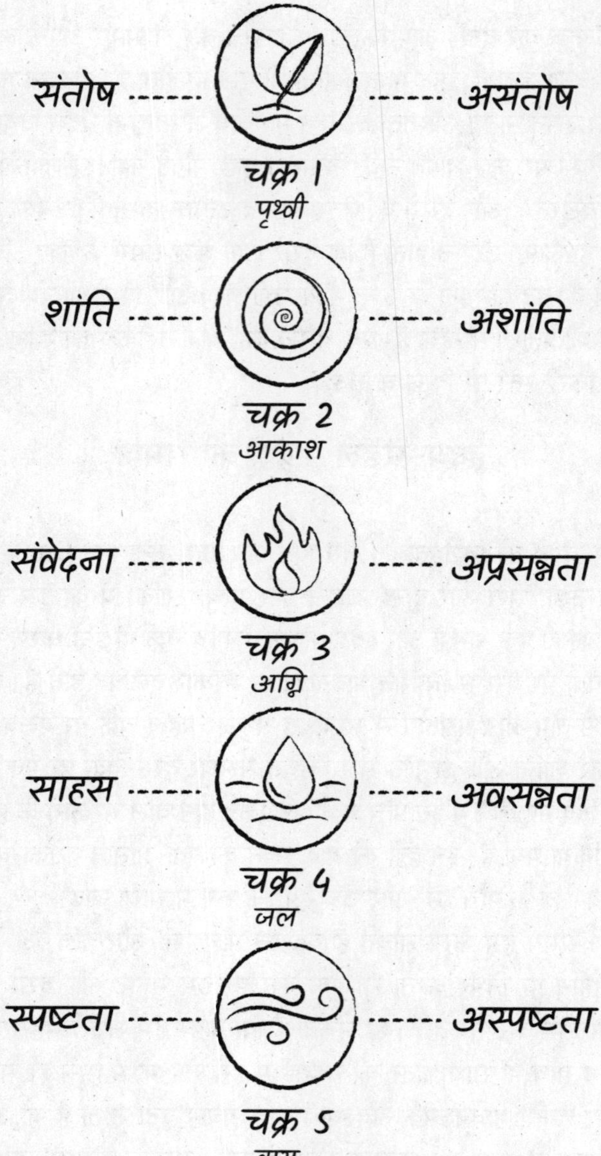

अभी सक्रिय है। हर चक्र अपने ऊर्जा-क्षेत्र में एक सीमा तक ही किसी हलचल को सहन कर सकता है। यदि भावना अधिक तीव्र हो तो उसकी अतिरिक्त भावनात्मक ऊर्जा एक चक्र से अन्य चक्रों पर पहुँच जाती है। यह उसी तरह है जैसे बाढ़ के

पानी को कम करने के लिए अलग-अलग स्थानों पर स्थित बेसिन उसका संग्रहण कर लेते हैं।

इस परिदृश्य को लें –

आप अपने कार्य से संतुष्ट नहीं हैं और उससे आपको कोई प्रेरणा भी नहीं मिलती। असंतोष का यह भाव आपके पहले चक्र के संस्कार को सक्रिय कर उसके ऊर्जा-क्षेत्र को विकृत कर सकता है। यदि इसे रोका न जाए तो यह भावना दूसरे चक्र पर अन्य संस्कारों को भी सक्रिय कर सकती है जिससे और भी अशांति एवं अस्थिरता उत्पन्न हो जाती है। इससे आपकी स्थिति पर कोई प्रभाव न पड़े इसके लिए यह महत्त्वपूर्ण होगा कि आप अपनी कार्य-शैली को परिवर्तित कर लें, साथी कर्मियों से मदद लें या कोई अन्य कार्य करें।

यदि अशांति बनी रहे तो यह तीसरे चक्र के संस्कारों को भी सक्रिय कर सकती है और चौथे चक्र पर एक दीर्घकालीन आक्रोश और अन्ततः अवसन्नता (discouragement) उत्पन्न कर सकती है। इससे आप अवरुद्ध (blocked) और भयभीत महसूस करते हैं और पाँचवें चक्र के संस्कारों को सक्रिय कर अपने कार्य में अस्पष्टता और गलतियाँ उत्पन्न कर लेते हैं।

इस प्रकार की नकारात्मकता आपके प्रदर्शन को प्रभावित कर सकती है, आपके सहकर्मियों के साथ आपके आपसी-सम्बन्धों को खराब कर सकती है और अनुचित व्यवहार को बढ़ावा दे सकती है। अतः इन पाँच 'अ' (असन्तोष, अशान्ति, अप्रसन्नता, अवसन्नता और अस्पष्टता) को पहचानना और उनकी अनियंत्रित श्रृंखला बनने से पहले उनके क्रम को तोड़ना जरूरी है।

असन्तोष → अशान्ति → अप्रसन्नता → अवसन्नता → अस्पष्टता
चक्र-1 → चक्र-2 → चक्र 3 → चक्र-4 → चक्र-5

अपने जीवन की परिस्थितियों से जोड़कर भावनाओं की इस श्रृंखला पर मनन करें। उस समय को याद करें जब आप क्रोधित या व्यग्र हो गए थे या जब आप अवसन्न या भयभीत हो गए थे। इसका विश्लेषण करें और देखें कि किस प्रकार श्रृंखला बनती चली गई। आपकी शान्ति भंग क्यों हुई? आप किन-किन भावनात्मक अवस्थाओं से होकर गुजरे? कोई बहस, गपशप, खराब ट्रैफिक या कोई भी चीज सेकंडों में असंतोष से अस्पष्टता तक की रिले रेस को आरम्भ कर सकती है। इस प्रक्रिया को छिन्न-भिन्न करना बड़ा लम्बा काम महसूस होता है लेकिन हमारे

दैनिक जीवन में यह क्रम एक चेन रिएक्शन की तरह ऐसे घटित होता है मानो अपनी भावनात्मक प्रतिक्रियाओं पर आपका कोई नियंत्रण ही न हो।

हम नितंत्रण इसलिए खो बैठते हैं क्योंकि इन चक्रों पर मौजूद संस्कार हमारी प्रतिक्रिया को उद्वेलित कर देते हैं। इन चक्रों में कैद भावनात्मक ऊर्जा मुक्त हो जाती है और इससे पहले कि आपको इसका अहसास हो भावनात्मक प्रतिक्रिया की श्रृंखला शुरू हो चुकी होती है।

इन पाँच 'स' और पाँच 'अ' के आमने-सामने होने का अर्थ यह नहीं कि 'स' अच्छे हैं और 'अ' बुरे। 'स' और 'अ' दोनों ही चक्रों पर जमा होने वाले संस्कारों के परिणाम हैं। पाँच 'स' और पाँच 'अ' में से किसी का भी प्रभावी होना यह इंगित करता है कि आपका तंत्र असंतुलित है और आपको केन्द्रित होनें की जरूरत है। उदाहरण के लिए वापस भावनाओं के क्रम की ओर चलते हैं और इस बार इसके विपरीत पाँच 'स' के क्रम को लेकर देखते हैं।

मान लीजिए आपकी नजर पदोन्नति पर थी और आपको वह मिल गई। फिर क्या होता है? आपका अहम् रोमांचित हो उठता है। मान लीजिए कि अब आप अपनी सफलता पर इतराने लगते हैं और स्वयं को अपने साथियों से श्रेष्ठ समझने लगते हैं। यह इतराना यदि जारी रहा तो पहले चक्र का क्या होगा? आपका अहम् असंतुलन पैदा कर देता है और पहला चक्र लगाव के संस्कार को आकर्षित करने लगता है। आप इसे अपना हक़ समझने लगते हैं। यह एक ऐसा सन्तोष है जिसके साथ नकारात्मकता भी जुड़ी है।

यह फूला हुआ अहंकार दूसरे चक्र के संतुलन को बिगाड़ देता है और वहाँ की शान्ति एक अहंकारपूर्ण व्यवहार इतराने में बदल जाती है जिसमें छोटी से छोटी चीज भी आपको परेशान कर देती है। यह व्यवहार यदि जारी रहा तो फिर आप दूसरों की भावनाओं की परवाह नहीं करते। ऐसे हृदय में दया नहीं रह सकती। और इसके परिणामस्वरूप आपका तीसरा चक्र अशांत हो जाता है।

इस प्रकार एक छोटी सी अशांति आपके भीतर असुरक्षा की भावना पैदा कर देती जिससे भय उत्पन्न होने लगता है और आप फिर रक्षात्मक हो जाते हैं और चौथे चक्र को अशान्त कर देते हैं। जहाँ भय और असुरक्षा व्याप्त होगी क्या वहाँ पर कोई स्पष्टता होगी? केवल भ्रम और निराधार चिंताएं होंगीं। अब पाँचवाँ चक्र असंतुलित हो जाता है और संस्कारों की श्रृंखला चलती रहती है। पसन्द और नापसन्द जब भी आपको डगमगाएंगे तो विघटन होकर रहेगा।

जैसा मैंने पहले कहा था कि जंजीर चाहे लोहे की हो या सोने की दोनों ही आपको बांधेंगी। यदि आप सोच रहे हों कि भावनाओं का प्रेरित होना और उनकी श्रृंखला बनना आधुनिक मनोविज्ञान के प्राइमर जैसा प्रतीत होता है तो आप ज्यादा दूर नहीं हैं। यह मान्यता कि हमारे अतीत के अनुभव अवचेतन रूप से हमारे वर्तमान के अनुभवों का निर्धारण करते हैं उपचार की अधिकांश पद्धतियों का आधार मानी जाती है।

भावनाओं को शरीर के किसी भाग पर महसूस करने की अवधारणा को अब वैज्ञानिक भी स्वीकार करने लगे हैं। भावनात्मक शरीर का मानचित्र शोध का एक उभरता क्षेत्र है। वैज्ञानिकों ने तेरह भावनाओं के लिए शारीरिक मानचित्र बनाए हैं जिसमें प्रसन्नता, क्रोध, भय, घृणा, प्रेम, उदासी आदि भावनाएं हैं। इन शोधों का उल्लेखनीय पहलू यह है कि सभी भावनाओं की अनुभूति वक्ष स्थल के भीतर ही की जाती हैं जो स्पिरिचुअल एनाटमी पर आपके ज्ञान से मेल खाता है। अध्ययन यह भी दिखाते हैं कि शरीर में यह अनुभूति जितनी तीव्र होगी भावना भी उतनी ही तीव्र होगी।[13]

लेकिन इस ज्ञान के आधार को पाँच हजार वर्ष पहले जाकर देखा जा सकता है। महान भारतीय ग्रन्थ भगवद्गीता में भगवान श्रीकृष्ण ने इस क्रम का वर्णन इस प्रकार किया है -

ध्यायतो विषयान्पुंसः संगस्तेषूपजायते ।
संगात्संजायते कामः कामात्क्रोधोऽभिजायते ।।
भगवद्गीता 2.62

"जब मनुष्य इन्द्रियों के सुख का चिंतन करता है तो उसके भीतर उनके प्रति आसक्ति उत्पन्न हो जाती है। आसक्ति से इच्छा अर्थात् पाने की कामना उत्पन्न होती है और इससे वासना उत्पन्न होती है और वासना से फिर क्रोध उत्पन्न होता है।"

क्रोधाद्भवति संमोहः सम्मोहात्स्मृतिविभ्रमः ।
स्मृतिभ्रंशाद्बुद्धिनाशो बुद्धिनाशात्प्रणश्यति ।।
भगवद्गीता 2.63

"क्रोध से मन में भ्रम उत्पन्न होता है और भ्रम से स्मरणशक्ति का विनाश अर्थात् कर्तव्य की विस्मृति हो जाती है। स्मरणशक्ति के विनाश से तर्कबुद्धि का नाश हो जाता है और तर्कबुद्धि का नाश होने से मनुष्य का विनाश हो जाता है।[14]"

क्या यह उल्लेखनीय नहीं कि किस प्रकार विज्ञान और आध्यात्मिकता एक जगह पर मिल जाते हैं और हमें वह अंतर्दृष्टि प्रदान करते हैं जो आन्तरिक विकास में हमारा मार्गदर्शन करती है?

द्वंद्वों पर विजय और हृदय की उदारता

आपने बच्चों को सीसॉ पर खेलते देखा होगा। वे ऊपर-नीचे होते रहते हैं। जब बच्चे खेल रहे हों तभी सीसॉ ऊपर-नीचे होता है। जब सीसॉ को सन्तुलित अवस्था में छोड़ दिया जाए और छेड़ा न जाए तो वह उसी तरह बना रहता है।

जब संस्कार असंतुलन पैदा करते हैं तो एक चक्र भी एक छोर से दूसरे छोर तक पलट जाता है। आपका नियमित अभ्यास धीरे-धीरे इन संस्कारों को साफ़ करने में मदद करता है। इसके अतिरिक्त सतत स्मरण पसन्द और नापसन्द के प्रभाव से आपका बचाव करता है और परिणामस्वरूप सभी चक्र प्रायः सामंजस्य में रहते हैं।

लेकिन कभी कुछ परिस्थितियाँ उभर आती हैं या कोई गहरी पीड़ा जिसे भरने में समय लगता है आपको परेशान करने लगती है। कमजोरी के क्षणों में आप किसी पर फूट सकते हैं, किसी चीज को लेकर चिंतित हो सकते हैं और इनकी तरंगों को भीतर भेजने का काम कर सकते हैं। स्वयं को संस्कारों से और उनके बाद पड़ने वाले प्रभावों से किस प्रकार बचा कर रखा जाए? हीलिंग की इस यात्रा को किस प्रकार जारी रखा जाए?

इन प्रश्नों पर मैं कई वर्षों तक मनन करता रहा और एक दिन ध्यान में मुझे उत्तर मिला - उदारता उत्पन्न करें। हृदय-क्षेत्र पर विजय प्राप्त करने का यही सूत्र है। प्रायः जरूरतमंदों के बीच अपनी धन-सम्पत्ति को बाँटना उदारता समझा जाता है लेकिन यह उदारता की एक संकीर्ण परिभाषा है। हृदय की उदारता से तात्पर्य यह है कि अपने मतभेदों को हम कितनी आसानी से स्वीकार करते हैं। क्या आपका हृदय इतना उदार है कि वह दूसरों की गलतियों या दूसरों की कमियों को स्वीकार कर सके? दूसरों को छोड़ें। अपनी गलतियों को स्वीकार करने की बात कहें। क्या आप बहुत उदार हैं? कई बार हम स्वयं को भी माफ़ नहीं कर पाते। हो सकता है कि हम दूसरों के प्रति निर्दयी हों लेकिन प्रायः हम स्वयं के प्रति ही निर्दयी होते हैं। पसन्द और नापसन्द दूसरों के लिए ही नहीं होती बल्कि हमारे लिए भी होती है।

उदारता का अर्थ है वास्तविकता को स्वीकार करना। जीवन की वास्तविकता को, लोगों को और परिस्थितियों को उदारतापूर्वक स्वीकार करने से आपकी समझ बढ़ने लगती है। अब आपको समझ में आने लगता है लोग जो करते हैं वह क्यों

करते हैं, जीवन में जो परिस्थितियाँ आती हैं वे क्यों आती हैं और क्या भूमिका निभाती हैं। आप स्वयं को बिना किसी आत्म-निर्णय के और पूर्ण रूप से बेहतर समझ पाते हैं। आपकी यह समझ कि चीजें इस प्रकार से क्यों हो रही हैं आपको अपेक्षाओं से निबटने में मदद करती है। अपनी अपेक्षाओं से और दूसरों की अपेक्षाओं से भी। उदारता से आप भावनाओं के डगमगाने पर विजय प्राप्त कर लेते हैं और इस प्रकार हृदय-मंडल पर भी विजय प्राप्त कर लेते हैं।

हृदय-मंडल पर विजय प्राप्त करने का अर्थ है द्वंद्वों पर विजय प्राप्त कर लेना। उनका डगमगाना इतना कम हो जाता है कि अब वे आपको नहीं डगमगा पाते। इसका अर्थ यह नहीं कि अब द्वंद्व रहे ही नहीं। वे रहते हैं लेकिन उनकी भूमिका बदल जाती है। अब ये द्वंद्व मिलकर एयर ट्रैफिक कंट्रोल की तरह कार्य करते हैं। वे आपको प्रोत्साहन या चेतावनी देने के लिए सतर्कता जारी करते हैं और अनुभूतियों एवं भावनाओं के ट्रैफिक से होकर गुजरने में सहायता करते हैं।

उदाहरण के लिए चौथे चक्र पर जब आपको भय उत्पन्न होता महसूस हो तो इस फ़ीडबैक के महत्त्व को समझें। यह हृदय से निकला एक संकेत है उस कार्य को न करने के लिए जिसे करने के बारे में आप आप सोच रहे हों।

इसी प्रकार आपसी-सम्बन्धों के मामलों में भी जब आप दूसरे चक्र पर स्पंदन महसूस करें और आपको शान्ति महसूस हो तो जान लें कि आपके सम्बन्ध दिल से जुड़े हुए हैं। ऐसे अवसर पर दूसरे चक्र पर हल्केपन या कोमलता की अनुभूति होती है। अपने भीतर शान्ति महसूस करते हुए यदि आप तीसरे चक्र पर स्पंदन महसूस करें और यह अनुभूति भी कि आप द्रवित हो रहे हैं तो आप निष्कर्ष निकाल सकते हैं कि यह सम्बन्ध आत्मा से जुड़ा सम्बन्ध है। अन्तिम पुष्टि तब होगी जब आपका हृदय मुक्त, बोझरहित, विशाल, हल्का और आनंदित महसूस करेगा। ऐसी अनुभूति तभी होगी जब आपके विकास के लिए कुछ अच्छा होने वाला हो। ऐसे संकेतों के आधार पर आप यह निष्कर्ष निकाल सकते हैं कि यह सम्बन्ध फलेगा और फूलेगा।

और यदि उस व्यक्ति की उपस्थिति से आपकी शान्ति भंग हो और दूसरे चक्र पर भारीपन महसूस हो तो ऐसे सम्बन्ध से सावधान हो जाएं। कुछ समय बाद यदि आपको तीसरे चक्र पर और पहले चक्र पर भी भारीपन महसूस हो तो जान लें कि यह सम्बन्ध नहीं चल सकता।

और कभी ऐसा समय भी आता है जब आपको कोई निर्णय लेना हो और ऐसा लगने लगे कि आपका पूरा तंत्र नजदीक आते दो विशाल पर्वतों के बीच घुट कर रह जाएगा तो ऐसे अवसर पर आप जो कुछ भी कर रहे हों उसे कृपया छोड़ दें। आपके

भीतर घुटन वाली यह अनुभूति एक संकेत है जो यह बताता है कि जो भी आप करने जा रहे हैं वह आपकी आत्मा के विकास के सर्वोत्तम हित में नहीं।

एकाएक निर्णय लेने से सावधान रहें और भीतर के संकेतों के प्रति सतर्क रहें। हृदय से आने वाली आकलन रहित सलाह और उस शोर के बीच भेद करना सीखें जो आपके किसी परिस्थिति के साथ भावनात्मक रूप से जुड़े होने के कारण आता है और निर्णय को धुँधला कर देता है। निर्णय लेने में भ्रम की स्थिति को दूर करने का एक अच्छा तरीका यह है कि आपका हृदय जो मार्गदर्शन दे रहा है उसे सुनें।

आपमें से कोई सोच सकता है कि मुझे यह कैसे मालूम पड़ेगा कि जो मैं सुन रहा हूँ वह हृदय की ही आवाज है? उत्तर सरल है। जब जीवन स्वाभाविक रूप से चल रहा हो तो हृदय चुपचाप देखता रहता है। लेकिन जब काम में अड़चन आने लगे या चीजें स्वाभाविक रूप से न हो पा रही हों तो हृदय की घंटी बज उठती है। उदाहरण के लिए जब हम झूठ बोलते हैं तो हमें एक असहजता का भाव या भय महसूस होता है और हमारे भीतर की आवाज हमें याद दिलाती है कि हम सत्य से भटक रहे हैं। अपने हृदय को सुनने का हम जितना अधिक अभ्यास करेंगे उतनी ही अधिक स्पष्ट उसकी आवाज होती जाएगी। इसकी शुरुआत छोटे से करें। दिन-प्रतिदिन लिए जाने वाले निर्णयों में हृदय का मार्गदर्शन लेना आरंभ कर दें जैसे क्या पढ़ें, दिन भर क्या करें, ध्यान करें या दौड़ने चले जाएं आदि। धीरे-धीरे हृदय से ही काम करना आरम्भ कर दें। जितना अधिक हम स्वयं को भीतर की ओर मोड़ते जाएंगे और हृदय को मुख्य भूमिका निभाने देंगे उतना ही अधिक हम इसके ज्ञान पर भरोसा करना और इसके मार्गदर्शन पर चलना सीख पाएंगे।

हृदय और पाँच तत्व

एक बार पिकासो ने एक बैल के ग्यारह चित्रों की पेंटिंग की एक सीरीज़ बनाई। उसने बैल के एक विस्तृत चित्र से आरंभ किया और फिर धीरे-धीरे उसके वर्णन में से थोड़ा-थोड़ा कम करते चला गया जब तक कि बैल का सार, उसका भाव और उसकी ऊर्जा कुछ रेखाओं में सिमट कर न रह गई।
इसी प्रकार हम भी जब चक्रों पर विजय प्राप्त करते जाते हैं तो हर चक्र के सार-तत्व से उसके गुण को निचोड़ते जाते हैं और अपनी चेतना में अभिव्यक्त करते जाते हैं।

पृथ्वी – पृथ्वी स्वीकार्यता का प्रतिनिधित्व करती है जो पृथ्वी को 'माता' कहने का एक कारण भी है। वह हम सब को स्वीकार करती है।

आकाश – आकाश आत्मा की शाश्वत प्रकृति का प्रतिनिधित्व करता है। आकाश हमेशा से रहा है और इसकी शान्ति इसका सार-तत्व है।

अग्नि – अग्नि प्रेम का प्रतिनिधित्व करती है जो एक रूपान्तरणकारी ऊर्जा है।

जल – जल साहस और लचीलेपन का प्रतिनिधित्व करता है।

वायु – वायु अदृश्य होती है लेकिन दृष्टि प्रदान करती है। यह स्पष्टता का प्रतिनिधित्व करती है।

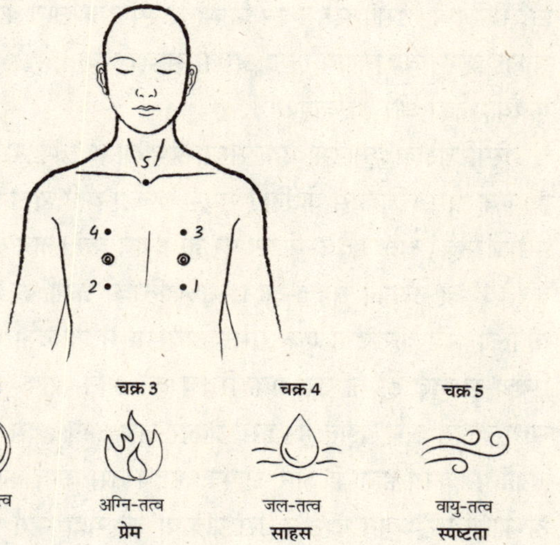

हृदय-मंडल के 5 तत्व

हर चक्र के गुण हमें उस चक्र पर एकत्रित संस्कारों से ऊपर उठने में मदद करते हैं। चक्र के गुणों को अपने भीतर उत्पन्न करके हम उसके द्वंद्व से ऊपर उठ जाते हैं। उदाहरण के लिए सन्तोष और असंतोष के द्वंद्व से ऊपर उठने के लिए हम पहले चक्र के पृथ्वी-तत्व के गुण स्वीकार्यता को अपने भीतर उत्पन्न करते हैं। इसी तरह शान्ति और अशान्ति से ऊपर उठने के लिए हम शान्ति को अपने भीतर उत्पन्न करते है। हम देख सकते हैं कि किस प्रकार प्रकृति की यह रचना हमें इन द्वंद्वों से ऊपर उठने में मदद करती है।

इन पाँच तत्वों में द्वंद्वों की भूमिका स्पष्ट दिखाई देती है। उदाहरण के लिए जब पहला चक्र जाग्रत होता है तो हमारे भीतर स्वीकार्यता बढ़ जाती है। जल-तत्व साहस और लचीलेपन का प्रतिनिधित्व करता है। जिन लोगों का जल-तत्व अशान्त होता है उनमें कोमलता की कमी होती है और वे अड़ियल किस्म के होते हैं।

इसी प्रकार जब अग्नि-तत्व संस्कारों से ढक जाता है तो प्रेम की कमी हो जाती है। ऐसे लोगों में कोई उत्साह या तड़प नहीं होती और वे आत्म-प्रेरणा से जूझते रहते हैं।

इससे पहले कि इस समझ को आप कहीं पर लागू करें मैं इसमें एक खतरे की ओर इशारा करना चाहूँगा। मान लें कि आपने अपना सारा उत्साह खो दिया है। आपको तीसरे चक्र पर अग्नि को जगाने के लिए उस पर कार्य करने का प्रलोभन हो सकता है। इसी तरह स्वयं के भीतर स्पष्टता लाने के लिए आप पाँचवें चक्र की सफ़ाई करने का निर्णय लेना अच्छा समझ सकते हैं।
कृपया थोड़ा धीरे हो जाएं।

स्पिरिचुअल एनाटमी एक समग्र प्रणाली है और सभी चक्र आपस में जुड़े होते हैं। एक समग्र विकास के लिए सबसे अच्छा यही होता है कि मूल को सींचा जाए। हमेशा पहले चक्र हृदय-मंडल पर ही ध्यान करें। जब आप हृदय-मंडल पर ध्यान करते हैं तो उसका सहज-ज्ञान आध्यात्मिक ऊर्जा को सभी चक्रों पर कार्य करने के लिए भेज कर उन्हें एक समग्र अवस्था में ला देता है। यदि पाँच बल्ब एक ही स्विच से जुड़े हों तो उस एक स्विच को ऑन-ऑफ करने से वे सभी बल्ब एक साथ जलते और बुझते हैं। इसी प्रकार जब आप हृदय पर ध्यान करते हैं तो सभी चक्रों पर कार्य होता है और आपका हृदय उस कार्य का नियमन करता है। जरूरी अभ्यासों पर ध्यान दें और इस प्रक्रिया को सही मार्ग पर ले जाने के लिए अपने भीतर के गुरु, अपने हृदय पर भरोसा रखें।

हृदय के भीतर की इस यात्रा के बारे में एक बात और कहनी है। यहाँ रहते हुए आप आगे की झलक भी कुछ विशेष अनुभवों के रूप में ले लेते हैं। अपने अभ्यास के आरंभिक दिनों में एक बार जब मैं बाबूजी के पास गया तो मेरे भीतर चेतना की बड़ी अनोखी दशा उत्पन्न हो गई जो कुछ दिनों तक बनी रही। उस दशा में मैं बिलकुल निश्चिन्त महसूस कर रहा था। क्या आपने किसी कुत्ते को झुलसाती गर्मी में पेड़ की छाँव में आराम करते हुए देखा है? वह किसी चीज से परेशान नहीं होता। चारों ओर की जमीन जब झुलस रही हो तो वह आराम से छाँव का आनन्द ले रहा होता है। यदि कोई उसे लात मार दे तो तब भी वह लड़खड़ाता हुआ भागता है और फिर वापस आकर पसर जाता है। मेरी दशा भी कुछ ऐसी ही थी। मुझे कुछ नहीं चाहिए था और मुझे किसी चीज की जरूरत भी नहीं थी। यहाँ तक कि मुझे भूख भी नहीं थी। यदि कोई खाना दे देता तो मैं खा लेता। नहीं तो मैं ध्यान ही करता रहता, डूबा रहता और आराम करता। ये कुछ दिनों तक चला और फिर एक दिन बाबूजी ने मेरी ओर देखा और कहा, "इस दशा में तुम्हें 'सातों दिन और चौबीसों घंटे' रहना

चाहिए"। मुझे आश्चर्य हुआ कि उन्होंने ऐसा क्यों कहा और मेरे हृदय की गहराई में झाँकने की इतनी स्पष्ट अंतर्दृष्टि उनके पास कहाँ से आई।

कई वर्षों के बाद मेरी समझ में आया कि बाबूजी ने मेरी दशा पर टिप्पणी क्यों की थी। मुझे अभूधियत नामक आध्यात्मिक दशा की झलक दिखाई गई थी। यह दशा अत्यन्त ही विकसित अवस्था की दशा होती है जो यात्रा में काफी आगे चलकर नौवें चक्र पर आती है। लेकिन मैंने इसका स्वाद शुरू में ही ले लिया। हमें कई उन दशाओं का स्वाद भी मिल जाता है जो हमारी प्रतीक्षा कर रही हों। ऐसे अनुभव हमें यात्रा में आगे की ओर देखने के लिए प्रेरित करते हैं।

प्रेरणा और अनुभव अगले अध्याय में आपकी प्रतीक्षा कर रहे हैं। हर चक्र की यात्रा का वर्णन विस्तार से किया गया है। वे दशाएं जो हृदय में उत्पन्न होती हैं, वे अनुभूतियाँ जो हमें यात्रा के दौरान होती हैं तथा वे परिवर्तन जो हम अपनी यात्रा के दौरान अपने भीतर महसूस करते हैं विस्तार से बताए जाएँगे। इन अध्यायों को पढ़ने में जो चीज आपकी सबसे ज्यादा सहायता करेगी वह है आपका अपना अभ्यास। आपका अभ्यास आपके हृदय को सहयोग के एक स्तर तक खोल देता है जहाँ आप लय से लय, कदम से कदम और दशा से दशा मिलाते हुए चलते हैं और फिर अपने उच्चतर स्व के स्पंदनों से स्पंदन मिलाने की ओर चल पड़ते हैं।

दाजी से पूछें

दाजी, मुझे कैसे मालूम पड़ेगा कि मैं प्रगति कर रहा हूँ?

अपनी प्रगति के बारे में मालूम करने का सबसे आसन तरीका आपके जीवन के दो लोगों के माध्यम से है। पहली हैं आपकी माँ। आपकी माँ यदि कहती हैं, "मेरे पुत्र, तुम ठीक कर रहे हो। तुम्हारा चिड़चिड़ापन कम हो गया है, तुम ज्यादा नियमित हो गए हो, तुम ज्यादा सहानुभूतिपूर्ण हो गए हो" आदि तो यह Progression Doubt की ओर संकेत करता है। आपकी माँ जब आपकी प्रगति का समर्थन करे तो यह अच्छा होता है।

यदि आप विवाहित हैं और आपका जीवन-साथी कहे, "हे भगवान, क्या परिवर्तन हुआ है! आप तो बड़ा प्यार करने लगे हैं। अब आप वैसे नहीं चिल्लाते जैसे पहले चिल्लाया करते थे। अब आपकी ज्यादा कोई माँग भी

नहीं होती।" तो यह प्रगति का दूसरा सूचक है। संक्षेप में कहें तो आध्यात्मिक प्रगति को हमारे परिवार व मित्रों के साथ हमारे व्यवहार से मापा जा सकता है।

यदि आपके पास पालतू जानवर जैसे कुत्ते, बिल्ली, घोड़े या अन्य जानवर हों तो आपके ध्यान करते समय वे चुप हो जाते हैं। उनकी चुप्पी से आपकी चुप्पी का स्तर, आपकी शान्ति का स्तर और आपके विकास का स्तर भी मालूम पड़ता है। आपकी आन्तरिक दशा के प्रति कुत्ते ज्यादा संवेदनशील होते हैं।

अपनी प्रगति को आप अपने जीवन की छोटी-छोटी चीजों से भी माप सकते हैं। जब आप बर्तन धो रहे हों तो आप स्वयं को कितना शान्त महसूस करते हैं? क्या आप प्लेट और बर्तनों को सिंक में फेंकते हैं और शोर करके सब को परेशान करते हैं? क्या अपने कार्यों को आप शांतिपूर्वक और व्यवस्थित तरीके से करते हैं? क्या आप जब कभी बिना किसी कारण हृदय में आनन्द महसूस करते हैं? क्या सोते समय आप सुबह के ध्यान की राह देखते हैं? क्या आपको ऐसा महसूस होता है कि दिव्य-तत्व से आपका सम्बन्ध और मजबूत होता जा रहा है?

ये कुछ चिन्ह हैं जो आन्तरिक प्रगति के सूचक हैं।

13

प्रथम चक्र- स्वीकार्यता

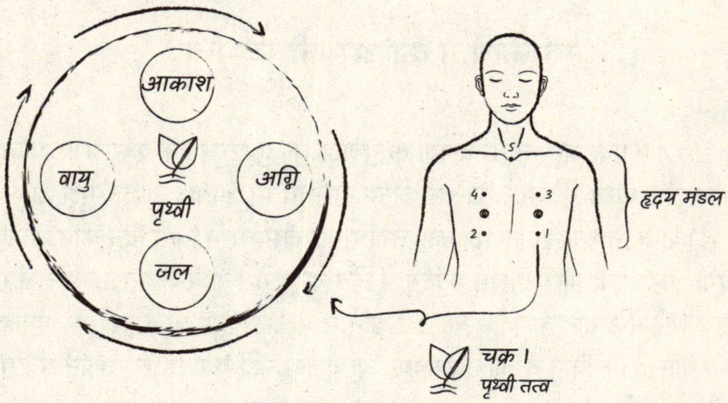

नाम	हृदय-मंडल, पृथ्वी-चक्र, प्रथम-चक्र
प्रमुख तत्व	पृथ्वी
रंग	पीला (कभी लाल रंग की झलक भी)
स्थिति	वक्ष पर नीचे बाँयी ओर
लक्षण	स्वीकार्यता
मुख्य अनुभूतियाँ	सन्तोष, सहिष्णुता, संतुलन; असंतोष, स्वार्थ, ईर्ष्या
आस-पास के पॉइंट	A, B, C, D
एक जैसे स्पंदन	छठा, ग्यारहवाँ और मूलाधार चक्र
दिशा	दक्षिणावर्त (CLOCKWISE)

केन्द्र की यात्रा पहले चक्र से आरम्भ होती है जहाँ का प्रमुख तत्व पृथ्वी है। स्वीकार्यता पृथ्वी-तत्व का सार है। धरती माता हमारे गुण-दोष देखे बिना ही हम सब को स्वीकार करती है। खोजी हो या संत, अमीर हो या गरीब, ज्ञानी हो या अज्ञानी सब एक पृथ्वी पर रहते हैं। वह हमें खाना देती है, कपड़े देती है, पालन-पोषण करती है और अन्ततः हमारे पार्थिव शरीर को स्वीकार भी करती है। जब आप पहले चक्र पर होते हैं तो आपके भीतर स्वीकार्यता आ जाती है और इसके चरमोत्कर्ष पर आपके स्वभाव में असीम प्रेम और असीम स्वीकार्यता आ जाती है।

स्वीकार्यता का असली स्वभाव

सन् 2017 में एक अत्यन्त गरीब देश के युवाओं का एक ग्रुप एक एक्सचेंज प्रोग्राम में भाग लेने भारत में हमारे आश्रम कान्हा शान्तिवनम् आया। उन्होंने मुझे अपने घरों में व्याप्त निःशब्द तनाव की कहानियाँ सुनाईं जैसे घर में किस दिन कौन खाना खाएगा और कौन नहीं। आश्रम में दिन में तीन बार परोसे जा रहे चावल, दाल और रोटी के बारे में उन्होंने कहा कि यह उस खाने से भी अधिक है जो वे पूरे एक सप्ताह में खा पाते थे। लेकिन वे कोई शिकायत या तुलना नहीं कर रहे थे। अपने प्रवास के दौरान उन्होंने दोस्त बनाए, अच्छी तरह ध्यान किया और हर पल को जिया। जब घर लौटने का समय आया तो वे खुशी से भरे हुए थे। जाने से एक दिन पहले वे सब मेरे घर आए और सबने मिलकर गीत गाए। बिना किसी पूर्व तैयारी के एक ऐसा प्रदर्शन जिसने सभी के हृदय को छू लिया।

ये युवा हृदय जीवन के बारे में मेरे मालिक के कथन 'जीवन गति, परिवर्तन और विकास का नाम है' के प्रतीक थे। अर्थात् जीवन ऊर्जा की गति है, परिवर्तन की स्वीकार्यता है और चेतना का विकास है।

गति, परिवर्तन और विकास से एक प्रवाह बनता है। यदि आपको किसी ने बाँध रखा हो तो क्या प्रवाह संभव हो पाएगा? संस्कार आपके विकास को बाँध देते हैं। संस्कारों को जब साफ़ किया जाता है तो आप स्वीकार्यता विकसित करते हैं और अपने लगावों और अवरोधों से ऊपर उठ जाते हैं। स्वीकार्यता और प्रेम जीवन को शालीन और करुणा भाव से जीने की सामर्थ्य प्रदान करते हैं।

स्वीकार्यता का अर्थ है गति, परिवर्तन और विकास को होने देना। ब्रह्माण्ड पर अपनी इच्छा थोपने की बजाय स्वीकार्यता ब्रह्माण्डीय इच्छा को ही आपकी प्रगति और विकास के मार्ग में लगा देती है। स्वीकार्यता एक समझदार सलाहकार है और आपकी यात्रा में लगने वाले बहुमूल्य समय को बचाती है। यह आपको शक्ति और

ज्ञान प्रदान करती है। स्वीकार्यता की अवस्था एक सोचे-समझे आध्यात्मिक जीवन का रहस्य है।

लेकिन स्वीकार्यता कठिन होती है। सचमुच कठिन। किसी प्रियजन को खोने के आघात, रिश्तों के टूट जाने का दर्द, व्यापार की असफलता, परिवार में फूट तथा शारीरिक एवं नैतिक हिंसा आदि को स्वीकार करना कोई आसान काम नहीं। पृथ्वी पर जीवन कोई फूलों की सेज नहीं। कठिनाइयों और समस्याओं से कोई अछूता नहीं। दूसरों को स्वीकार करना अच्छे सम्बन्धों का आधार है। यह हमें अपने मतभेदों को भुलाने और लोगों को उन्हीं की हालत में स्वीकार करने के लिए प्रोत्साहित करती है।

कष्ट तो हर जगह है लेकिन स्वीकार्यता से कष्ट को कम किया जा सकता है। नकारना तो कष्ट को केवल बढ़ाता है। नकारने का अर्थ है जीवन का पाठ सीखे बिना ही कष्ट भोगना। यह ज्ञान हो जाना कि स्वीकार्यता ही उपाय है जीवन की एक बड़ी उपलब्धि होती है। जब पहला चक्र जाग्रत होता है तो स्वीकार्यता आपके अस्तित्व में समा जाती है। आपको स्वीकार्यता के अभ्यास के लिए कोई मानसिक प्रयास नहीं करना पड़ता। जिस प्रकार गुलाब की खुशबू हवा में समाती जाती है उसी प्रकार यह भी आपके अस्तित्व में स्वतः समाती जाती है।

स्वीकार्यता आपको मुक्त करती है। 'मैं वो हूँ जो हूँ' से लेकर 'मैं वो हूँ जो मुझे होना चाहिए' तक की यात्रा स्वयं को स्वीकार करने से ही आरंभ होती है। आगे के मार्ग को रोशन करते हुए, चढ़ाई को आसान बनाते हुए और आत्मा के सौन्दर्य को निखारते हुए भीतर का दीप जल उठता है।

प्रथम चक्र पर महसूस होने वाली दशाएं

जैसा मैंने कहा कि मुझे यह आशा है कि यह पुस्तक आपके लिए चेतना की एक मानचित्रावली बनेगी। अतः इसी भावना के साथ मैं आपको हर चक्र से होती हुई इस यात्रा में जिज्ञासुओं को होने वाले अनुभव और उनकी अनुभूतियों के बारे में बताऊँगा। अपनी-अपनी संवेदनशीलता के अनुसार इन दशाओं की अनुभूति किसी को तीव्र महसूस होती है और किसी को हल्की। हमारा लक्ष्य यहाँ तुलना करना या सफ़लता के बॉक्स को टिक करना नहीं बल्कि कुछ जानना है ताकि आप कुछ अनुभव कर सकें। और अनुभव इसलिए करना है ताकि आप कुछ बन सकें। जब हम हृदय-मंडल पर ध्यान करते हैं तो हम वहाँ छिपी हुई ऊर्जा को जाग्रत कर देते हैं और तरह-तरह की दशाओं के उपहार ग्रहण करने के लिए तैयार हो जाते हैं। उनमें जो सबसे प्रमुख उपहार हैं वे इस प्रकार हैं।

दिव्यता की उपस्थिति महसूस करना

प्रथम चक्र पर भीतर और बाहर दोनों ओर दिव्यता की उपस्थिति महसूस होती है। इसका अर्थ यह है कि जब आप अपनी आँखें बन्द करके भीतर देखते हैं तो आपको किसी उच्चतर चीज की अनुभूति होती है और जब आप बाहर आसमान को या सूर्योदय को देखते हैं तो आपको दिव्यता की सर्वव्यापकता की अनुभूति होती है। इस चक्र की यात्रा के दौरान आपके हृदय को किसी बेहद गहरी चीज की झलक मिलने लगती है। ये झलक आपको विस्मय से भर देती है। यह अनुभूति आपको प्रेरणा से भर देती है और आप प्रकृति का और उसकी सृष्टि का गुणगान करने लगते हैं।

सधी हुई स्थिति

दिव्यता या किसी उच्चतर शक्ति की सर्वव्यापकता का अहसास स्वीकार्यता की भावना को जगा देता है और आप विपदाओं, कठिनाइयों तथा आनन्द और उत्तेजनाओं के समय भी सधी हुई स्थिति में बने रहते हैं। इस अवस्था में संतुलन का भाव प्रमुख होता है। अर्थात् किसी भी चीज के प्रति अत्यधिक लगाव नहीं होता है। आप उतनी ही भावनात्मक ऊर्जा खर्च करते हैं जितनी किसी कार्य के लिए जरूरी होती है। आप लोगों को और परिस्थितियों को परखने से भी दूर रहते हैं। सभी को एक नजर से देखना यहाँ की विशेषता होती है।

अपनेपन का भाव

इस पड़ाव पर आपकी इच्छा अधिक से अधिक ध्यान करने की होती है। आपको ज्यादा से ज्यादा सिटिंग लेने की इच्छा होती है। ये अच्छे संकेत हैं। अन्य लोग भी जो आध्यात्मिक मार्ग पर चल रहे हों अपने ही सगे-सम्बन्धी प्रतीत होते हैं। उनके साथ आप अपनापन महसूस करते हैं और लक्ष्य भी एक होने के कारण आप उनके साथ अधिक से अधिक समय व्यतीत करना चाहते हैं। आपके भीतर मातृत्व के गुण उत्पन्न होने लगते हैं जो आपको एक देखभाल करने वाला व्यक्ति बना देते हैं।

विवेक और वैराग्य

आपके संस्कारों की सफ़ाई होने से हृदय संवेदनशील होता जाता है और आप हर चीज को और अधिक गहराई से अनुभव करने लगते हैं। अतः जब आप सन्तोष,

स्वीकार्यता, सहिष्णुता और संतुलन के गुणों का अनुभव करते हैं तो आप इनके विपरीत गुणों असंतोष, स्वार्थ, ईर्ष्या और अस्वीकार्यता का भी अनुभव करते हैं। सूत्र यही है कि स्वीकार करें, उस पर कार्य करें और आगे बढ़ जाएं।

दाजी से पूछें

दाजी, ध्यान में चक्र के जाग्रत होने से गुणों की अभिव्यक्ति होती है। मैं उन्हें AEIOU के अभ्यास से आत्मसात करने का कार्य कर रहा हूँ .... तो क्यों न इन गुणों को मैं अपने दिन प्रतिदिन के जीवन में भी उसी तीव्रता के साथ प्रदर्शित करूँ?

सूर्य सभी के लिए चमकता है लेकिन केवल वही जो अपने खिड़की-दरवाजे खुले रखता है उसकी गर्मी और प्रकाश का आनन्द उठा पाता है। जब बारिश होती है तो केवल वही किसान जिसने अपने खेत को जोत कर तैयार कर रखा हो उसका लाभ उठा पाता है।

प्रकृति के उपहार का लाभ उठाने के लिए आपका सहयोग सहायक होता है। सहयोग का पहला स्तर आपका दैनिक अभ्यास है। अभ्यास करने से आप अपने हृदय को उन परिवर्तनों के प्रति संवेदनशील बना देते हैं जिनकी जरूरत आपको अपने विकास में पड़ती है। ये परिवर्तन हृदय की प्रेरणा के रूप में आते हैं जैसे 'दयालु बनें', 'स्वार्थी न बनें', 'जाने दें और प्रतिक्रिया न करें' और इसी प्रकार। एक संवेदनशील हृदय अपना मार्गदर्शन देता है और जब आप उसका अनुसरण करते हैं तो उसके आन्तरिक गुणों की ऊर्जा आपके कार्यों में प्रकट होने लगती है। यदि हृदय कहता है, 'संतुष्ट रहो' और आप उसका अनुसरण करते हैं तो आपकी चेतना में स्वीकार्यता फलने-फूलने लगती है।

लेकिन संस्कारों के कारण जटिलताएं और अशुद्धियाँ एक आन्तरिक प्रतिरोध निर्मित करती हैं और ऐसी परिस्थिति में हृदय अपना कार्य करता रहे इसके लिए आपको लगातार समायोजन करना पड़ता है। जितना अधिक आप समायोजन और सहयोग करेंगे उतनी ही तेजी से आप गुणों को विकसित होते देखेंगे। यही कारण है कि कुछ लोग तेजी से रूपांतरित

होते हैं और कुछ लोग इसमें वर्षों लगा देते हैं और आन्तरिक परिवर्तन वाह्य आचरण में अभिव्यक्त होने के लिए संघर्ष ही करता रहता है।

मैं आपको यह भी याद दिला दूं कि जब आप आत्म-विकास की यात्रा में लग जाते हैं तो आप स्वयं के ऊपर कार्य करने में व्यस्त हो जाते हैं और यह नहीं देख पाते कि आप कहाँ तक आ गए हैं। लेकिन वे जो आपके आस-पास होते हैं आपकी सधी हुई दशा के बारे में बात करते हैं और आपकी सकारात्मक ऊर्जा की प्रशंसा किया करते हैं।

यहाँ मुख्य बात सहयोग करना और चलते रहना है यह अच्छी तरह जानते हुए कि जब आप लक्ष्य की ओर एक कदम आगे बढ़ाते हैं तो ब्रह्माण्ड आपके अगले कदम का स्वागत करने के लिए एक छलांग लगा देता है।

यह कैसे होगा? विवेक और वैराग्य से। ये पहले चक्र से ही आरम्भ हो जाते हैं और यात्रा में आपकी प्रगति के साथ-साथ परिष्कृत होते रहते हैं।

विवेक का अर्थ हितकर को अहितकर से अलग करना है। जब हृदय संस्कारों से मुक्त हो जाता है तो उसकी आवाज भी स्पष्ट हो जाती है और आप भीतर से यह मार्गदर्शन प्राप्त करने लगते हैं कि किन कर्मों को किया जाए और किन्हें नहीं। आपके प्रगति करने से आपका विवेक भी विकसित होते हुए आपके विचारों में पहुँच जाता है। विचारों में विवेक उत्पन्न होने से आपको सकारात्मता को बढ़ावा देने में तथा नकारात्मकता को त्यागने में मदद मिलती है। अन्ततः यह विवेक अनुभूतियों के स्तर तक भी पहुँच जाता है और आन्तरिक बोध के उस स्थान से आपको मार्गदर्शन प्रदान करता है।

वैराग्य का अर्थ अपने काम, परिवार या सम्पत्ति को त्यागना नहीं बल्कि उस अनावश्यक आसक्ति को एक ओर रख देना है जो भावनात्मक रूप से आपके ऊपर बोझ बनी रहती है। वैराग्य एक प्रेमपूर्ण विरक्ति की अवस्था है जिसमें आप महत्त्वपूर्ण चीजों पर ही ध्यान देते हैं और इधर-उधर की चीजें फिर आपका ध्यान नहीं भटकातीं। ध्यान में प्रेम उत्पन्न करने से आप एक प्रवाह और स्पष्टता की वह अवस्था उत्पन्न कर सकते हैं जो विवेक और वैराग्य के प्रकट होने के लिए जरूरी होती है। अभ्यास के आरंभिक दिनों को गम्भीरता से लेना जरूरी होता है

क्योंकि इस दौरान अभ्यास में किसी भी प्रकार की कमी उच्चतर स्तरों पर महसूस की जा सकती है।

बेचैनी का बढ़ना

मुझे मालूम है कि यह असंगत प्रतीत होता है लेकिन जब आप प्रथम चक्र की यात्रा कर रहे हों तो आपको कुछ बेचैनी महसूस हो सकती है। यह स्वाभाविक है। जैसा कि मैंने पहले बताया है कि यह बेचैनी आत्मा के आगे बढ़ते रहने की उत्सुकता को दर्शाती है। एक विवेकशील मन लक्ष्य के प्रति होने वाली बेचैनी और अशान्ति से उत्पन्न होने वाली बेचैनी में अंतर महसूस कर सकता है। लेकिन सांसारिक मामलों से उत्पन्न बेचैनी को भी आप अपनी यात्रा को गति प्रदान करने की दिशा में मोड़ सकते हैं। आपकी सधी हुई अवस्था आपको इस बेचैनी के दौर से निकाल लाती है और आपको आगे बढ़ने में सहायता प्रदान करती है।

पहले चक्र पर होने वाले अनुभवों, गुणों और अनुभूतियों पर चिंतन करें। अनुभव करने के लिए बहुत कुछ है और जब आन्तरिक यात्रा के आरम्भ में ही अनुभव करने के लिए इतना अधिक हो तो कल्पना करें कि चेतना की उच्चतर अवस्थाओं में पहुँचने पर क्या-क्या होगा।

आत्मावलोकन

इस चक्र पर उत्पन्न अपने गुणों की और भी अधिक महत्ता जानने के लिए आप अपनी आन्तरिक अवस्था और अनुभूति को दर्शाते हुए दो या तीन वाक्य लिखने के बारे में सोचें। इन प्रश्नों के उत्तर बिना किसी आकलन के या बिना किसी कटु भावना, भय और ईमानदारी के साथ लिखें। निश्चित समय (आदर्श रूप से हर छह महीने) के बाद अपनी व्यक्तिगत और आध्यात्मिक यात्रा की गहराई और प्रगति को मालूम करने के लिए अपने इन उत्तरों की समीक्षा करें।

उस समय के बारे में सोचें जब आप किसी व्यक्ति की भावनाओं को खुलकर सुन रहे थे। उस समय आपके हृदय की दशा कैसी थी? उस अनुभव से आपने क्या सीखा? आपको वह कैसा लगा?

उस समय को भी याद करें जब आपने अपने जीवन में एक कठिन परिस्थिति के विरोध का प्रयास किया था? तब आपको कैसा लगा था? उससे आपने क्या सीखा?

14

दूसरा चक्र- शान्ति

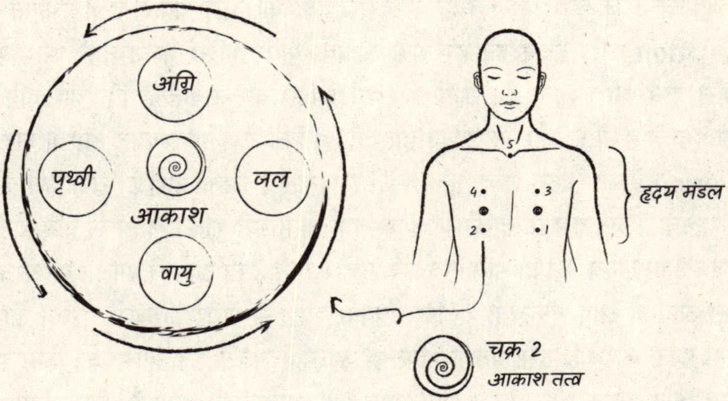

नाम	आत्मा-चक्र, दूसरा चक्र
प्रमुख तत्व	आकाश
रंग	लाल (गुलाबी झलक)
स्थिति	वक्ष पर नीचे दाँयी ओर
लक्षण	शान्ति
मुख्य अनुभूतियाँ	चैन, दया, शान्ति; अशांति, द्वेष, बेचैनी
एक जैसे स्पंदन	सातवाँ और बारहवाँ चक्र
दिशा	वामावर्त (COUNTER CLOCKWISE)

शरीर में आत्मा के ठहरने का स्थान ही दूसरा चक्र है। इसी कारण दूसरे चक्र को आत्मा-चक्र या आध्यात्मिक हृदय कहा जाता है। दूसरे चक्र पर आप आत्मा के गुण जैसे शान्ति और करुणा अनुभव करते हैं। आप आत्मा की उपस्थिति महसूस करते हैं जिसकी विस्तीर्णता स्वार्थ की संकीर्णता को मिटा देती है। मेरा, उसका या उनका की अवधारणा अर्थहीन हो जाती है। अपने हृदय में आप एक समानता का भाव और शान्ति महसूस करते हैं।

वह चीज जो हमें पहले चक्र से दूसरे चक्र की ओर धकेलती है 'भक्ति'* (devotion) है। हृदय का हर चक्र आपके भीतर भक्ति के उच्चतर स्तर के उत्पन्न होने को दर्शाता है। आप आश्चर्य व्यक्त कर सकते हैं कि यह भक्ति किसके प्रति होती है और किसलिए होती है? भक्ति के लिए प्रयुक्त अंग्रेजी शब्द devotion है जो लैटिन शब्द devovre से बना है जिसका अर्थ है 'वफ़ादारी की शपथ लेना'। जब हम केन्द्र की यात्रा करते हैं तो हमारी भक्ति लक्ष्य के प्रति होती है। जब आप लक्ष्य के प्रति भक्तिपूर्वक वफ़ादार रहते हैं तो आपकी आत्मा की प्रेरक शक्ति आपको आगे धकेलती है। जिस प्रकार स्पर्श से शरीर, विचारों से मन और प्रेम से हृदय जुड़ते हैं उसी प्रकार भक्ति से आत्माएं जुड़ती हैं। आत्मा को केन्द्र से जोड़ने वाला जो कोमल और अदृश्य धागा है वह भक्ति का धागा है। दिन प्रतिदिन के जीवन में भक्ति कई रूपों में दिखाई देती है। आपका बढ़ता आत्म-अनुशासन, अभ्यास में बढ़ती रुचि, बढ़ता श्रद्धा-भाव, बढ़ता प्रेम और बढ़ती बेचैनी ये सभी बढ़ती हुई भक्ति के संकेत हैं। भक्ति का बढ़ना महत्त्वपूर्ण होता है क्योंकि जब आप एक चक्र से दूसरे चक्र की ओर बढ़ते हैं तो चढ़ाई अत्यधिक कठिन होती जाती है। संस्कारों के अतिरिक्त अन्य कारक भी सक्रिय रहते हैं जो इस आन्तरिक यात्रा में हमारे संकल्प की परीक्षा लेते हैं।

इनमें से पहला कारक हमारी चेतना का संकुचन है। ये ऐसे भँवर होते हैं जो आपको लुभाते भी हैं और आपको अवरुद्ध करके भी रखते हैं। उदाहरण के लिए हो सकता है कि किसी चक्र की शांतिदायक अवस्था या किसी चक्र पर शक्ति का तीव्र प्रवाह आपको आनंददायक लगे और आपको उसे और अधिक पाने की इच्छा होने लगे। किसी अवस्था के प्रति लगाव बंधन निर्मित करता है और आप वहीं फँस जाते हैं। मैं ध्यान करने वालों से प्रायः 'ध्यान में बिलकुल खो जाने' या 'शान्ति में डूब जाने' के निवेदन प्राप्त करता रहता हूँ। अपने अनुभवों पर शर्त थोप देना संकुचन

* भक्ति एक ऐसी अवस्था है जहाँ गहरा प्रेम, गहरा समर्पण, अडिग निष्ठा और उच्चतम विनम्रता मिलकर लक्ष्य-प्राप्ति में आपकी सहायता करते हैं।

का आरंभिक लक्षण है। अतः खुले मन से ध्यान करें और अपने ध्यान पर कोई भी पूर्व शर्त लगाने से सावधान रहें।

भक्ति आपके भीतर लक्ष्य के प्रति बेचैनी उत्पन्न कर इस संकुचन से बचने में सहायता करती है। संकुचन के अतिरिक्त अहम् भी हमारी इस चढ़ाई को कठिन बनाता है। 'मैं बहुत अच्छा ध्यान करता हूँ', 'मेरा ध्यान सबसे अच्छा है' और 'दूसरों की अपेक्षा संस्कारों से छुटकारा पाना मुझे ज्यादा अच्छी तरह से आता है' आदि अहम् के कुछ जाल हैं। ऐसे विचारों को भाँपने के प्रति सतर्क रहें और विनम्रता का एक मनोभाव उत्पन्न कर लें। आपका वह सपना और आपका वह लक्ष्य जो आपको प्रेरणा प्रदान करते हैं उनके प्रति आपकी भक्ति आपकी मदद करेगी।

कुछ लोगों को इस बात पर भी आश्चर्य हो सकता है कि ये बाधाएं हमारे सामने आती ही क्यों है। स्पिरिचुअल एनाटमी का यह प्रोजेक्ट तो आत्म-रूपान्तरण के लिए है और ऐसे प्रयास में जहाँ ब्रह्माण्ड भी हमारी मदद करता है हम बाधाओं का सामना करते ही क्यों हैं?

एक बार जब संस्कार साफ़ हो जाएंगे तो यह सब आसानी से होने लगेगा।

जिन्हें आप बाधाएं समझते हैं वे असल में सुरक्षा के दायरे हैं जिन्हें प्रकृति माँ ने बनाया है। मान लें कि कोई बाधा हो ही न, तो क्या होगा? कल्पना करें कि सभी चक्र केन्द्र से हृदय तक एक सीधी रेखा में जुड़े हुए हैं और केवल संस्कार ही उनके अवरोध हैं। मैं नहीं समझता कि उस ऊर्जा के प्रवाह के आगे कोई टिक पाएगा। यह एक बाँध से खरबों लीटर पानी एक साथ छोड़कर उसे उड़ा देने के समान होगा। हर चीज बह जाएगी।

अतः तंत्र को तहस-नहस होने से बचाने के लिए ऊर्जा में उतार-चढ़ाव किया जाता है ताकि उसे सहन किया जा सके। थोड़ा-थोड़ा करके आप अपनी क्षमता बढ़ाते जाते हैं। नियमित अभ्यास करना, सतत स्मरण में रहना और सक्रिय रूप से अपनी ध्यानावस्था को बनाए रखना (AEIOU) ये सब आपकी क्षमता को बढ़ाते हैं। गुरू पृष्ठभूमि में रहते हुए हर चक्र के क्षेत्र को तैयार करता रहता है ताकि जब आप वहाँ पहुँचें तो चेतना के स्तर पर आपको कम प्रतिरोध का सामना करना पड़े।

शान्ति का विरोधाभास

दूसरा चक्र आध्यात्मिक-हृदय होता है। आपकी गहरी तड़प और गहरी भक्ति आपके मार्ग को साफ़ कर देती है और आपको और भी अधिक सूक्ष्म स्पंदनों वाले

इस परिष्कृत संसार में ले आती है। दूसरे चक्र का प्रमुख तत्व 'शून्यता का आदि तत्व' आकाश है। जब हम अपने भीतर शून्यता की दशा उत्पन्न करते हैं तो हमें शान्ति प्राप्त होती है।

हालांकि हममें से बहुत लोग सन्तोष को ही शान्ति समझ बैठते हैं। उदाहरण के लिए यदि आप सुबह अपना दैनिक व्यायाम न कर पाएं तो दिन भर आपको बेचैनी महसूस हो सकती है। लेकिन अगले दिन जब आप व्यायाम करेंगे तो आप सन्तुष्ट हो जाएंगे। अधिकांश लोगों को जब सन्तोष मिलता है तो वे सोचते हैं कि उन्हें शान्ति मिल गई है। दूसरे चक्र पर मिलने वाली शान्ति सन्तोष और असन्तोष दोनों से परे होती है। इस प्रकार की शान्ति एक आध्यात्मिक बेचैनी उत्पन्न करती है जिसमें ऊपर तो शान्ति का भाव व्याप्त होता है लेकिन गहराई में एक तड़प होती है।

दूसरे चक्र में प्रवेश करना प्रायः थोड़ी बेचैनी उत्पन्न कर देता है क्योंकि आपका अवचेतन इस बदलाव का प्रतिरोध करता है। यह उस बच्ची के व्यवहार के समान होता है जिसे अपने माता-पिता की नौकरी की जगह बदलने के कारण अपना स्कूल बदलना पड़ता है। बच्ची अपना घर, अपना पड़ोस या अपने दोस्तों को नहीं छोड़ना चाहती और वह कह सकती है, "मैं अपना स्कूल नहीं बदलूंगी"। यहाँ तक कि एक ही स्कूल में एक कक्षा से अगली कक्षा में जाना भी कुछ बच्चों के लिए चुनौतीपूर्ण हो सकता है।

दूसरे चक्र पर भी आपके साथ ऐसा ही होता है जहाँ आपका अवचेतन कुछ समय तक प्रतिरोध करता है। आन्तरिक प्रतिरोध का एक आम सूचक यह है कि इसके कारण आपका ध्यान करने को मन नहीं करता, अभ्यास में आपकी रुचि नहीं रहती। आपकी आत्मा तो जानती है कि आपको स्कूल बदलना है लेकिन आपका अवचेतन वहीं रहना चाहता है जहाँ पर आप आराम से थे।

प्रकृति विकास चाहती है और आपको आगे धकेलने का प्रयास करती है लेकिन आप फिर भी प्रतिरोध करते हैं। इस प्रतिरोध को कम न आँकें। हम तो जीवन के मामूली से परिवर्तनों का भी प्रतिरोध किया करते हैं। तकिया बदल लेना या पलंग के दूसरी ओर सो जाना आपकी नींद खराब करने के लिए काफ़ी होता है। ऑफिस में कोई आपकी कुर्सी बदल दे तो काम में आपका मन नहीं लगता। चेतना में होने वाला बदलाव सूक्ष्म स्तर पर होने वाला एक परिवर्तन है अतः प्रतिरोध भी सूक्ष्म होता है लेकिन प्रभावी होता है। यदि आप सजग हों तो इस आन्तरिक प्रतिरोध को भाँप सकते हैं और यह अहसास कर सकते हैं कि, "ठीक है, अब मैं अगले स्टेशन पर पहुँचने वाला हूँ"। बहुत लोग यह अहसास ही नहीं कर पाते और कुछ महीने अभ्यास करने के बाद इस पड़ाव पर आकर छोड़ देते हैं। अतः याद रखें कि जब

आपका मन ध्यान करने को नहीं करता तो यह एक संकेत होता है। अपने प्रशिक्षक से मिलें और कहें, "मेरा मन ध्यान करने का नहीं हो रहा है। क्या आप मदद कर सकेंगे?"

यदि आस-पास कोई प्रशिक्षक न हो या आपके लिए यह असुविधाजनक हो तो हार्टफुलनेस एप का उपयोग करें और कुछ सिटिंग लें।

क्योंकि जब आपको मालूम ही है कि आपको कुछ प्रतिरोध का सामना करना पड़ेगा तो इसके लिए आप पहले से ही कुछ कर सकते हैं। जैसे कुछ ध्यान बिलकुल ही अलग होते हैं जिनमें आप महसूस करते हैं कि, "यह बहुत अच्छा ध्यान था", या "मैं पूरी तरह खो गया था" या "यह इतना अच्छा सत्र था" आदि। इन अनुभवों को अपनी डायरी में मोटे-मोटे अक्षरों में लिख लें और "इसे याद रखें" शीर्षक लिख दें। फिर अपने कैलेंडर में अगले छह महीनों के लिए तीन-चार रिमाइंडर लगा दें। इन रिमाइंडर का नाम लिखें, "अपनी डायरी पढ़ें"। जब रिमाइंडर दिखाई दे तो अपनी डायरी के कुछ पेज पढ़ें विशेष तौर से वे पेज जिनमें आपने अपने अनुभवों को मोटे-मोटे अक्षरों में लिखा था। ये रिमाइंडर आपको प्रोत्साहित करेंगे और मार्ग पर बने रहने के लिए आपकी मदद करेंगे।

दूसरे चक्र पर महसूस होने वाली दशाएं

इस चक्र पर होने वाला मुख्य अनुभव बेचैनी का स्पर्श लिए शान्ति का बदलता हुआ अहसास होता है। शान्ति का आनन्द उठाते समय शान्ति प्रदान करने वाले का ख़याल भी उत्पन्न होने लगता है। अब आप शान्ति प्रदान करने वाले से मिलने को तरसने लगते हैं और आपकी भक्ति एक दूसरे आयाम में पहुँच जाती है जहाँ पर शान्तिदाता से मिलने की बेचैनी बढ़ती जाती है।

तुच्छता का भाव और सुस्ती

दूसरे चक्र पर स्थापित हो जाने के बाद आपको चेतना का एक नया रूप देखने को मिल सकता है। आकाश तत्व के शून्यता के गुण की अभिव्यक्ति आपके इस भाव में हो सकती है जिसमें न तो आपको किसी चीज की कोई इच्छा रह जाती है और न ही कोई जरूरत। छोटी-मोटी सांसारिक माँगों से दूर आप भुलक्कड़ या बेपरवाह हो सकते हैं या हो सकता है कि आपकी आकांक्षाएं ही समाप्त हो जाएं जो आपके परिवार को और यहाँ तक कि आपको भी आश्चर्य में डाल दे कि आखिर हो क्या

रहा है। लेकिन चिन्ता न करें। यह एक सामान्य और अस्थायी पड़ाव है जिसमें आप स्वयं को व्यवस्थित कर रहे होते हैं और आपकी चेतना विकसित हो रही आन्तरिक शान्ति के साथ सामंजस्य बैठा रही होती है। असल में यह एक आन्तरिक परिवर्तन के घटित होने का सकारात्मक संकेत है। लेकिन दुर्भाग्यवश इस पड़ाव को कई लोग गलत समझ लेते हैं और इस चिन्ता के कारण ध्यान करना छोड़ देते हैं कि वे अपना उत्साह खोते जा रहे हैं। जबकि होता यह है कि आपका लचीलापन बढ़ रहा होता है। दूसरे चक्र के चैन और शान्ति आपको चीजों को शांतिपूर्वक निबटाने में मदद करते हैं। आप शान्त मन से निर्णय लेते हैं। दूसरों के ताने, गालियाँ और आलोचनाएं काँच के शीशे के ऊपर पानी की बूंदों की तरह बह जाती हैं। जब आपकी आन्तरिक शान्ति बढ़ने लगे तो अपनी भक्ति का सहारा लें और अपने ध्यान के अभ्यास को जारी रखें।

दूसरे लोक जैसा भाव और अनुभव

इस चक्र में प्रवेश करने पर आपको अपने भौतिक शरीर से अलग होने का भाव महसूस हो सकता है। यह एक कम गुरुत्वाकर्षण वाले ग्रह में होने की तरह है जहाँ आप कम प्रयास से ही अधिक ऊँचा कूद सकते हैं और अधिक तेज चल सकते हैं। स्वतंत्रता का यह नया-नया भाव आपको ऐसा अहसास करा सकता है मानो आप एक ऐसे लोक में पहुँच गए हों जो बहुत हल्का और अथाह हो। आपको ऐसा लगने लगेगा मानो हर चीज किसी उच्चतर शक्ति से जुड़ी हुई हो और दिव्यता ने आपको घेर रखा हो एक गुलाब की भाँति जो अपनी खुशबू से घिरा हुआ होता है।

कुछ महीने ध्यान करने के बाद मैंने भी कुछ ऐसा ही महसूस किया था। गाँव में अपने घर पर गर्मियों की छुट्टियाँ बिताने के बाद मैं वापस अपने कॉलेज जा रहा था और एक बस स्टॉप पर बस की प्रतीक्षा कर रहा था। वह एक झुलसा देने वाली गर्मी का दिन था और भाग्य से बस समय पर आ गई। जैसे ही मैं बस में चढ़ा मेरे चारों ओर की हर चीज विलीन होने लगी। मुझे लगा मानो पदार्थ अपना घनत्व खोता जा रहा है और उसके कण ढीले पड़ते जा रहे हैं। मेरे चारों ओर प्रेम व्याप्त हो गया था और हर चीज के भीतर से दिव्य ऊर्जा प्रवाहित हो रही थी। हवा से, सीट से, कपड़ों से, लोगों से और यहाँ तक कि सड़क के किनारे खड़े पेड़ों से भी। स्वयं को झटक कर मैंने इस अनुभूति को दूर करने की कोशिश की। मैंने सोचा कि मेरे सिर में धूप का असर हो रहा है लेकिन जो मुझे महसूस हो रहा था वह यह कि हर चीज प्रेम से भरी इस ऊर्जा में भीग रही थी।

पूरे एक घंटे तक मैं इसी अवस्था में रहा और धीरे-धीरे फिर अपनी सामान्य अवस्था में आ गया। एक फ़कीर ने जो बस में ही था मुझे देखा। उसने महसूस किया कि मैं ध्यान की अवस्था में था। जब हमारी नजरें मिलीं तो उसने कहा, "गुरु का ख़याल जब दिल में बैठ जाता है तो आप प्रेम के पंख पर सवार हो जाते हैं"। कुछ महीने पहले ही मैंने हार्टफुलनेस पद्धति से ध्यान करना आरम्भ किया था। मैं केवल अपने प्रशिक्षकों को जानता था और बाबूजी से तो मैं मिला भी नहीं था लेकिन उनकी शिक्षा का मेरे ऊपर यह असर हो रहा था। दूसरे चक्र के इतने गहरे अनुभव से मैंने स्वयं को धन्य समझा।

मुक्ति का स्वाद

मैंने कहा था कि हृदय-क्षेत्र को पार करना मुक्ति की ओर ले जाता है और मुक्ति की दशा दूसरे चक्र से ही व्यक्त होना आरम्भ हो जाती है। यह समुद्र की ओर गाड़ी चलाने के समान है जहाँ आप कुछ मील पहले से ही हवा में ठंडक और नमक की खुशबू महसूस करना आरम्भ कर देते हैं। दशा में बदलाव होने के कारण कुछ लोग उच्चतर अवस्थाओं में पहुँच जाने की गलतफ़हमी में फँस जाते हैं और इससे संकुचन आने लगता है। याद रखें कि यात्रा का यह केवल दूसरा पड़ाव ही है।

करुणा का आरंभ

दूसरे चक्र पर आपको आत्मा की उपस्थिति का अहसास होता है और यह स्वार्थ की सीमाओं को मिटा देता है। 'मेरा' और 'उसका' की अवधारणा अर्थहीन हो जाती है। अपने हृदय में आप समानता का एक भाव महसूस करने लगते हैं। दूसरों की भावनाएं आपके हृदय को छूने लगती हैं और आपके भीतर हर किसी के लिए प्रार्थना करने का भाव आने लगता है। यह करुणा की शुरुआत है। स्वीकार्यता और शान्ति की नींव पर अब हृदय में करुणा उत्पन्न होने लगती है।

आत्मावलोकन

क्या आपके जीवन में कभी ऐसे क्षण भी आए हैं जब आपने अपने भीतर और अपने बाहर के संसार में आरामदायक महसूस किया हो? यह सोच कर आपको अपने भीतर कैसा महसूस होता है?

आपके लिए भक्ति का क्या अर्थ है? आपकी भक्ति किसके प्रति है और आपकी आन्तरिक प्रगति में वह किस प्रकार सहायक है?

15

तीसरा चक्र- प्रेम

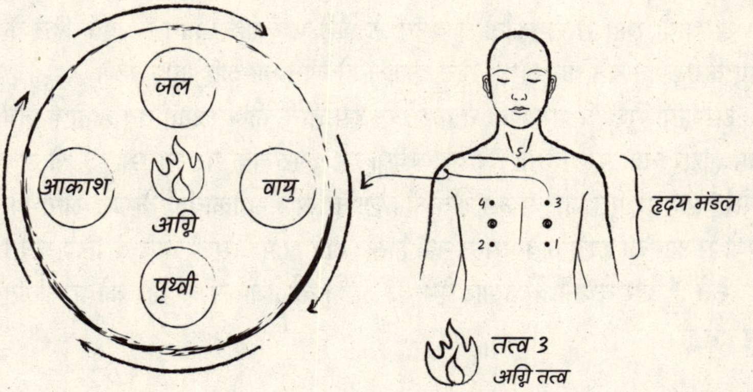

नाम	अग्नि-चक्र, तीसरा चक्र
प्रमुख तत्व	अग्नि
रंग	सफ़ेद
स्थिति	वक्ष पर ऊपर बाँयी ओर
लक्षण	प्रेम
मुख्य अनुभूतियाँ	करुणा, स्थिरता, प्रेम; क्रोध, भड़कना, चिड़चिड़ापन
एक जैसे स्पंदन	आठवाँ चक्र
दिशा	दक्षिणावर्त (CLOCKWISE)

एक राज्य था जिसकी प्रजा हर वर्ष एक नया राजा चुनती थी। वह राजा पूरे एक वर्ष तक राज्य करता, वर्ष के अंत में एक द्वीप में चला जाता और वहीं अपना शेष जीवन गुजारता। फिर एक नया राजा उसका स्थान ले लेता। एक बार जब एक नए राजा ने राज्य संभाला तो उसने उस द्वीप के बारे में कुछ प्रश्न पूछे। फिर उसने एक टीम को वहाँ एक महल बनाने और उस महल के चारों ओर एक नया शहर बनाने का आदेश दिया और वर्ष के अंत तक सारा काम पूरा करने को कहा। जब उस राजा के बदलने का समय आया तो वह अपने बनाए हुए उस नए महल में खुशी-खुशी रहने चला गया।

अस्थायी सुख से समझौता न करने के पीछे एक गहरा ज्ञान है। एक दिन के लिए करोड़पति बन कर अगले दिन कंगाल हो जाने का कोई अर्थ नहीं।

अस्थायी सुख से समझौता न करने के इस ज्ञान की शुरुआत तब होती है जब आप तीसरे चक्र पर पहुँचते हैं। वह बेचैनी जो दूसरे चक्र पर आरम्भ हुई थी अब तीसरे चक्र पर पूरा जोर पकड़ लेती है। शान्ति और स्वीकार्यता के इन आरंभिक दृश्यों से आपका हृदय अब प्रसन्न नहीं होता। अब आप असली चीज के लिए बेचैन हो उठते हैं और बेचैनी के अंगारे प्रेम की अग्नि को, जीवन के सार को प्रज्वलित कर देते हैं।

प्रेम की समझ

प्रेम इस जगत का इंजन है। किसी को देने या किसी से लेने के लिए सबसे सुन्दर चीज यही है। यह इस धरती की सीमाओं को लाँघ जाता है और हमारे भौतिक अस्तित्व से आगे भी हमारे साथ बना रहता है। स्पिरिचुअल एनाटमी प्रोजेक्ट में प्रेम की अग्नि वह रूपान्तरणकारी ऊर्जा है जो हमारे अस्तित्व को एक उच्चतर स्तर पर ले आती है। अग्नि-चक्र पर पहुँचने पर हम प्रेम को उसके असली स्वरूप में कि यह उससे भी ऊपर की चीज है जो हम पहले समझते थे देख पाते हैं।

अपने दैनिक जीवन में हम प्रायः मानव-प्रेम की बात करते हैं जो दर्द भरा हो सकता है और घाव भी दे सकता है। लेकिन एक दूसरे प्रकार का प्रेम भी होता है जो हमारी प्रगति के साथ विकसित होता है। यह प्रेम दिव्य-प्रेम है। यह एक शुद्ध अनुभूति की लौ है जिसे पूरे आत्म-विश्वास के साथ प्रकट किया जा सकता है और यह हमें कभी निराश नहीं करेगी। इस प्रेम का आनन्द उठाकर हम और हमारे आस-पास के लोग रूपांतरित हो जाएंगे।

दिव्य-प्रेम एक दुर्लभ और उच्च कोटि का पुष्प है जिसे हम अपने हृदय में उगाते हैं और जिसकी खुशबू हमें हर चीज से दूर कहीं ले जाती है। यह एक ऐसी कुंजी है जो द्वार खोल देती है, एक चमकती हुई तरंग जो हमारी हर कोशिका में टिमटिमाती है। जैसे-जैसे हम अपने आध्यात्मिक लक्ष्य की ओर बढ़ते जाते हैं हम इस ऊर्जा के रंग में रंगते जाते हैं और उसका प्रभाव महसूस करते जाते हैं।

प्रेम हमारे सूक्ष्म शरीर को नया जीवन प्रदान करता है और अपने चरमोत्कर्ष पर हमारे स्पंदन-क्षेत्र को बदल देता है। यह इतना सूक्ष्म आयाम है कि इसे मापा नहीं जा सकता और इसका क्षेत्र भौतिकता से परे होता है। मुझे आशा है कि इस क्षेत्र में किए जाने वाले वैज्ञानिक शोध हमें भौतिक और सूक्ष्म के मध्य के अंतर को कम करने में और इस दुर्लभ और सूक्ष्म ऊर्जा की महत्त्वपूर्ण भूमिका को बेहतर ढंग से समझने में हमारी मदद कर पाएंगे।

प्रेम से कई गुण फूट कर बाहर आते हैं। उनमें सबसे प्रमुख हैं करुणा और सहानुभूति जो एक मानवीय हृदय की सुगंध हैं।

प्रेम, करुणा और सहानुभूति

करुणा की शुरुआत दूसरे चक्र पर होती है। और इसमें जब प्रेम मिल जाता है तो करुणा आसमान छू लेती है। करुणा को समझने के लिए इसके विलोम स्वार्थ या उदासीनता से आरम्भ करते हैं। स्वार्थ एक आत्म-केन्द्रित अवस्था है जो 'मैं, मेरा और इसके अलावा कुछ नहीं' की भावना से आता है जहाँ दूसरों की कीमत पर अपनी सन्तुष्टि की जाती है। दूसरी ओर करुणाशील व्यक्तियों के पास स्वयं के बारे में सोचने का समय ही नहीं क्योंकि उनके भीतर दूसरों का ख़याल ही प्रमुख होता है। स्वार्थ संग्रह करता है जबकि करुणा देती है और देती है। विपरीत प्रभाव होने के कारण भी ये दोनों व्यवहार एक ही स्रोत 'जुनून' से आते हैं जो एक ऐसी ऊर्जा है जो गहरी रुचि और उत्साह से आती है। यदि हमारी इच्छाएं हमारे जुनून की दिशा को बदल दें तो यह हमें घसीट कर नीचे ला सकता है और हमारे व्यवहार को विनाशकारी बना सकता है। लेकिन जब जुनून हृदय से आता है तो यह हमारी चेतना को हमारे प्रेम, आपसी-जुड़ाव और सकारात्मक रूपान्तरण की उच्चतम सामर्थ्य को प्राप्त करने की दिशा में विकसित करने में मदद करता है।

अपने चरमोत्कर्ष पर करुणा स्वतः संचालन करती है और हमें देखभाल, प्रेम या दया दिखाने के लिए कोई चेतन प्रयास नहीं करना पड़ता। यहाँ किसी पर करुणा दिखाने और किसी पर करुणा न दिखाने के लिए कोई चुनाव या निर्णय प्रक्रिया

नहीं होती। प्राणी जगत में करुणा सर्वव्याप्त है। जैसे भेड़-बकरियों को सुरक्षा प्रदान करता कुत्ता किसी भेड़िए को देखकर भौंकने लगता है और भेड़िया कुत्ते को प्रायः घायल भी कर देता है। एक सभ्य समाज में करुणा होती तो है लेकिन इसका दायरा स्वयं तक या अपने परिवार, अपने सम्प्रदाय और अपने समुदाय आदि तक ही होता है। एक ध्यान करने वाला हृदय इन सीमाओं को मिटा देता है और धीरे-धीरे आप सभी को गले लगा लेते है।

प्रभु यीशु परम करुणा का एक सटीक उदाहरण हैं जिन्होंने अपने अन्तिम समय में भी उनको कष्ट देने वालों के लिए यह कह कर प्रार्थना की कि,

"Father, forgive them, for they do not know what they are doing" (Luke 23:34)

"हे ईश्वर, उन्हें माफ़ कर दें क्योंकि वे नहीं जानते कि वे क्या कर रहे हैं।"[15]

यह करुणा की एक मिसाल है जहाँ कोई बिना किसी रोष के या बिना दूसरों के गुण-दोष देखे दूसरों के प्रति सहानुभूति रखते हुए उन्हें क्षमा कर सकता है।

करुणा को किस प्रकार व्यक्त किया जाता है यह महत्वपूर्ण है। भारी हृदय से दिखाई गई करुणा तथा आनंदपूर्ण एवं प्रफुल्ल भाव से व्यक्त हुई करुणा एक जैसी नहीं होतीं। एक सकारात्मक मनोभाव से देने वाले और लेने वाले दोनों का स्तर उठ जाता है। इस बात का ध्यान रखा जाना चाहिए कि हमारी करुणा किसी पर बोझ न बन जाए। हमें यह सुनिश्चित करना चाहिए कि जरूरतमंद को जब हम दें तो वह स्वयं को आभारी या ऋणी महसूस न करे। ऐसा करने का एक तरीका यह है कि सेवा गुमनाम रहकर की जाए। इससे देने वाले के भीतर संस्कार नहीं बन पाते।

करुणा विकसित होने से पहले सहानुभूति जागती है। दूसरों के साथ सहानुभूति रखने पर आप उनके सुख और दुःख की अनुभूति अपने हृदय में करते हैं। करुणा सहानुभूति का मूर्त रूप है। किसी की भूख को महसूस करना सहानुभूति है और उसकी भूख को मिटाने के लिए उठाया गया कदम करुणा है। सहानुभूति में जहाँ अपने और दूसरे के बीच द्वैत का एक भाव निहित होता है वहीं करुणा इस भेद को मिटा देती है। दूसरे चक्र के जाग्रत होने पर द्वैत के भाव फीके पड़ने लगते हैं। और तीसरे चक्र पर जब प्रेम उत्पन्न होता है तो फिर यह भाव भी नहीं रह जाता कि कौन दे रहा है और कौन ले रहा है या कौन त्याग कर रहा है और किस के लिए त्याग कर रहा है। आप बस करते हैं और आगे बढ़ जाते हैं।

तीसरे चक्र पर महसूस होने वाली दशाएं

अग्नि के कई गुणों में से कुछ हैं उसके भड़क उठने का गुण, पिघला देने और शुद्ध कर देने की उसकी योग्यता तथा ऊपर उठने की उसकी योग्यता। खनिज से सोना निकालने के लिए उसे पिघलाना पड़ता है। यहाँ पिघलाना एक अवस्था से दूसरी अवस्था में रूपान्तरण का संकेत है। जब आप ध्यान करते हैं तो आप अपने भीतर सोए अग्नि-तत्व को जगा देते हैं और विभिन्न दशाओं जैसे भावनाओं के प्रकट होने, हृदय के कोमल होने और प्रेम के उन्नत होने का अनुभव करते हैं।

भावनाओं का भड़कना

हममें से अधिकांश लोग इस चक्र पर भारी बोझ लेकर चलते हैं। क्रोध और चिड़चिड़ेपन के प्रभाव यहाँ जम जाते हैं। क्रोध बड़ा जटिल होता है और उन्नत अभ्यासी भी इसके साथ संघर्ष किया करते हैं। जब हमें क्रोध आता है तो हम प्रायः दूसरों को आहत करते हैं और उनके साथ तनाव एवं मतभेद पैदा कर लेते हैं। जिन लोगों को हम सबसे अधिक आहत करते हैं वे प्रायः हमारे प्रियजन ही होते हैं। क्रोध से मुक्ति पाने के लिए और उसे अपने हित में कार्य करने के लिए हमें क्रोध की वास्तविक प्रकृति और उसके उद्देश्य को समझना होगा।

क्रोध एक ऐसी ऊर्जा है जिसकी जरूरत हमें अपने सुधार के लिए पड़ती है। यथास्थिति को छिन्न-भिन्न कर उसमें सुधार लाने के लिए जब क्रोध का प्रवाह होता है तो यह क्रोध न्यायोचित होता है। तीसरे चक्र पर आकर हम क्रोध की वास्तविक भूमिका को समझ पाते हैं और उसे धैर्य, अभ्यास एवं करुणा भरे हृदय से आत्म-सुधार के मार्ग पर लाना सीख पाते हैं।

क्रोध को सँभालने का एक तरीका यह है कि उसे कुछ समय के लिए टाल दिया जाए। क्रोध को टालना अलफ़ोंज़ो आम को पकाने के समान है। कच्चा आम एक साथ ज्यादा खा लेने से आपके मुँह में छाले बन सकते हैं लेकिन यदि आप उन्हें कुछ दिनों तक रखे रहें तो एक दिन पूरा घर मीठी खुशबू से भर जाएगा यह बताने के लिए कि आम पक गए हैं। अगली बार जब भी आपको क्रोध आए तो पूरी तरह जागरूक रहते हुए अपने क्रोध को टालने का निर्णय लें और उसे रूपांतरित होने का समय दें। भावनाओं के लिए अपने भीतर थोड़ी जगह बनाएँ और देखें कि कैसे कुछ ही समय में आपका क्रोध एक मीठी करुणा में परिवर्तित हो जाता है।

क्रोध दूर करना – प्रस्तावित अभ्यास

आराम से बैठें और अपनी आँखें बन्द कर लें। कल्पना करें कि आप शान्ति के एक शीतल सागर में बैठे हुए हैं। उसकी लहरें बड़ी शान्तिदायक और आनन्ददायक हैं। दृढ़ता से मानें कि आप शान्ति के एक सागर में डूबे हुए हैं और उसकी लहरें आपकी अशुद्धियों और जटिलताओं के सभी आवरण हटा रही हैं। इन आवरणों को मिटता हुआ और भीतर एक हल्कापन प्रकट होता हुआ महसूस करें।

इसे अधिकतम तीस मिनट तक करें।

अपने क्रोध को टालने की आदत बना लेने से आपको यह अहसास होगा कि क्रोधित होना कठिन से कठिन होता जाता है। यहाँ तक कि कठिन परिस्थितियों में भी आप महसूस कर सकते हैं कि आपकी तीव्रतम भावना क्रोध नहीं बल्कि करुणा होती है।

कठोरता से नम्यता की ओर – अग्नि-तत्व की रूपान्तरणकारी शक्ति

कभी तो लोगों के साथ बातचीत करते हुए हम बड़े उत्साहित और व्यस्त महसूस करते हैं और कभी बातचीत करने को हमारा मन ही नहीं करता। यह बदलाव क्यों आता है? यह हमारे भीतर अग्नि की कमी से आता है। अग्नि-तत्व हमें जीवंतता प्रदान करता है, हमारे मानसिक अवरोधों को दूर करता है और हमारे आन्तरिक अस्तित्व को नम्य बनाकर रखता है।

इस जीवन्तता को हम तीसरे चक्र पर महसूस करते हैं। हम अवरोधों को पार करके दूसरों के साथ खुलकर और करुणा भाव से जुड़ते हैं। हम दूसरों को केवल उनकी कमियों के चश्मे से नहीं देखते बल्कि उनके दोषों में भी सुन्दरता देखते हैं और उन्हें पूरी तरह से अपनाते हैं।

जैसे-जैसे आप आध्यात्मिकता के मार्ग पर आगे बढ़ते हैं लक्ष्य पर आपकी नजर और गहराई से जमती जाती है। इस तीव्र एकाग्रता के कारण आपके पास दूसरों की कमियों की चिन्ता के लिए कोई गुंजाइश नहीं रहती। इसकी बजाय आप अपनी ऊर्जा को अपनी ही कमियाँ दूर करने में लगाते हैं। भक्ति आपके हृदय को एक पवित्र और सुन्दर स्थान में रूपांतरित कर देती है। मेरी घरेलू भाषा गुजराती

में एक गाना है जो इस प्रकार है – 'हे ईश्वर, एक बार मेरे हृदय-लोक में पधारें। जब आप मेरे यहाँ आएंगे तो इसकी सुन्दरता में खोकर अपना घर भूल जाएंगे।' ये पंक्तियाँ अग्नि-चक्र की यात्रा करते समय आपके हृदय में उत्पन्न होने वाली मौन भावनाओं का निचोड़ हैं।

लक्ष्य की ओर बढ़ना

अग्नि का एक दूसरा अनोखा गुण भी है। इसकी लौ हमेशा ऊपर की ओर जलती है। तब भी जब किसी लाइटर या माचिस को उल्टा पकड़ कर रखा जाए। अग्नि-चक्र पर आपके प्रेम की लौ भी ऊपर की ओर होती है। लेकिन यह ऊपर किसकी ओर होती है? उसकी ओर जो उच्चतर है। आपकी यात्रा ने घृणा की बंजर भूमि को रूपांतरित कर उसमें प्रेम की हरी-भरी कोपलें उगा दी हैं। आपके हृदय से जो प्रेम उत्सर्जित होता है वह प्रेम स्रोत की ओर ऊपर उठता है और करुणा के मौन कार्यों में अभिव्यक्त होता है। आपका हृदय पिघलता जाता है और आपका प्रेम उन्नत होता जाता है।

कई परमपराओं में अग्नि की पूजा एक प्रतीकात्मक रस्म के रूप में परम प्रेम की ओर उठने को दर्शाने के लिए की जाती है। आपके अभ्यास से आपका हृदय एक ऐसा पवित्र पात्र बन जाता है जिसमें प्रेम की ज्वाला धधकती है। तीसरे चक्र पर रहते हुए आप प्रेम करने का दिखावा नहीं करते। प्रेम आपकी प्रकृति बन जाता है।

इस अध्याय का अंत मैं आपको तीसरे चक्र पर अपना अनुभव बता कर करना चाहूँगा। अपनी यात्रा में मैंने कई वर्षों तक तीसरे चक्र पर विजय प्राप्त करने के लिए संघर्ष किया। तीसरे चक्र से ऊपर के चक्रों के कई अनुभव मुझे पहले ही हो चुके थे लेकिन जब भी मैं सोचता कि मैं आगे छलांग लगाऊँ कोई भावनात्मक उथल-पुथल या कोई अन्य चीज मुझे पीछे खींच लेती। जब भी ऐसा होता तो मुझे स्वयं को ऊपर उठाने में और चलते रहने में अत्यधिक प्रयास करना पड़ता। एक बार बाबूजी मेरे स्वप्न में आए और उन्होंने मुझे बताया कि एक बार यदि मैं तीसरे चक्र से मुक्त हो जाऊँ तो मेरी प्रगति फिर एक रॉकेट की तेजी से होने लगेगी। इसलिए मैं उस पर कार्य करता रहा।

सन् 1986 की बात है जब मैं चारीजी के साथ भारत में यात्रा कर रहा था और हम 'सिटी ऑफ़ जॉय' कोलकाता में थे। कोलकाता में उस शाम को ग़ज़ल का एक सत्र था जिसमें कलाकारों ने गीत गाए जो चारीजी को पसंद आए। चारीजी को संगीत सुनते देखना एक प्रसन्नता की बात थी। वह अपनी आँखें बन्द कर लेते और

अपनी अँगुलियों से थपथपाते। जब हवा चलती तो आप उनके सफ़ेद बालों को हवा में उड़ता देख सकते थे मानो हर बाल संगीत के साथ नाच रहा हो। मैंने संगीत तो सुना लेकिन उस शाम को मैं अपनी आन्तरिक दशा को देखने में ही व्यस्त था।

जैसे ही गायक ने ऊँचा सुर छेड़ा चारीजी ने संगीत की उसी धुन के साथ अपना हाथ हिलाया। उसी क्षण मैंने तीसरे चक्र से चौथे चक्र की ओर एक गति महसूस की। यह एक लेज़र बीम की तरह थी। मेरे हृदय के भीतर एक सीधी लाइन के खिंचने की एक असंदिग्ध अनुभूति। मैंने नजर उठाकर चारीजी की ओर देखा। हमारी नजरें मिलीं। मेरा सिर झुक गया और कृतज्ञतावश दीन भाव से मैंने दोनों हाथ जोड़ लिए। वह कुछ दूरी पर थे। उस समय कमरे में कम से कम सौ लोग रहे होंगे। उनकी आँखों ने मेरी आँखों को समझा और उन्होंने हल्के से सिर हिलाकर अपनी सहमति जतायी। और यह हो गया।

ग्रहणशीलता के अनुकूल समय पर की गई एक वृहद् कार्य की पुष्टि। यदि मैं सजग नहीं होता तो क्या यह हो पाता? यह हो सकता था लेकिन न जानना न होने के ही समान होता है। दिव्य-ज्ञान सिखाया नहीं जाता उसे जाना जाता है।

आत्म-चिंतन

हाल ही की कोई घटना याद करें जब आपका हृदय किसी व्यक्ति के कष्ट या दुर्गति देख कर पिघल गया हो। यह अनुभव आपको अपने प्रेम और करुणा की क्षमता के बारे में क्या बताता है?

हर दिन के अंत में स्वयं से यह प्रश्न करें – "क्या आज की दिनचर्या में मैंने पर्याप्त प्रेम उड़ेला?"

16

चौथा चक्र - साहस

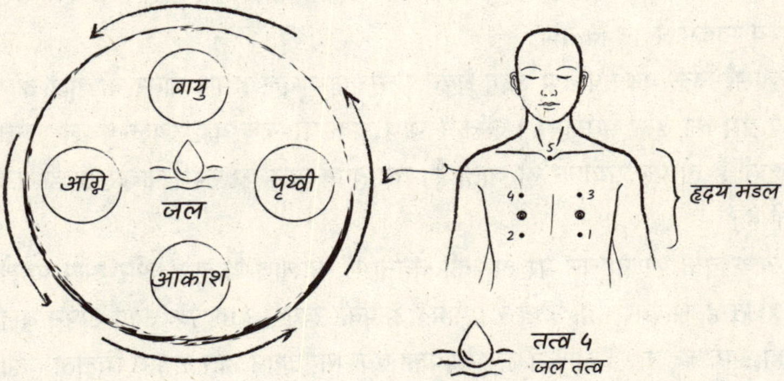

नाम	जल-चक्र, चौथा चक्र
प्रमुख तत्व	जल
रंग	काला
स्थिति	वक्ष पर ऊपर दाँयी ओर
लक्षण	साहस
मुख्य अनुभूतियाँ	साहस, विनम्रता, समर्पण; भय, चिन्ता, हताशा
एक जैसे स्पंदन	नौवाँ चक्र, स्वाधिष्ठान चक्र
दिशा	वामावर्त (Counter Clockwise)

एक तूफ़ानी रात में एक नवयुवक ने अपनी प्रेमिका से मिलने के लिए एक नदी पार की। वह नदी में बहते एक लट्ठे पर बैठ कर पूरी तरह भीगा हुआ उसके घर पहुँच गया। उसे देख कर प्रसन्न उसकी प्रेमिका ने पूछा कि वह उसकी बालकनी पर कैसे चढ़ा। उसने कहा कि वह उसके द्वारा डाली गई रस्सी के सहारे चढ़ा लेकिन उसने कहा कि उसने तो उसके लिए कोई रस्सी डाली ही नहीं थी। तब जाकर उन्होंने देखा कि वह रस्सी नहीं बल्कि बालकनी से लटका एक साँप था। अगले दिन तूफ़ान गुजरने पर जब वह नवयुवक घर लौटने लगा तो उसने देखा कि जिस लट्ठे का इस्तेमाल उसने नदी पार करने के लिए किया था वह लट्ठा नहीं बल्कि एक शव है। प्रेम ने खतरों में भी उसे अंधा बना दिया और अपनी प्रेमिका से मिलने के लिए उसे अदम्य साहस प्रदान किया।

तीसरे चक्र की तपन से आगे बढ़कर ऋथल-पुथल हमारे भीतर के शुद्ध और दिव्य प्रेम को ढक सकती है। लेकिन चौथे चक्र पर जब यह उथल-पुथल शान्त हो जाती है तो प्रेम सर्वोपरि हो जाता है। वह तपन जल का स्पर्श पाकर ठण्डी पड़ जाती है।

चौथे चक्र पर पहुँचने पर आपकी चेतना में बदलाव आता है और आप पहले की ही तरह आश्वस्त हो जाते हैं। पहले आपको लगता होगा कि आप अपने बल पर ही आगे बढ़ रहे हैं लेकिन अब आपको एक मार्गदर्शन और सहारा मिलता हुआ महसूस होता है। हालांकि यह एक ऐसा अहसास है जिसे आप ठीक से व्यक्त नहीं कर सकते लेकिन फिर भी यह शान्ति प्रदान करता है और एक वास्तविक साहस के आरम्भ को दिखाता है। जब आपको यह समझ आ जाता है कि अपनी यात्रा में आप अकेले नहीं हैं तो आप स्वयं को और अधिक तृप्त पाते हैं।

हृदय का साहस

हृदय की प्रेरणा पर चलने के लिए साहस की जरूरत पड़ती है। प्रलोभन और आलस्य पर विजय प्राप्त करने का साहस तथा जो सही है उसे करने का साहस। हृदय को सुनने और उसके मार्गदर्शन पर चलने के लिए साहस की जरूरत होती है और यह केवल महान कार्यों तक ही सीमित नहीं होता। हृदय के मार्गदर्शन पर चलते हुए अपनी उच्चतम सामर्थ्य तक पहुँचने के लिए साहस की हर रोज जरूरत पड़ती है। चौथे चक्र पर यह साहस उत्पन्न होने लगता है। याद रखें कि हृदय-क्षेत्र द्वंद्वों का क्षेत्र होता है अतः जब आपके भीतर साहस विकसित होता है तो आपको भय पर भी विजय प्राप्त करनी पड़ती है।

सृष्टि के सृजन के समय जब आत्मा अस्तित्व में आई तो पहला संस्कार जो बना वह भय था। बिछुड़ने की भावना ने आत्मा को घेर लिया जिससे भय उत्पन्न हो गया। आत्मा ने जब मनन किया कि 'मैं भयभीत क्यों हूँ?' तो भय गायब हो गया। हमारे दैनिक जीवन में भय प्रायः मन के हृदय से बिछुड़ जाने की भावना से ही आता है। हृदय की प्रेरणा और अहम् की इच्छा में मतभेद भय उत्पन्न करता है।

भय स्पष्टता और प्रेम को धुँधला कर असुरक्षा की भावना को जन्म दे सकता है। आपसी सम्बन्धों में भी यह देखा जा सकता है जहाँ कोई एक या दोनों असुरक्षित महसूस करते हों और उपहारों के माध्यम से, एक दूसरे का ध्यान आकर्षित करने के माध्यम से तथा एक दूसरे के लिए समय निकालने के माध्यम से ही निरंतर एक-दूसरे के प्रति भरोसा ढूंढ़ते रहते हों। भय पर आधारित सम्बन्धों को बने रहने के लिए लगातार निगरानी और ऊर्जा की आवश्यकता होती है। इसके विपरीत प्रेम पर आधारित सम्बन्ध बदले में बिना कुछ पाने की अपेक्षा के देने की इच्छा के लिए ही जाने जाते हैं। प्रेम में डूबे दो लोग एक ही नजर से बहुत कुछ आदान-प्रदान कर सकते हैं और बिना किसी प्रयास के एक-दूसरे को सहारा दे सकते हैं।

इसी प्रकार वह प्रेम जिसमें आप तीसरे चक्र पर रमे थे आपके भीतर साहस पैदा करने के लिए आपको भरोसा और सहारा प्रदान करता है। साहस अहम् से नहीं आता। साहस उस स्पष्टता से आता है जो प्रेम हमें प्रदान करता है। अहम् आपको हठी बनाता है जबकि प्रेम आपको साहस प्रदान करता है जिससे कि आप अपने भीतर लचीलापन और सकारात्मक परिवर्तन ला सकें।

लोग साहस को प्रायः समानता का अधिकार, न्याय या पद पाने के लिए अहम् की प्रतिक्रिया समझते हैं जिसमें हम किसी बेकार की बहस में उलझ जाते हैं, उग्र हो जाते हैं या टकराव का सामना करते हैं। लेकिन अपने वास्तविक स्वरूप में साहस विनम्रता के मूल गुण से निकली एक शाखा है। विनम्र लोगों का साहस सारे अवरोधों को पार कर जाता है। क्या आपने कभी किसी पेड़ की छोटी सी कोमल महीन जड़ को कठोरतम चट्टान के आरपार निकलते देखा है? ये मामूली, लगभग अदृश्य और शक्तिहीन जड़ें मुख्य जड़ को मिट्टी में और गहराई प्रदान करने तथा पेड़ को मजबूत बनाने के लिए अपना रास्ता निकाल लेती हैं। इसी प्रकार सबसे अभेद्य अहम् के अवरोधों को विनम्रता से भरे हृदय के साहस से तोड़ दिया जाता है।[16]

हमारे भीतर साहस स्वाभाविक रूप से होता है लेकिन महान आत्माओं का साथ मिलने से इसे बढ़ाया जा सकता है। महाभारत में भगवान श्रीकृष्ण ने अर्जुन को युद्ध में तैयार करने के लिए अपना दिव्य-स्वरूप दिखाकर उसमें साहस भर दिया था।

इसी प्रकार गोलियथ का वध कर फिलिस्तीनियों को हराने की बालक डेविड की आस्था और साहस की कहानी यह दिखाती है कि किस प्रकार साहस प्रदान किया जा सकता है। साहस एक क्षमता है जो परिस्थिति की माँग पर प्रकृति द्वारा प्रदान की जाती है। आध्यात्मिक शक्ति को स्रोत से हमारे हृदय में स्थानांतरित करना भी साहस प्रदान करने का ही एक उदाहरण है। साहस के द्वारा आप स्वयं को नीचे खींचने वाली प्रवृत्तियों से लड़ सकते हैं और स्वयं को ऊपर उठा सकते हैं।

यद्यपि साहस महतत्त्वपूर्ण होता है लेकिन ध्यान रहे कि भय भी हमेशा शत्रु नहीं होता। भय, विशेषतः अपने कर्मों के फल के प्रति हमारा भय हमारे भीतर एक विवेक बनाए रखने के लिए जरूरी हो सकता है। आतंकवादी जो मासूमों का खून

भय विमुक्ति - प्रस्तावित अभ्यास

परिस्थिति, स्थान, घटनाओं आदि से सम्बंधित सामान्य भय के लिए आप इस गाइडेड लिम्ब क्लीनिंग विधि का इस्तेमाल कर सकते हैं। अपने शरीर के बाँए भाग पर ध्यान देते हुए

1. कल्पना करें कि आपके सिर के ऊपर से आपके भीतर एक दिव्य धारा प्रवाहित हो रही है।
2. इस धारा को अपने हृदय में ले आएं। अब इस धारा को अपने बाँए कंधे की ओर ले जाएं और उसे अपनी बाँह में ऊपर से नीचे कुहनी की ओर उतरने दें और फिर कलाई और बाँयी हथेली से होते हुए अँगुलियों के अंत से बाहर निकलने दें।
3. इस दौरान यह सोचें कि सारा भारीपन, जटिलताएं, अशुद्धियाँ और भय इस प्रवाह के साथ आपके तंत्र से बाहर निकल रहे हैं। दो-तीन मिनट तक इस प्रक्रिया को जारी रखें और फिर धीरे-धीरे इस प्रवाह को कम करते जाएं।
4. अब फिर से दिव्य धारा को सिर के ऊपर से अपने हृदय में ले लाएं और उसे अपने धड़ के बाँए भाग से होते हुए बाँयी जाँघ और फिर बाँए पैर से होते हुए पैर की अँगुलियों से बाहर निकालें।
5. इस दौरान यह सोचें कि सारा भारीपन, जटिलताएं, अशुद्धियाँ और भय इस प्रवाह के साथ आपके तंत्र से बाहर निकल रहे हैं।

6. दो-तीन मिनट तक इस प्रक्रिया को जारी रखें और फिर धीरे-धीरे इस प्रवाह को कम करते जाएं।

अब क्रम 1 से 6 तक के सभी चरणों को अपने दाँए भाग पर दोहराएं।

दृढ़ संकल्प करें और दोहराएं

भय-विमुक्ति के अंत में पूर्ण विश्वास के साथ यह मानें कि आपके सारे भय और जटिलताएं दूर हो गई हैं तथा पवित्रता और सरलता वापस आ गई हैं।

यदि आपको लगे कि आपके शरीर में अभी भी भय और भारीपन है तो इस प्रक्रिया को एक बार फिर दोहराएं।

बहाते हैं उनका भयहीन होना साहस के मार्ग से भटक जाने का ही एक उदाहरण है। चौथा चक्र जब सक्रिय होता है तो साहस और भय दोनों ही हमारे जीवन में एक रचनात्मक भूमिका अदा करते हैं। साहस हमें आत्म-विश्वास प्रदान करता है और भय हमें ठहरने और आत्मावलोकन करने का अवसर प्रदान करता है।

चौथे चक्र पर महसूस होने वाली दशाएं

जैसा कि पहले बताया जा चुका है कि हृदय का ढाढ़स और बढ़ता हुआ साहस इस चक्र की पहचान हैं। आन्तरिक परिवर्तनों को महसूस करना पेचीदा हो सकता है क्योंकि गुण अकेले उत्पन्न नहीं होते। जैसे-जैसे आपका साहस बढ़ता जाता है आपके प्रेम, शान्ति और सन्तोष में भी वृद्धि होती जाती है। अन्य चक्र जो जाग्रत हैं उनके गुण भी विकसित होते रहते हैं। साथ ही साथ विपरीत गुण भी आपके व्यवहार में प्रकट होते रहते हैं तथा तरह-तरह के संकेत और शोर उत्पन्न करते रहते हैं।

यह वाल्डो को ढूँढने के समान ही है। लेकिन अब आपके पास सन्दर्भ भी हैं और समझ भी। डायरी बनाना आन्तरिक परिवर्तनों पर नजर रखने में सहायक होता है। निम्नलखित खण्ड आपको चौथे चक्र पर होने वाले अनुभव और उसके

गुणों को समझने में और अधिक मदद करेंगे। लेकिन दैनिक जीवन में ये गुण कैसे अभिव्यक्त होते हैं?

लचीलापन और प्रवाह

लचीलापन इस चक्र की एक पहचान है। इसमें जल-तत्व प्रधान होता है। जब आप जल की ओर देखते हैं तो आपको क्या दिखाई देता है? यही कि जल को जिस पात्र में भी उड़ेला जाए वह उसी की आकृति धारण कर लेता है। वह स्वयं को व्यवस्थित कर लेता है। यदि उसे कोई धारण न करे तो वह बिना किसी प्रयास के बहता रहता है। चौथा चक्र इस प्रवाह को दर्शाता है।

निरंतर बदलती चेतना को व्यवस्थित होने की जरूरत होती है। और बिना लचीलेपन के व्यवस्थित होना संभव नहीं। हमारा दैनिक जीवन भी परिस्थितियों के साथ निरंतर व्यवस्थित होने की माँग करता है। धन सम्बन्धी तनाव, कार्य की माँग, पारिवारिक परिस्थिति या बीमारी रोज ही कोई न कोई चीज हमारा ध्यान बँटाती रहती है। और साथ ही आपके आध्यात्मिक प्रयास नई-नई दशाओं को आमंत्रित करते रहते हैं। एक आपको भीतर खींचता है और दूसरा बाहर। तरह-तरह के परिवर्तन होते हैं जिन्हें संभालना पड़ता है। और इन सभी से निबटने के लिए आपको एक आध्यात्मिक लचीलेपन की जरूरत होती है।

चौथा चक्र आपको व्यवस्थित होने तथा दिव्य कृपा के साथ स्वयं को ढालने के लिए आवश्यक लचीलापन प्रदान करता है। असल में आपको सोच-समझ कर व्यवस्थित होने की जरूरत नहीं रह जाती। यह स्वयं होता है। आप कह सकते हैं कि चौथे चक्र पर आप पूरे विश्वास और साहस के साथ हृदय पर पूर्ण निर्भर हो जाते हैं।

विनम्रता और दृढ़ता

चौथे चक्र पर आपके भीतर विनम्रता और दृढ़ता का विकास होता है। स्वयं को आप कम तनावपूर्ण व कम उत्तेजित महसूस करते हैं। आप अधिक केन्द्रित रहते हैं तथा बेहतर निर्णय लेकर कार्य करते हैं। आपके भीतर ये परिवर्तन आपके आस-पास के लोग अधिक महसूस करते हैं और उनमें से कुछ लोग आपसे ऐसा कहते भी हैं। ऐसा नहीं कि आप कोई बाहरी आश्वासन खोज रहे हों लेकिन यह मिल ही जाता है और आपकी भक्ति को मजबूती प्रदान करता है।

गुरु के साथ गहरा सम्बन्ध

चौथे चक्र से होते हुए आप जैसे-जैसे प्रगति करते जाते हैं गुरु के साथ आपके सम्बन्ध और गहरे होते जाते हैं। अपनी आन्तरिक यात्रा में पर्याप्त दूरी तय कर लेने के पश्चात आप अभ्यास की प्रणाली के प्रति तथा उस गुरु के प्रति जिसने उस प्रणाली को बनाया है उत्सुक हो जाते हैं। जो लेख आपने पहले पढ़े होंगे उनमें आपको अब गहरे अर्थ दिखाई देने लगते हैं तथा आपके हृदय से गुरु के प्रति दया और उनका ख़याल रखने के विचार प्रवाहित होने लगते हैं। आप अपने गुरु को कुछ लिखने, अपने विचार प्रकट करने तथा अपनी अनुभूतियों के बारे में बताने के लिए अधिक खुला महसूस करते हैं विशेषतः अपनी डायरी में लिखते समय।

प्रेमपूर्वक जाने देना

हमारी स्पिरिचुअल एनाटमी के प्रोजेक्ट में समर्पण और 'जाने देना' एक महत्त्वपूर्ण भूमिका निभाते हैं लेकिन इसे प्रायः गलत समझ लिया जाता है। सरल शब्दों में कहें तो प्रेम से किया गया कार्य समर्पण के तुल्य होता है। आपका प्रेम से सोचना, प्रेम से देखना, प्रेम से बोलना और प्रेम से खाना ये सभी कार्य समर्पण के कार्य हैं। और हम किस चीज का समर्पण करते हैं? संस्कारों के उस बोझ का जो हमारे सच्चे स्वरूप को अभिव्यक्त नहीं होने देता, उस अकड़ का जो हमें नरम नहीं होने देती और उस खोखलेपन का जो हमारी मानसिकता को संकीर्ण बनाता है। इन नकारात्मक लक्षणों का समर्पण हमें बंधन से मुक्त कराता है। चौथे चक्र से समर्पण का आरंभ होता है और जैसे-जैसे आप अपनी आध्यात्मिक यात्रा में प्रगति करते हैं आप समर्पण के नए स्तरों को प्राप्त कर सकते हैं जिससे हमें प्रेम और विकास के और गहरे स्तरों का अनुभव होता है।

जब आपकी चेतना चौथे चक्र में लय हो जाती है तो लक्ष्य के प्रति वह आरंभिक ज्वाला तड़प में बदल जाती है। आपके भीतर ताजगी और चैन से भरी शान्ति इस चक्र पर आपकी सफल यात्रा का इशारा है। शान्त जागरूकता के इस अवसर पर प्रकृति आपकी आगे की यात्रा तय कर देती है।

आत्म-चिंतन

कोई ऐसा अवसर याद करें जब आप किसी व्यक्ति के नज़रिए से असहमत होने पर भी उसकी भावनाओं को महसूस कर रहे थे। क्या उसमें किसी साहस की जरूरत थी?

इसकी तुलना उस अवसर से करने पर जब आप किसी व्यक्ति से असहमत भी थे और उसके नजरिए को महसूस भी नहीं कर रहे थे आपको कैसा लगता है?

17

पाँचवा चक्र - स्पष्टता

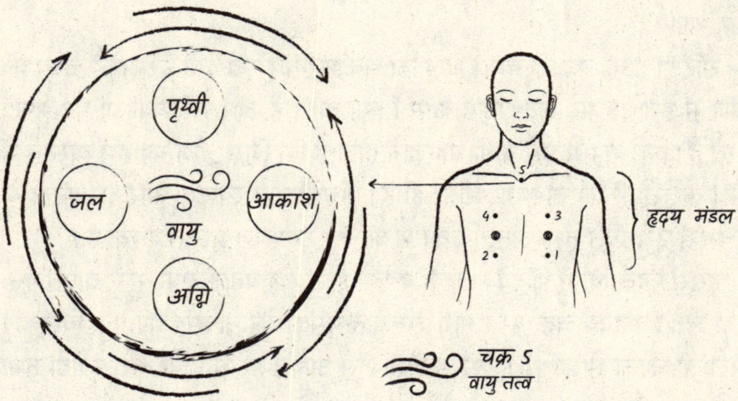

नाम	वायु-चक्र, विशुद्धि-चक्र, पाँचवा चक्र
प्रमुख तत्व	वायु
रंग	हरा
स्थिति	कण्ठ
लक्षण	स्पष्टता
मुख्य अनुभूतियाँ	स्पष्टता, विवेक, निश्चितता; अस्पष्टता, विप्लव, भ्रान्ति
एक जैसे स्पंदन	दसवाँ चक्र
दिशा	दक्षिणावर्त (Clockwise) और वामावर्त (Counter Clockwise)

पाउलो कोएल्हो की बेस्ट सेलर 'द अलकेमिस्ट में एक स्पेनिश चरवाहे सेंटिआगो की कहानी है जो बार-बार खजाने का स्वप्न देखने के बाद उसकी खोज में मिस्र की ओर चल दिया। राह में उसे लूटा जाता है, वह छोट-मोटी नौकरी करता है, एक अंग्रेज से दोस्ती करता है, प्रेम में पड़ जाता है, एक गुरु को पाता है और अन्ततः पिरामिडों तक पहुँच जाता है और खुदाई करने लगता है। तब जाकर उसे महसूस होता है कि जिस खजाने को वह खोजता आ रहा है वह मिस्र में नहीं बल्कि उसके घर स्पेन में ही गाँव के उस खंडहर पड़े चर्च में है जहाँ उसे पहली बार स्वप्न दिखाई दिया था।

सेंटिआगो की कहानी हमारे दिल को झकझोर कर रख देती है। अपने लक्ष्य की खोज में हम अक्सर ऊट-पटांग काम किया करते हैं और मरीचिकाओं पर झपटा करते हैं। फिर राह में हमें कभी यह ज्ञान होता है कि जिस चीज की हम वास्तव में खोज कर रहे हैं वह तो हमारे भीतर ही है। पाँचवाँ चक्र स्पष्टता और अस्पष्टता के बीच इस उधेड़बुन तथा अंतर्ज्ञान की शक्ति का उदाहरण प्रस्तुत करता है।

इससे पहले कि मैं पाँचवें चक्र के बारे में और कुछ बताऊँ एक नजर वापस पुनः दौड़ा लेते हैं। हृदय चक्र पर हमारी शुरुआत पसंद और नापसंद की एक बिलकुल सरल सी घटना से हुई थी। वहाँ से जैसे-जैसे आपने हर चक्र के बारे में पढ़ा तथा उनके गुण और उन पर अनुभव होने वाली दशाओं को समझा तो आपने हर पड़ाव के साथ यात्रा की एक तस्वीर बना ली। पहले आप स्वीकार्यता उत्पन्न करते हैं (प्रथम चक्र) और फिर शान्ति (दूसरा चक्र)। स्वीकार्यता और शान्ति की इस नींव पर आप प्रेम (तीसरा चक्र) और साहस (चौथा चक्र) का विकास करते हैं। नीचे के इन चक्रों में स्वीकार्यता, शान्ति, प्रेम और साहस उत्पन्न कर लेने के पश्चात आप फिर पाँचवें चक्र पर पहुँचते हैं जहाँ आप में स्पष्टता उत्पन्न होने लगती है।

जैसे इस पुस्तक के अध्याय एक सीध में हैं वैसे ही केन्द्र की यात्रा इतनी सीधी नहीं होती। हर चक्र पर भँवर और संकुचन होते हैं, संस्कारों के खेल होते हैं। और अहम् के जाल भी होते हैं जो आप पर घात लगाकर हमला करते हैं। जीवन के उतार-चढ़ाव की भाँति आन्तरिक यात्रा में भी उतार-चढ़ाव का अपना ही रंग होता है।

एक मामूली सा लेकिन आपके काम का उदाहरण लेते हैं। सन् 1900 से सन् 2023 तक Dow Jones Industrial Average का संक्षिप्त ग्राफ़ बेधड़क ऊंचाइयों तक जाता दिखाई देता है। लेकिन जब आप ग्राफ़ को जूम करके देखेंगे तो उस ग्राफ़ में आपको जगह-जगह वित्तीय संकट, युद्ध, राजनैतिक संकट, सामाजिक

उथल-पुथल आदि के उतार दिखाई देंगे। और ज्यादा जूम करके देखने पर उतार, चढ़ाव, भारी गिरावट, मंदी और पुनरावृत्ति दिखाई देंगे।

हमारी आन्तरिक यात्रा भी इसी तरह होती है। चेतना का ऊपर उठना अपूर्ण से पूर्णता में, अपवित्रता से पवित्रता में तथा जटिलता से सरलता में रूपान्तरण है। हर दिन आप अपनी प्रवृत्तियों और कमियों से लड़ाई लड़ते हैं। वर्तमान स्थिति को बनाए रखते हुए तथा किसी भी नुकसान से बचते हुए आप एक नया आधार पाने का प्रयास करते हैं।

और तब एक समय ऐसा आता है जब आप लड़ाई करना ही नहीं चाहते। कोई रक्षात्मक विधि अपनाकर आप कुछ लड़ाइयों से अप्रत्यक्ष रूप से निबट लेते हैं। यह एक समझदारी है क्योंकि आमने-सामने की लड़ाई में आपकी ऊर्जा खर्च होती है। इसे इस तरह सोचें जैसे बच्चे के गुस्से को अनुशासन की बजाय ध्यान भटकाकर शान्त किया जाता है। एक चिड़चिड़ा बच्चा कुछ समझने का तैयार नहीं होता इसलिए ध्यान भटकाना काम कर जाता है और ऐसा करना माता-पिता के लिए आसान भी होता है।

पाँचवें चक्र पर और छठे चक्र पर भी हम इस लड़ाई को टालते हैं और पहले के चक्रों की भाँति उनके जाग्रत होने की उन चार अवस्थाओं से होकर नहीं गुजरते। हमारी चेतना चौथे चक्र से सातवें चक्र की सीमा पर पहुँच जाती है। पाँचवें चक्र पर उपस्थित वायु-तत्व के विक्षोभ की वज़ह से इसको चेतना की उच्चतर अवस्था से सम्हालने में ही समझदारी है। मैं इसको समझाता हूँ।

स्पष्टता, अस्पष्टता और आगे की यात्रा

पाँचवाँ चक्र वायु-तत्व है और बहते रहना इसकी प्रवृत्ति है। चाहे वह समुद्री तूफ़ान हो, घास के मैदान की हल्की बयार हो या साँस की एक लय वायु कभी स्थिर नहीं रहती। उसमें हमेशा एक गति होती है, एक बदलाव होता है। सातवें अध्याय में मैंने बताया था कि एक चक्र मनमौजी होता है जिसके घूमने की दिशा निश्चित नहीं होती। वह यही पाँचवाँ चक्र है। इसके तत्व के अनुसार ही इसकी अस्थिर प्रकृति दक्षिणावर्त (Clockwise) और वामावर्त (Counterclockwise) दोनों दिशाओं में हर समय बहती दिखाई देती है।

वायु-तत्व की यह अशान्त प्रकृति हमारे मन और हमारे उत्साह में विपरीत भावनाओं के मध्य तीव्र बदलाव (swing) के रूप में प्रकट होती है। किसी पल आप अकारण ही उदास और अश्रुपूर्ण महसूस करते हैं और अगले ही पल आप

किसी चुटकुले पर इतना जोर से हँसने लगते है कि आप रोने लग जाते हैं। ये दोनों ही दशाएं भावनाओं में आए तीव्र उछाल हैं।

पाँचवें चक्र पर कोई भी संस्कार मन में एक अतिरिक्त हलचल पैदा करके स्पष्टता को धुँधला कर देते हैं और भ्रम पैदा कर देते हैं। इसका मैं एक उदाहरण देता हूँ। जब आपके साथ कोई नहीं होता तो आप किसी का साथ चाहते हैं और जब आपके साथ कोई होता है तो आप अकेले रहना चाहते हैं। जिसने भी अपने पूरे परिवार के साथ छुट्टियाँ बिताई हों यह जान जाएगा कि मैं किस बारे में बात कर रहा हूँ।

एक उदाहरण और है। कुछ वर्षों तक कार्य करने के बाद लोगों को कभी अपना कैरियर पुनः आरम्भ करने की इच्छा होती है। वे एक अवकाश लेना चाहते हैं और उस अवकाश के समय का उपयोग अपने कैरियर को एक नई दिशा देने में करना चाहते हैं। अब इस पर विचार करें कि एक दिन वह कंपनी जिसमें आप काम करते हैं अचानक काम बन्द करने की घोषणा करती है और आपकी छुट्टी हो जाती है। यद्यपि सुनने में यह बुरा लगता है लेकिन इस आकस्मिक परिवर्तन ने आपको वह अवसर दे दिया जो आप हमेशा से चाहते थे, स्वयं को पुनः स्थापित करना और अपने कैरियर को पुनः आरम्भ करना।

आप कैसी प्रतिक्रिया करेंगे?

संभावना तो यही है कि निकाल दिए जाने के कारण आप बुरा महसूस करेंगे। केवल इसी कारण कि कोई चीज आपके अनुसार नहीं हो रही इस संभावना को नहीं नकारता कि आप अभी भी इस काम को करना चाहते थे। लेकिन जब आपको वह काम मिल गया तो आपने उसका कोई मूल्य नहीं समझा। जब आप अंगूरों तक नहीं पहुँच पाते तो अंगूर खट्टे होते हैं। अंगूर तो तब भी खट्टे ही होंगे जब आप उन तक पहुँच जाएंगे। पाँचवें चक्र पर संस्कार असमंजस की ऐसी ही स्थिति पैदा करते हैं।

जिज्ञासु को तीव्र भावनात्मक बदलाव तथा भ्रान्तिदर्शन से सुरक्षा प्रदान करने के लिए हार्टफुलनेस में इस चक्र पर एक झरने की तरह कार्य किया जाता है। उच्चतर चक्रों से एक सूक्ष्म ऊर्जा नीचे की ओर पाँचवें चक्र से होती हुई बहती है और इधर-उधर के शोर से बचती हुई इसमें स्पष्टता उत्पन्न करती है। एक जिज्ञासु के रूप में आपको यह कार्य करने के लिए जागरूक रूप से कुछ नहीं करना है। आपके हृदय का अंतर्बोध इसका ख़याल रखता है।

आपके अनुभव भी आपका मार्गदर्शन करेंगे। उदाहरण के लिए यदि हमारी विचार शक्ति इस चक्र को स्पर्श करेगी तो ध्यान में हम एक स्वप्न जैसी अवस्था में पहुँच सकते हैं। इस अनुभव को बाद में जब हम याद करने की कोशिश करेंगे

तो स्वप्न की तरह इसकी एक धुंधली सी याद होगी जो इस बात का प्रतीक है कि ध्यान के दौरान पाँचवें चक्र पर स्पर्श हुआ होगा। इस चक्र पर जब कार्य होता है तो जिज्ञासुओं को हरा रंग भी दिखाई देता है।

केन्द्र की यात्रा में हृदय-क्षेत्र पर पकड़ आन्तरिक ज्ञान के जाग्रत होने का प्रतीक है। अपनी यात्रा के आरम्भ में हम जीवन के उतार-चढ़ाव से और जीवन के द्वंद्वों से संघर्ष करते हैं जो मानव—अस्तित्व का हिस्सा हैं। जैसे-जैसे हमारे ज्ञान में वृद्धि

दाजी से पूछें

दाजी मैं तेजी से अच्छे निर्णय लेना चाहता हूँ। ध्यान मेरी किस प्रकार सहायता कर सकता है?

"चक्रवृद्धि ब्याज दुनिया का आठवाँ अजूबा है। जो इसे समझता है वह इसे कमाता है और जो नहीं समझता वह इसे चुकाता है।" कभी-कभी मैं इस कथन (प्रायः आइंस्टीन से सम्बद्ध) के बारे में एक दूसरे सन्दर्भ 'अच्छे निर्णय लेना' के बारे में सोचता हूँ। औसतन हर रोज हम सैकड़ों निर्णय लेते हैं। जब हम अच्छे निर्णय लेते हैं तो हमारे जीवन पर उनका एक सकारात्मक चक्रवृद्धि प्रभाव होता है और जब हम अच्छे निर्णय नहीं लेते तो हम इसकी कीमत चुकाते हैं।

ध्यान के अभ्यास का एक महत्वपूर्ण उपहार विवेक है। एक ध्यान करने वाला मन तुरन्त समझ सकता है कि मेरे लिए क्या सही है, मेरे विकास में क्या सहायक होगा और मुझे उन्नत बनाने के लिए क्या अच्छा है। जब ऐसी स्पष्टता होती है तो निर्णय तेजी से लिए जाते हैं भले ही जानकारी कम ही क्यों न हो। जैसे-जैसे हम हृदय-क्षेत्र में प्रगति करते जाते हैं विवेक परिष्कृत होता जाता है और हम अधिक स्पष्टता का अनुभव करते जाते हैं जो वायु-तत्व का गुण है।

प्रायः हम यह सोचते हैं कि बड़े-बड़े निर्णय लेना ही महत्त्वपूर्ण होता है। उदाहरण के लिए हम किससे विवाह करें, कौन सा कैरियर चुनें और इसी तरह। लेकिन निर्णय लेना कोई ऐसी चीज नहीं कि एक बार ले लिया तो हो गया। निर्णयों का तो एक सतत क्रम होता है जिसमें कई छोटे-छोटे

निर्णय बड़े निर्णयों के पहले और बाद में आते हैं। जब हम सतत रूप से अच्छे निर्णय लेते हुए अपना औसत सुधारते जाते हैं तो अपने लक्ष्यों की प्राप्ति में हम बेहतर बनते जाते हैं।

ध्यान आपको अपना औसत सुधारने में मदद करेगा। यह आपके हृदय के आवेगों को बेरोकटोक बाहर आने के लिए उनका रास्ता साफ़ करेगा। जब हम उन आवेगों को सुनेंगे और फिर उन पर कार्य करेंगे तो जो निर्णय हम लेंगे वे हमारे लिए हितकर होंगे।

होती जाती है हम द्वंद्वों के साथ शान्तिपूर्वक बने रहना सीखते जाते हैं। कुछ समय के बाद हम शान्ति प्राप्त करने के सीमित ख़याल से निकल कर जीवन को एक प्रसन्न हृदय के साथ स्वीकार करने की ओर बढ़ जाते हैं। जैसे-जैसे हम विकास करते जाते हैं हृदय का ज्ञान इस प्रसन्नतापूर्ण स्वीकार्यता को अभूतपूर्व आध्यात्मिक खुलेपन में रूपांतरित कर देता है जिसमें हम हर चीज को अपने उच्चतर स्व से मिले हमारे रूपान्तरण में सहायक एक उपहार के रूप में स्वीकार करते हैं। हम उस खिलते कमल की भाँति हो जाते हैं जो तालाब के पानी में खिलता है। लोग उस पानी को गन्दा और कीचड़ समझ सकते हैं लेकिन कमल अपने ज्ञान से उसी पानी को स्वीकार करता है और स्वयं एक सुन्दर और भव्य चीज में बदल जाता है। ऐसा ज्ञान आपको मुक्ति के उपहार का पात्र बनाता है।

आत्मावलोकन

उस घड़ी को याद करें जब आपने अपनी उमड़ती हुई भावनाओं के खेल में उलझनें की जरूरत को समझे बिना किसी परिस्थिति पर स्पष्टतापूर्वक प्रतिक्रिया की। स्पष्टता के साथ कार्य करने के लिए आपकी किस चीज ने सहायता की?

उस घड़ी को याद करें जब आपने भीतर से एक मार्गदर्शन प्राप्त होता महसूस किया और वह चीज जान ली जिस चीज की आपको उस क्षण जरूरत थी। क्या आपने उस अनुभूति पर भरोसा

18

स्वतंत्रता से स्वतंत्रता – हृदय का उपहार

कल्पना करें, शाम का समय है और आप किसी पुस्तक में खोए हुए हैं। आपको याद आता है कि कल तो 'रीसाइक्लिंग डे' है। आप अध्याय को समाप्त करने के लिए जल्दी-जल्दी कुछ और पेज पढ़ते हैं और रीसाइक्लिंग की तैयारी के लिए निकल जाते हैं। तभी कपड़े धुल जाने की ड्रायर की बीप सुनाई देती है। यह आपकी चाय का समय भी होने के कारण आप केतली को ऑन करके लॉंड्री की तरफ चल देते हैं। जब तक आप सूखे हुए कपड़ों को ड्रायर से बाहर निकलते हैं तभी केतली की सीटी सुनाई देती है। आप उसका गर्म पानी मग में उड़ेलकर उसमें टी बैग डाल कर पानी में घुलते उसके भूरे रंग को देखते हैं और फिर वापस अपनी पढ़ाई करने चल देते हैं। आप पुस्तक पढ़ने लगते हैं और कुछ पेज पढ़ते ही आपको याद आता है – "रीसाइक्लिंग!"

ऐसी परिस्थितियों से हम सभी परिचित हैं। जो आप कर रहे हैं उसे छोड़कर आप कुछ और करने लग जाते हैं। और फिर आपको कोई अन्य काम मिल जाता है जिससे आप अपने पहले वाले काम को भूल जाते हैं। और इस पूरे प्रकरण को आप मल्टीटास्किंग का साइड इफ़ेक्ट कह कर नकार सकते हैं। लेकिन Notre Dame में शोधकर्ताओं की एक टीम का एक अन्य सहानुभूतिपूर्ण मत है। अपने एक पेपर में जिसका एक उचित शीर्षक 'Walking Through Doorways Causes Forgetting"[17] है शोधकर्ता Doorway Effect के बारे में बताते हैं।

Doorway Effect में कहा गया है कि जब लोग किसी दरवाजे से होकर गुजरते हैं तो वे कुछ चीजों को भूल जाते हैं। ऐसा इसलिए हो सकता है क्योंकि आपकी स्मृति में दरवाजा एक 'इवेंट बाउंड्री' का काम करता है। जब आप दरवाजे से होकर गुजरते हैं तो आपका मन उस जानकारी को त्याग देता है जिसकी तत्काल जरूरत नहीं। और इस कारण आप भूल जाते हैं।

इस Doorway Effect की चर्चा हम क्यों कर रहे है? एक मिनट इन्तजार करें। मैं तो भूल ही गया..... मजाक को एक ओर रख चेतना के स्तरों को दरवाजे समझें। केन्द्र से वर्तमान स्तर तक हमारे अवतरण ने हमें कई दरवाजों से होकर गुजारा है। 'इवेंट बाउंड्री' में परिवर्तन होने से हम अपने मूल घर को भूल गए हैं। हम भूल गए हैं कि हम यहाँ पर क्यों हैं। हम भूल गए हैं कि क्या सत्य है और क्या भ्रान्ति है, क्या स्थायी है और क्या अस्थायी है।

आपका यह स्पिरिचुअल एनाटमी प्रोजेक्ट एक विपरीत Doorway Effect निर्मित करता है जिसमें आप हर चक्र से होते हुए, चेतना के हर दरवाजे से होते हुए ऊपर चढ़ते लगते हैं और आपको फिर अपने मूल घर की याद आने लगती है। जैसे-जैसे आप हृदय-मंडलों पर विजय प्राप्त करते जाते हैं आप अपनी चेतना को उठाकर उस स्तर तक ले आते हैं जहाँ से आपको फिर वह याद आने लगता है जिसे आप भूल गए थे। यह ऐसा ही है मानो आप एक लम्बे समय से सोए हुए हों और जब आप जागे तो एक नए जीवन में, एक मुक्त जीवन में आ गए।

मुक्ति क्या है?

हृदय-क्षेत्र को पार कर लेने के बाद आपकी चेतना अधिकांश रूप से संस्कारों के बोझ से मुक्त हो जाती है। आपने बोझ को उस स्तर तक कम कर लिया है जहाँ अब आपके पास अपने अगले जीवन को चुनने की स्वतंत्रता होगी। मुक्ति का यही अर्थ है। मुक्ति को आप हाई स्कूल पास करके कॉलेज में जाने की तरह समझ सकते हैं। इस धरती पर, इस आयाम में आपका जीवन एक स्कूल की तरह है जहाँ पर आप अपनी प्रगति के लिए जरूरी पाठ सीखते हैं। मुक्ति का अर्थ यह है कि जो जरूरी था वह आपने सीख लिया और अब आप चेतना के उच्चतर स्तर पर, उस अगले आयाम में जा सकते हैं जो आपकी प्रतीक्षा करता है। मुक्ति इस आयाम में वापस लौटने की संभावना को नकारती तो नहीं लेकिन एक अनिवार्य चक्र के अनुभव को स्वैच्छिक यात्रा में रूपांतरित जरूर कर देती है।

मुक्ति प्राप्त करना इसी जीवन में आपके लिए चेतना के उच्चतर स्तरों तक पहुँचना संभव बना देता है। दूसरे चक्र की यात्रा में आप मुक्ति के प्रभाव का सुखद अनुभव करने लग जाते हैं लेकिन मुक्ति आप पाँचवें चक्र को पार करने के बाद ही प्राप्त करते हैं। लेकिन पाँचवें चक्र के बाद भी कई और चक्र तथा क्षेत्र भी पार करने को रह जाते हैं। मुक्त हो जाने के बाद भी आपके पास चलते रहने और यात्रा पूरी करने का अवसर होता है।

क्या होगा यदि आप मुक्ति प्राप्त न कर पाएं? जो भी अच्छे कार्य आप अपने जीवन में करते हैं वह आपकी आत्मा को मोक्ष प्रदान करते हैं और जो मुक्ति से काफी भिन्न है। मोक्ष कुछ समय के लिए जीवन और मरण के चक्र से एक राहत है। यह आत्मा के आराम करने का वह काल है जिसमें आत्मा उन क्षेत्रों में जहाँ सुधार की जरूरत हो कार्य करने के लिए आत्माओं को मार्ग दिखाने वाले गुरुओं से सहायता प्राप्त करती हैं। उन पाठों पर आत्मा मनन करती है और अगले जीवन का ब्लूप्रिंट तैयार करती है। आराम करने का वह काल जब समाप्त हो जाता है तो आत्मा देह धारण करती है और चक्र पुनः आरम्भ हो जाता है। दूसरी ओर मुक्ति यह 'चुनने' की पूर्ण स्वतंत्रता प्रदान करती है कि आप यदि चाहें तो कब और कहाँ जन्म लेना चाहेंगे।

मुक्त होकर कैसा महसूस होता है?

आप स्वतंत्र महसूस करते हैं। इतना स्वतंत्र कि आप स्वतंत्रता के ख़याल से भी आगे निकल जाते हैं। उस असली उद्देश्य को जिसे आप भूल गए थे याद करने से आपको जीवन के प्रति कृतज्ञ होने में मदद मिलती है। 'उद्देश्य को याद करने' से मेरा तात्पर्य यह नहीं कि आपको अपना उद्देश्य बिलकुल स्पष्ट हो लेकिन हृदय में इसके निश्चित रूप से होने की एक भावना होती है क्योंकि हम जानते हैं कि इस भौतिक संसार के पार 'क्रमिक विकास' हमारी प्रतीक्षा कर रहा है। हम इस संसार में हैं, इस संसार के हैं और इस बात के प्रति जागरूक भी हैं कि असली घर कहीं और है। आप पूरे उत्साह के साथ उस घर की तैयार शुरू कर देते हैं।

इसे इस प्रकार सोचें। कुछ कंपनियों में मैनेजमेंट के युवा ग्रेजुएट प्रशिक्षु के रूप में आरम्भ करते हैं। हर विभाग में वे कुछ महीने बिताते हैं और सीखते हैं। ये प्रशिक्षु बड़े उत्साही होते हैं। वे नए-नए विचार प्रस्तुत करते हैं, पुराने तरीकों को चुनौती देते हैं और ज्ञान को बड़ी तेजी से ग्रहण करते हैं। प्रशिक्षुओं में उत्साह इसलिए होता है क्योंकि उन्हें अपना उद्देश्य स्पष्ट होता है कि 'जितना अधिक सीख सकूं सीख लूं ताकि अपने असली कार्य में मैं सफल हो पाऊँ'। धरती पर जीवन भी एक प्रशिक्षण ही है और एक मुक्त आत्मा अपने हृदय की गहराई में इस अवसर को पहचानती है। वह अपने समय का बुद्धिमत्तापूर्वक उपयोग करती है और अपनी आँखों को लक्ष्य पर टिकाए रखती है।

मुक्त अवस्था में आप द्वंद्वों से मुक्त हो जाते हैं और 'अव्यक्त गति' को प्राप्त करते हैं। इस अवस्था में द्वंद्व नहीं होते और आप पाँच 'स' और पाँच 'अ' के

खिंचावों के पार निकल जाते हैं। अब वे आपको यह मार्गदर्शन प्रदान करते हैं कि आपको आगे बढ़ना है या ठहरना है। आप जानते हैं कि आपको प्राप्त सारा मार्गदर्शन आपके विकास के लिए होता है और यह समझ आपको उदार बना देती है।

उदारता मुक्ति की पहचान है। आपके व्यवहार के सभी पहलुओं में उदारता स्वयं प्रकट होती है। जैसा मैंने पहले भी कहा है कि असली उदारता दूसरों को वैसा ही स्वीकार करने में है जैसा कि वे हैं। आपके शिष्टाचार और आपकी करुणा के योग्य बनने के लिए किसी को कैसा होना चाहिए इसके प्रति आपका कोई आकलन या आपकी कोई पूर्वशर्त नहीं होती। वे जो मुक्त हो जाते हैं उच्चतम कोटि की उदारता, आत्मा की उदारता को प्रदर्शित करते हैं। जो जैसा है उसे वैसा ही स्वीकार करके वे आत्मा के गुणों को अपने कार्यों और अपनी वाणी में प्रवाहित होने देते हैं। उनके हृदय खुले और पवित्र होते हैं और वे जीवन के अस्तित्व का और जीवन जो हमें प्रदान करता है उसका कारण समझने लगते हैं।

पाँच तत्वों पर उनकी विजय उन्हें स्वीकार्यता, शान्ति, प्रेम, साहस और स्पष्टता प्रदान करती है। इन गुणों के विकसित होने की और आपके उदार होने की कोई सीमा नहीं होती। और इस समस्त उदारता का सबसे ज्यादा लाभ उठाने वाला कौन है? आप। असल में आधुनिकतम शोध यह स्पष्ट रूप से दिखाते हैं कि परोपकार, उदारता और दया के कार्यों तथा सुख और स्वास्थ्य में वृद्धि के बीच स्नायु स्तर पर एक सम्बन्ध (neural link) होता है। और यह वृद्धि उच्चतम तब होती है जब दया के ये कार्य किसी अजनबी के प्रति हों। विकास के नज़रिए में यह उचित भी जान पड़ता है। दया पर अध्ययन कर रहे शोधकर्ताओं ने पाया कि 'हमारे मस्तिष्क की स्नायु प्रणाली ऐसी है कि वह तभी बेहतर कार्य कर पाती है जब हम दूसरों का साथ देते हैं'।[18] क्योंकि उदार होने पर हम अच्छा महसूस करते हैं अतः यह हमारी एक स्व-प्रेरित आदत बन जाती है जिसमें हमें कम प्रयास करना पड़ता है। दया के कार्य करते रहने से नए-नए स्नायु-सम्बन्ध बनते रहते हैं जो हमारे मस्तिष्क को बदल देते हैं।[19] और इसका परिणाम यह होता है कि हम अधिक दयालु, अधिक उदार, अधिक करुणावान और दूसरों के साथ अधिक जुड़े हुए तथा अधिक सुखी हो जाते हैं।

जब आप योग-दर्शन पढ़ते हैं तो प्रायः इस प्रकार के कथन जैसे, 'यह संसार मिथ्या है। यह सब एक स्वप्न है' आदि, आदि पढ़ते हैं। आप सोच सकते हैं कि वे किसी ऐसे सत्य की बात कर रहे हैं जो इस जीवन के पार होगा। लेकिन कोई स्वप्न

तो तभी स्वप्न कहलाएगा जब वह एक बार देखे जाने तक ही सीमित हो। स्वप्न के दौरान स्वप्न से हमारी वास्तविकता प्रभावित होती है। हम भय, क्रोध, आनन्द, दुःख, भ्रम तथा और भी कई भावनाएं महसूस करते हैं। जब हमें डरावना स्वप्न आता है तो हमें पसीना आ जाता है, हृदय काँपने लगता है और जब हम जागते हैं तो हम हिल चुके होते हैं। यह केवल एक स्वप्न था लेकिन उसका असर एक सत्य था। अतः कोई चीज जिसका असर एक सत्य हो मिथ्या कैसे हो सकती है? अगले दिन आपको फिर एक स्वप्न आता है और जागने पर आप महसूस करते हैं कि यह एक स्वप्न था। ऐसा ही जीवन के साथ भी है। वह एक सत्य है जिसे आप जी रहे हैं।

जब आप पाँचवें चक्र को पार करते हैं तो एक गहरी घटना घटती है। आप हमेशा के लिए जाग जाते हैं और स्वप्न देखने व जागने के चक्र को तोड़ देते हैं। योग में इसे मायाजाल के बन्धनों से मुक्त होना कहते हैं। माया इन्द्रियों का, भौतिकता का संसार है। जाग्रत अवस्था में हम इस संसार में और इस संसार के होते हैं। जब आप हृदय-मंडलों से होते हुए प्रगति करते हैं तो आपकी चेतना भौतिक संसार की इस संकीर्ण 'इवेंट बाउंड्री' को पार कर जाती है तथा केन्द्र के और नजदीक खिंच जाती है।

एक दीप के बारे में सोचें। दीप के जलने का बिंदु प्रथम मन है, सृष्टिकर्ता है तथा फैला हुआ प्रकाश समस्त सृष्टि है। जैसे-जैसे हम दीप से दूर होते जाते हैं अन्धकार बढ़ता जाता है। यह अन्धकार सृष्टि की भारी और स्थूल चीजों का प्रतिनिधित्व करता है। अपनी यात्रा में विभिन्न वृत्तों को पार करना दीप (प्रथम मन) की ओर बढ़ना है और फिर आप इससे भी आगे केन्द्र की ओर बढ़ जाते हैं। यात्रा को संभव बनाने के लिए आपको इस संसार की जरूरत थी। यह सृष्टि जो एक माया है और जिसे आपको पार करना है योजना का ही एक हिस्सा है जिससे कि आपको वह याद आ सके जिसे आप भूल गए हैं। अतः यह प्रश्न कि यह संसार सत्य है या नहीं अब आपको परेशान नहीं करता। इस भावना के स्थान पर आपके भीतर आभार की यह भावना आ जाती है कि इस लोक ने आपको आगे की यात्रा के योग्य बनाया।

मुक्ति और वैराग्य

कुछ लोगों को यह चिन्ता हो सकती है कि मुक्ति जैसी उपलब्धियाँ किसी व्यक्ति को मित्रों और परिवार से विरक्त कर सकती हैं। उन्हें लगता है कि कोई

मुक्त व्यक्ति जीवन के सुख-दुःख में भाग नहीं ले सकता। यह एक गलतफ़हमी है। एक मुक्त व्यक्ति का हृदय उदार एवं उन्नत होता है। वह हृदय के ज्ञान से मार्गदर्शन पाकर एक वास्तविक जीवन जीता है।

इसे मैं एक कहानी से स्पष्ट करूंगा। एक बार हार्टफुलनेस के आदिगुरु लालाजी सामूहिक ध्यान करा रहे थे तभी उन्हें समाचार मिला कि उनकी एक बेटी जो कुछ समय से बीमार थी गुजर गई। यह समाचार सुनकर वह एक अविचलित शान्ति में बैठ गए और कुछ देर बाद उनकी आँखों से आँसू बहने लगे। एक वैरागी जो वहीं बैठा था बोला, "एक पहुँचा हुआ संत शोक कैसे मना सकता है? वह लगाव के आँसू कैसे बहा सकता है?"

लालाजी कुछ देर तक चुप बैठे रहे और फिर उन्होंने आस-पास से कुछ सूखी पत्तियाँ उठाईं और उन्हें मरोड़ दिया। ऐसा करने पर पत्तियों के चरमराने की आवाज आई। फिर उन्होंने कहा, "मरी हुई पत्तियाँ भी कुचलने पर आवाज करती हैं। मैं तो एक जीवित मनुष्य हूँ और मेरे पास दिल भी है। जब जुड़ी हुई चीजें अलग की जाती हैं तो आवाज होती है। ऐसी प्रतिक्रिया होना स्वाभाविक है।" प्रेम, देखभाल और लगाव होना एक मनुष्य के लिए स्वाभाविक है चाहे वह मुक्त हुआ हो अथवा नहीं। हमारी यह यात्रा मनुष्य से मानवीय मनुष्य और फिर मानवीय मनुष्य से दिव्य मनुष्य बनने की है। इस विकास में आप सृष्टि के जन्मजात सत्य को पार नहीं करते बल्कि उसके साथ एक हो जाते हैं।

मुक्ति जीवन से भागना नहीं

कुछ लोग मुक्ति के पीछे इसलिए पड़ते हैं क्योंकि वे जीवन से पीड़ित महसूस करते हैं जैसे बिगड़े हुए सम्बन्ध, विश्वासघात, अत्यधिक कष्ट, झगड़े, बीमारी और अन्य असहनीय परिस्थितियाँ। कुछ लोग जिनसे मैं मिलता हूँ जीवन के प्रति अपनी घृणा व्यक्त करते हैं और यहाँ कभी वापस नहीं आना चाहते। इस जीवन से नफरत हो जाने के कारण वे मुक्ति की चाह रखते हैं। इस भावना के साथ मैं सहानुभूति रखता हूँ। जब आप मानवता को उसके निकृष्टतम रूप में देखेंगे तो आप यहाँ भला क्यों आना चाहेंगे? जब आपको अपना जीवन असहनीय लगने लगेगा तो आप दूसरा जीवन क्यों चाहेंगे? लेकिन मुक्ति कोई बचकर निकल जाना नहीं। यह आपके बोध को विकसित कर देती है और जीवन के प्रति आपकी समझ को और अधिक गहराई प्रदान करती है।

इसे इस प्रकार सोचें। आपने पूरी मेहनत की, तरक्की की और जीवन के अन्त में आप मुक्त हो गए। ऊपर से फिर आप समस्त मानवता को कष्ट में देखते हैं। अब यह कैसे हो सकता है कि आपका हृदय जो दूसरों के कष्टों के प्रति संवेदनशील हो गया हो कुछ न करे? अपने लोगों की मदद करने के लिए आप वापस इस विवाद में कूद पड़ने की कोशिश करेंगे। मुक्ति आपको 'कब और कैसे', यह चुनने की स्वतंत्रता प्रदान करती है। यह आपको यह ज्ञान भी प्रदान करती है कि हम सब साथ-साथ ऊपर उठते हैं, हम सब साथ-साथ विकास करते हैं।

मुक्ति आपको आगे बढ़ने और यात्रा के अगले बड़े प्रदेश मनोमंडल में गोता लगाने के लिए आवश्यक वेग भी प्रदान करती है। जीवन के द्वंद्वों का समाधान हो जाने से आत्मा संस्कारों के बोझ से मुक्त हो जाती है। इस हल्केपन और पवित्रता के साथ अब आत्मा स्वयं को आगे की यात्रा और केन्द्र में मिल जाने के लिए तैयार करती है।

दाजी से पूछें

वह कौन सा सर्वोत्तम गुण है जो एक मनुष्य के पास हो सकता है?

कई लोगों ने मुझसे यह प्रश्न पूछा है कि, "कमलेश, वह कौन सा सर्वोत्तम गुण है जो एक मनुष्य में होना चाहिए?" मेरे दिल में तीन चीजें आ रही हैं – सरलता, पवित्रता और विनम्रता। सरलता, पवित्रता और उनके महत्त्व के बारे में हम सब जानते हैं। लेकिन शायद ही कोई विनम्रता के महत्त्व को समझता हो।

ग्रीष्मकाल में जब आम के पेड़ में आम आने लगते हैं तो आम के भार से पूरी शाखा धरती को स्पर्श करने लगती है। यदि यह झुकेगी नहीं और सीधे खड़े रहने का प्रयास करेगी तो सभी शाखाएँ टूट जाएंगीं और इन फलों का भार स्वयं पेड़ को ही नष्ट कर देगा।

अतः हम विकास के भार से, प्रगति के भार से झुक जाते हैं। हमारे भीतर कोई अकड़ या अहंकार नहीं होना चाहिए। यदि आपके भीतर विनम्रता नहीं तो आपको मनुष्य नहीं कहा जा सकता।

प्रकृति से हम और क्या सीखते हैं? गाय का उदाहरण लें। घास, पानी और कुछ पोषक तत्व लेने के बाद वह आपको क्या लौटाती है? वह आपको दूध देती है और यहाँ तक कि अपने जीवन का त्याग भी कर देती है। लेकिन यह सब देने के बदले में वह हमसे केवल घास और पानी ही लेती है।

प्रकृति महान है। प्रकृति में हमारे चारों ओर की हर चीज न्यूनतम ग्रहण करती है। और हम? हम प्रकृति से सर्वोत्तम ग्रहण करते हैं। हमारा इनपुट हमेशा सर्वोत्तम होता है। हमारा आउटपुट क्या होना चाहिए? यह प्रश्न मैं आप पर छोड़ देता हूँ।

भाग 7

मनोमंडल

19

मनोमंडल - विनम्रता की यात्रा

जब कोई पूछता है कि किसी चीज को हम कहाँ महसूस करते हैं तो हम हृदय कि ओर इशारा करते हैं। और जब कोई पूछता है कि हम सोचते कहाँ हैं तो हम सिर की ओर इशारा करते हैं। लेकिन आपका अहम् कहाँ रहता है? उसकी सही जगह आप नहीं बता सकते। ऐसा इसलिए क्योंकि अहम् एक भ्रम है लेकिन यह जरूरी है क्योंकि यह हमारी आत्मा को उसका स्वरूप प्रदान करता है।

अहम् की जरूरत के महत्त्व को बताने के लिए सृष्टि के सृजन के समय आत्मा की कल्पना करें। वह स्रोत से अलग हो चुकी है। उसके चारों ओर सृष्टि का नैसर्गिक शोर है और ब्रह्माण्ड का चारों ओर फैल जाने का उन्माद है। ऐसी हालत में आत्मा के भीतर भय तथा बिछुड़ने का भ्रम व्याप्त हो गया। उसे किसी सहारे की जरूरत पड़ी। अतः उसने इधर-उधर देखा और कहा, "मैं हूँ"। 'मैं' का भाव उत्पन्न हो गया और उसने अहम् का रूप ले लिया। और अपने शुद्धतम रूप में अहम् ने आत्मा को वह सहारा दिया जो उसे अपने अर्थ और उदेश्य को ढूँढने के लिए चाहिए था।

इसके लिए हमें अहम् का आभारी होना चाहिए। लेकिन इसकी बजाय हम यह देखते हैं कि अहम् की कटुतम शब्दों में आत्मा के शत्रु तथा मनुष्य के पतन के कारण के रूप में बुराई की जाती है। अहम् को पूर्वाग्रह, लालच, ईर्ष्या, प्रभुत्व तथा हर उस जुल्म के लिए दोष दिया जाता है जो मनुष्य एक-दूसरे के या प्रकृति के ऊपर करते हैं।

लेकिन यह कोई सही आकलन नहीं। दुस्साहस, घमण्ड और अकड़ ये सभी अहम् के बिगड़े हुए रूप हैं। अहम् आपका सबसे अच्छा मित्र और सबसे बुरा शत्रु

हो सकता है। अहम् को मैं एक मित्र के रूप में मानना श्रेष्ठ समझता हूँ जिसने बिना किसी शर्त हमें मनोमंडल से होते हुए केन्द्र की यात्रा करने के असीमित संसाधन प्रदान किए हैं।

आगे के अध्यायों में हम मनोमंडल के बारे में और अधिक सीखेंगे। हम अपनी आध्यात्मिक यात्रा को सफल बनाने में अहम् की मुख्य भूमिका को स्पष्ट करेंगे। अभी मैं आपसे अहम् के बारे में एक सहानुभूतिपूर्ण विचार बनाए रखने का निवेदन करूंगा। अहम् को अच्छा या बुरा न आँकें बल्कि आत्म-विकास में उसकी जरूरत को सराहें।

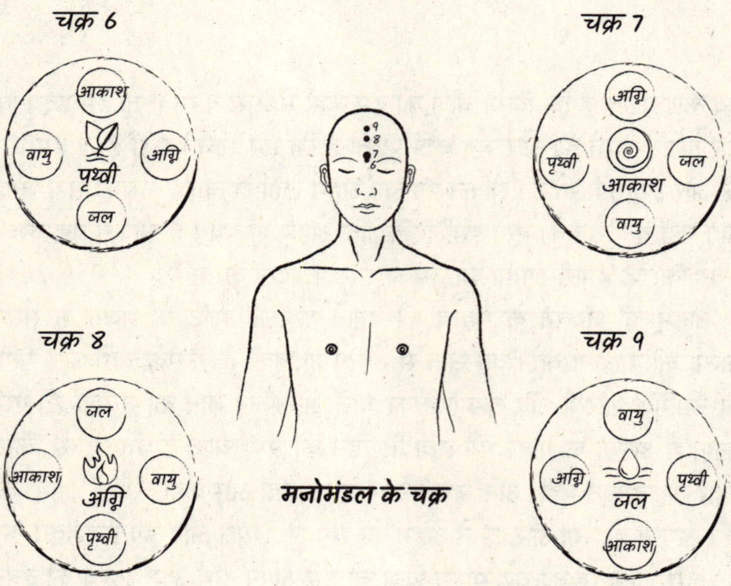

मनोमंडल के चक्र

अहम् का जाल

हृदय के पाँच चक्रों के बाद अगले सात चक्र अहम् के ही क्षेत्र हैं। अपने भौतिक द्वंद्वो (पाँच 'स' तथा पाँच 'अ') को पार कर लेने तथा स्वयं को संस्कारों से मुक्त कर लेने के पश्चात अब हम बस एक द्वंद्व 'आत्मा और स्रोत' का सामना करने के लिए तैयार हैं।

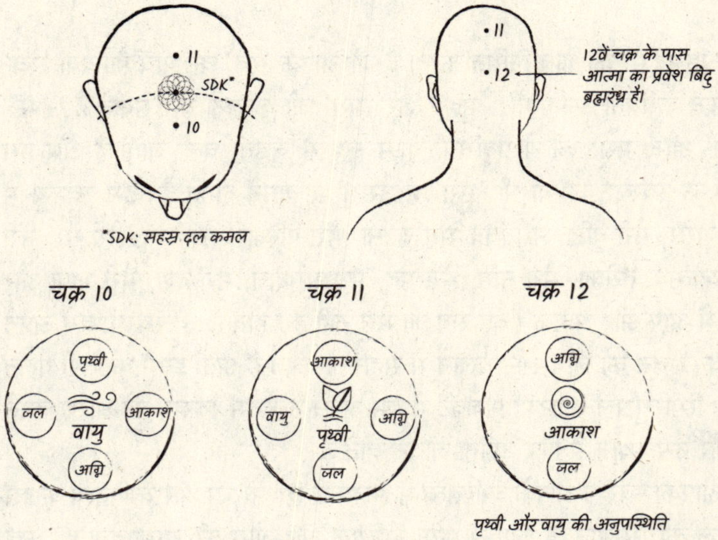

मनोमंडल के चक्र

यह चेतना का एक विशाल क्षेत्र है जिसे मनोमंडल कहते हैं। जब आप मनोमंडल में प्रवेश करते हैं तो 'मैं' या 'मैं हूँ' कम होने लगता है और स्वयं को हम केन्द्र में स्थापित करने लगते हैं। अभी तक हमारा जीवन 'मैं' के चारों ओर घूम रहा था और 'वह' हमारा 'उच्च स्व' बाहर के घेरे में था। अब हम 'वह' के चारों ओर घूमने लगते हैं और 'मैं' मिटने लगता है यहाँ तक कि बाहरी घेरे से भी।

यह 'उच्च स्व' या 'वह' क्या है? यह समस्त संभावना है जो आप हो सकते हैं, यह उच्चतम सामर्थ्य है जहाँ तक आपकी आत्मा पहुँच सकती है। याद रखें कि विलय दो एक जैसी चीजों का - दो अनन्त के बीच होना है। आपका 'उच्च स्व' आपकी उच्चतम संभावना को प्रदर्शित करता है और आपकी यात्रा इस संभावना को हकीकत में बदलती है।

मनोमंडल की यात्रा में हमें अहम् को 'हल्का ' करते हुए उसके शुद्धतम स्वरूप में ले आना है। 'हल्के' से यहाँ तात्पर्य 'श्रेष्ठ एवं पवित्र' बनने से है। अहम् को न तो हम दबाते हैं और न ही उस पर हावी होते हैं बल्कि परिष्कृत करते हुए उसे एक उच्च स्वरूप प्रदान करते हैं। हमारे सारे प्रयास उसके स्वरूप को बदलने के लिए होते हैं, उसके सार को बदलने के लिए नहीं। अहम् को 'हल्का' करने के लिए जब हम स्वयं के ऊपर कार्य करते हैं तो हम उसकी उदारता के सार को सुरक्षित बनाए रखते हुए उसे अपने जीवन में अभिव्यक्त होने देते हैं।

अहम् 'मैं' का भाव निर्मित करता है जो आपके 'स्व' का भाव है। क्या 'स्व' के भाव के बिना आप 'मैं', 'मुझे' और 'मेरा' की कल्पना कर सकते हैं? 'मैं', 'मुझे' और 'मेरा' की ये प्रवृत्तियाँ सूक्ष्म रूप से जुड़ती चली जाती हैं और हम स्वयं के स्वरूप को जो भी 'मेरा' है उससे पहचानने लगते हैं। इस स्वरूप में मेरा शरीर, मेरी बुद्धि, मेरी विकसित चेतना, मेरा परिवार, मेरा धन, मेरा घर, मेरा आध्यात्मिक तरीका, मेरा नाम, मेरा पद, मेरा समुदाय, मेरा देश, मेरी भाषा और अंत में आप और आपके (वह सब जो मेरा नहीं है) होते हैं। ये स्वरूप हमें अपने दैनिक जीवन को जीने और चलाने में सहायता करते हैं अतः इनमें कुछ भी गलत नहीं। स्पिरिचुअल एनाटमी प्रोजेक्ट में हम अपने उच्चतम स्वरूप को धारण करते हैं और उस स्थान से फिर अपना जीवन जीते हैं।

आपका स्वरूप आपके व्यक्तित्व में झलकता है। स्वरूप और व्यक्तित्व के इस ख़याल को समझाने के लिए मैं प्रायः नारियल और आम की उपमा देता हूँ। कुछ लोग अपने शरीर, शक्ति, धन या किसी विषय की विशेषज्ञता से अपने स्वरूप की पहचान करते हैं। जैसे मैं इतना शक्तिशाली हूँ, मैं सबसे अधिक मेहनत करता हूँ, इस विषय को मैं सबसे अच्छा जानता हूँ, मेरा घर सबसे बड़ा है आदि, आदि। ये स्वरूप नारियल की श्रेणी में आते हैं। अर्थात् ऐसे लोगों का अहम् अत्यन्त भारी और दूसरों पर हावी होता दिखाई देता है। पेड़ से तोड़े गए ताजे हरे नारियलों के समान इन लोगों का डील-डौल बड़ा सख्त होता है। लेकिन उनका छिलका तोड़ कर यदि आप भीतर देखें तो भीतर से वे कोमल दिखाई देंगे।

और अब पके हुए आम। ऐसे लोग अपने कोमल स्वरूप के लिए जाने जाते हैं। मैं इतना विनम्र हूँ। मैं इतना कोमल हूँ। मैं इतना उदार हूँ। मैं इतना आध्यात्मिक हूँ। और इसी तरह। बाहर से वे सभ्य और सम्माननीय दिखाई देते हैं। लेकिन भीतर से उनमें परिवर्तन के प्रति एक तीव्र प्रतिरोध होता है। स्वयं को अच्छा देखने के प्रति उनका लगाव उनके हृदय को अवरुद्ध कर देता है और ऐसी स्थिति में उनके अवरोधों को हटाने में काफी प्रयास करना पड़ता है। (मेरे सहयोगियों ने मजाक-मजाक में व्यक्तित्व को दर्शाने वाले नारियल-आम के वैज्ञानिक मॉडल को कीवी, आड़ू और यहाँ तक कि कद्दू तक बढ़ा दिया है। इनसे जुड़े लक्षणों को बताने के लिए मैं आपकी रचनात्मकता देखना चाहूँगा।)

जो समझना जरूरी है वो यह कि अहम् तभी प्रकट होता है जब हम इस अनुभूति से दूर होते जाएं कि हर चीज स्रोत की है। जब यह अनुभूति कि समस्त अस्तित्व एक है हृदय में उत्पन्न होने लगता है तो बिछुड़ने की भावना दूर होने लगती है। इसका आरंभ 'मैं इस अस्तित्व का हिस्सा हूँ' से होता है जो विकसित

होकर 'हम सब का स्रोत एक है' में बदलता है और इससे फिर 'हम सब एक हैं' में जाकर समाप्त होता है। यह अन्तिम ज्ञान एक ही झटके में अहम् को परिष्कृत कर देता है!

अहम् का विन्यास और उसकी भूमिका

आत्मा और स्रोत का पारस्परिक वर्णन कमरे के भीतर और कमरे के बाहर के वातावरण के रूप में किया जा सकता है। यदि दीवार गिरा दी जाए और अन्दर एवं बाहर समाप्त हो जाए तो उस वातावरण का वर्णन आप कैसे करेंगे? ये दीवारें हमारा स्वरूप अर्थात् हमारी आत्म-जागरूकता या हमारा अहम् है। जिस प्रकार कमरे का अस्तित्व बाहर को अन्दर से अलग रखता है उसी प्रकार अहम् का प्रभुत्व भी आपको स्रोत से अलग रखता है।

ध्यान में आप समाधि के गहरे से गहरे स्तरों में या मूल अवस्था में प्रवेश करके उसकी गहराइयों में डूब जाते हैं। जब भी आप बाहर आते हैं तो हर बार आपकी चेतना आपके उच्च स्व की बढ़ी हुई जागरूकता लेकर आती है। कुछ समय के बाद आपकी जागरूकता बढ़ते-बढ़ते आत्मा की चेतना के स्तर तक पहुँच सकती है जहाँ पर स्रोत और आत्मा का केवल नगण्य स्वरूप ही रह जाता है। यह अवस्था एक एक देहरी को दर्शाती है जिसे तब तक पार नहीं किया जा सकता जब तक आत्मा में अहम् की जागरूकता बनी रहती है। जब अहम् की जागरूकता समाप्त हो जाती है तो स्रोत और आत्मा का अंतर भी मिट जाता है। इस सर्वोच्च परिष्कृत अवस्था में अहम् आपके मूल स्वरूप का गठन कर देता है। इस अवस्था पर आकर अहम् उदारता का रूप धारण कर लेता है।

लेकिन जब तक अहम् परिष्कृत न हो जाए तब तक वह भय, असुरक्षा, क्रोध आदि से तबाही मचाता रहता है। लेकिन यह बात समझना भी जरूरी है कि अहम् के बिना हम एक पिन तक नहीं उठा सकते। हमारा मनोबल अहम् से आता है, हमारा विश्वास अहम् से आता है, आत्म-सुधार का ख़याल अहम् से आता है, स्व का भाव भी अहम् से ही आता है।

लेकिन इन सब अच्छाइयों के होते हुए भी हम अहम् को हावी होने और उसे अपने जीवन की बागडोर संभालने का अवसर दे देते हैं। समस्या यहीं से शुरू होती है। एक हावी अहम् मन की प्रेरणा को ग्रहण नहीं कर पाता मानो मन को कोई भी मार्गदर्शन देने के लिए बन्द कर दिया गया हो। बुद्धि की प्रबल विवेक क्षमता का

कोई उपयोग नहीं हो पाता। हमारे विचार पूर्वाग्रह और अस्पष्टता से ग्रस्त हो जाते हैं। ऐसी स्थिति में जहाँ अहम् सबकुछ अपने हाथ में ले लेता है वह अहंकार का रूप धारण कर लेता है और आत्म-सुधार में पतन होने लगता है।

अहंकार आपको एक भुलावे में रखता है जहाँ आप स्वयं को पूर्ण मानते हैं और अपनी कमियों को स्वीकार नहीं करते। अहंकार आपको भीतर नहीं झाँकने देता और आप अपने भीतर की आवाज को नहीं सुन पाते। तो फिर आप सुधरेंगे कैसे? एक बहस की कल्पना करें जिसमें आप दूसरे पर हावी होना चाहतें हैं। ऐसे व्यवहार में अहम् अन्य सभी अन्तःकरणों के द्वार बन्द कर देता है। कीमत कुछ भी चुकानी पड़े अहम् प्रभुत्व चाहता है। मन किसी काम का नहीं रहता और बुद्धि का उपयोग गलत कार्यों में होने लगता है। ऐसी हालत में आपकी चेतना सिकुड़ने लगती है और पूरा तंत्र भारी महसूस होता है। अब यह बताने की जरूरत नहीं कि हृदय चक्रों पर संस्कारों का चेन रिएक्शन भी आरंभ हो जाता है।

लेकिन अहम् का उपयोग यदि उचित रूप से किया जाए तो वह आपके विकास का एक रूपान्तरणकारी घटक बन जाता है। आखिर वह अहम् ही तो है जो हमें अपने कार्य में सफ़ल होने के लिए फुसलाता है। दूसरों के साथ प्रतिस्पर्धा में आप असुरक्षा और अहंकार के शिकार हो जाते हैं। जबकि स्वयं के साथ प्रतिस्पर्धा में आप इस पतन से बच जाते हैं और सुधार की ओर अग्रसर होते हैं। अहम् की प्रेरणा के बिना हम अपनी कमियों और कमजोरियों को चुपचाप स्वीकार कर लेते हैं और आत्म-सुधार के मार्ग पर चलना ही छोड़ देते हैं।

पहले अहम् के कारण और फिर प्रेम के कारण श्रेष्ठता के मार्ग पर चलना आपको अपनी वर्तमान स्थिति की तथा अपने उच्चतम आदर्श के सामने स्वयं का आकलन करने की स्पष्टता प्रदान करता है। किसी उच्चतर चीज का अनुभव होने पर जब आपके भीतर उसकी महानता का विवेक उत्पन्न हो जाता है तो अहम् अपनी सही स्थिति में आ जाता है और तब अहम् की शक्ति आपको उस उच्चतर की ओर उठाने में कार्यरत हो जाती है।

जब अहम् के पास स्वयं कुछ करने को न हो तो उसके सामने जो भी कार्य होता है वह उसी में लग जाता है। आइए अहम् को एक विन्यास (spectrum) के रूप में देखें। हो सकता है कि अपने दाँतों को ब्रश करने के लिए आपको अहम् के 3 प्रतिशत की जरूरत पड़े और दस हजार लोगों के सामने भाषण देने के लिए अहम् के 80 प्रतिशत की। लेकिन भाषण देने के बाद भी यदि आपका अहम् 80 प्रतिशत पर ही टिका रहे तो यह एक समस्या बन जाती है क्योंकि आपका यह अहम् आपकी गतिविधियों के स्तर से मेल नहीं खाता और हम कहते हैं कि इस व्यक्ति के

भीतर बड़ा अहम् (Bloated Ego) है।[20] या फिर आपका अहम् 3 प्रतिशत पर ही टिका रहे और आपको दस हजार लोगों के सामने भाषण देना पड़े तो अपने काम में आप असफल हो जाते हैं अतः जो जरूरी है वह है अहम् का लचीलापन। ऐसा अहम् जो काम पड़ने पर उसके स्तर तक उठ जाए और जब काम न हो तो पूर्ण विनम्रता के स्तर तक बैठ जाए और उच्च स्व की सेवा में ही लगा रहे। अहम् के विन्यास के पाँच मुख्य रूप देखने को मिलते हैं – घमण्ड, गर्व, भरोसा, उपस्थिति और विनम्रता। इन सभी के अर्थ स्पष्ट हैं सिवाय विनम्रता के।

विनम्रता अहम् की श्रेष्ठतम अभिव्यक्ति है। यह स्वयं से बेहद महान किसी चीज पर पूर्ण भरोसा है। विनम्रता (humility) को प्रायः जी हुजूरी (servility) या भरोसे की कमी समझ लिया जाता है। लेकिन असल में यह आपकी सर्वोच्च शक्ति है। विनम्रता की स्थिति में आप स्वयं को कर्ता नहीं बल्कि एक उच्चतर शक्ति को अभिव्यक्त करने का माध्यम मानते हैं। विनम्र हृदय एक उपजाऊ जमीन की तरह होता है जहाँ प्रेरणाओं को बिना किसी प्रयास या अवरोध के प्रकट होने का अवसर मिलता है। हमारे कर्म विकासोन्मुख हो जाते हैं और बिना हमारे कर्ता भाव के हमसे स्वतः होने लगते हैं। हम स्वयं को भूलकर पूर्णता की ओर अग्रसर होने लगते हैं।

अहम् विनम्र बना रहे इसके लिए हृदय के भीतर जाकर स्वयं को उसके प्रेम में पिघला दें। जब हम स्वयं को प्रेम के लिए खुला छोड़ देंगे तो हमारे हृदय के भीतर यह एक सुन्दर संसार बना देगा जहाँ हम आनन्द और हल्केपन के भाव से भर जाएंगे। हम पूर्णता के अपने लक्ष्य की ओर भरोसे के साथ बढ़ते जाएंगे। 'स्वयं को जानें' 'स्वयं को भूलें' में बदल जाएगा और इसी प्रक्रिया के दौरान उच्च स्व प्रकट होगा। आप योग की अवस्था 'योगः कर्मसु कौशलम्'* में पहुँच जाएंगे। इस अवस्था में आपके कर्म सोचे-समझे न होकर प्राकृतिक और प्रयासरहित होंगे और आप सर्वोत्तम परिणाम और श्रेष्ठता प्राप्त कर पाएंगे।

विनम्रता की यात्रा खड़ी चढ़ाई होती है। अहम् को किसी न किसी स्वरूप की जरूरत होती है और उसकी इस प्रक्रिया में हम उन ठप्पों को बड़े कसकर पकड़े रहते हैं जो हम पर लगाए जाते रहे हैं। मनोमंडल की यह यात्रा उन सभी स्वरूपों को उखाड़ फेंकती है जो असल नहीं हैं अतः अन्त में हमारे पास एक ही स्वरूप बचता है जो हमारा असल स्वरूप होता है।

---

* भगवद्गीताः 2:50

20

छठा चक्र - निःस्वार्थ भाव

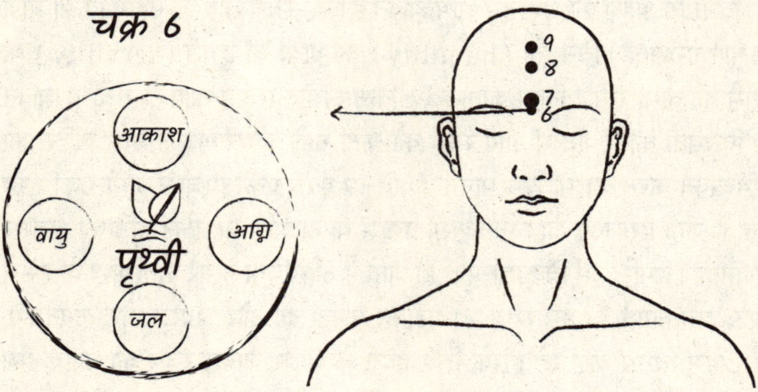

नाम	आज्ञा-चक्र, छठा चक्र
प्रमुख तत्व	पृथ्वी
रंग	हल्का पीला
स्थिति	भौंहों के मध्य
लक्षण	हृदय की आवाज
मुख्य अनुभूतियाँ	विस्तीर्णता, राहत, सहानुभूति, विश्वास
एक जैसे स्पंदन	पहला और ग्यारहवाँ चक्र
क्षेत्र	ब्रह्माण्ड मण्डल

जनवरी, 1987 में मैं हार्टफुलनेस की नींव रखने वाले गुरु लालाजी के जन्म की 114वीं जयंती मनाने भारत आया। मेरी यात्रा से कुछ दिन पहले एक रात मेरे स्वप्न में बाबूजी प्रकट हुए और उन्होंने मुझे सिटिंग दी। नींद में मैंने अपनी जागरूकता को ठीक करते हुए ध्यान की तैयारी की। कुछ ही मिनट में मैं गहरे ध्यान में चला गया। अगली सुबह जब मैं उठा तो अपनी डायरी में मैंने अपना यह अनुभव लिखा – 'स्वप्न में मेरे हृदय की ओर सीधे आने वाली प्राणाहुति की किरण में जकड़ लेने वाली गहराई थी। कुछ कार्य शुरू किया गया था लेकिन अधूरा रह गया'।

भारत पहुँचने के पश्चात चारीजी के साथ मेरी बातचीत हुई। उस छोटी सी बातचीत के बाद कुछ रूखे स्वर में उन्होंने मुझसे पूछा कि मैं पहले भारत क्यों नहीं आया। मेरी समझ में नहीं आया कि इस प्रश्न का उत्तर मैं कैसे दूँ। अभी उत्सव के आरम्भ होने में कुछ दिन बचे थे। और चारीजी से मेरी अक्सर बातचीत होती रहती थी। यदि उन्हें मुझसे कोई काम होता तो वह मुझे फोन करते या फैक्स भेजते (उन दिनों फैक्स मशीन चलन में थी)। जब मेरी समझ में नहीं आया कि मैं क्या उत्तर दूँ तो मैं चुप रहा। कुछ समय बाद मैंने उनसे आज्ञा ली लेकिन फिर भी सोचता रहा।

अगले कुछ दिन आनन्द में गुजरे। पूरे विश्व से हजारों लोग मुंबई शहर में जहाँ यह उत्सव हो रहा था इकठ्ठा हुए थे। इन विशेष दिनों में ध्यान एक विशेष प्रकार का होता है मानो प्रकृति माँ ने सम्पूर्ण उत्सव स्थल को एक विशेष दिव्य-कृपा से ढक लिया हो।

उत्सव के बाद चारीजी ने मुझे अपने साथ बैंगलोर चलने के लिए कहा। एक शाम को वह वहाँ एक सामूहिक ध्यान करा रहे थे। उनके चारों ओर कई लोग थे। मैं लगभग सौ फीट की दूरी पर खड़ा हुआ था। जब मैंने चारीजी को देखा तो मैंने महसूस किया कि दिव्य-कृपा की लहरें चारों ओर से मुझे घेर रही थीं। यह इतनी स्पष्ट अनुभूति थी कि मैं वहीं बैठ गया और ध्यान करने लगा।

आँखें बन्द करते ही लहरों ने मुझे उठा लिया और ध्यान ठीक वहीं से आरम्भ हुआ जहाँ पर वह बाबूजी के साथ स्वप्न में समाप्त हुआ था। यह उसके आगे जारी रहने की एक अचूक अनुभूति थी और मैं समझ गया कि यह किसी महत्वपूर्ण चीज का संकेत था। ध्यान के बाद चारीजी सीधे मेरी ओर आए और कहा, "कल आना। मैं तुम्हें सिटिंग दूंगा"। अगली सुबह सर्दियों के सुहाने भोर के समय मैंने चारीजी के साथ ध्यान किया। जब मैंने अपनी दशा को देखा तो मैंने महसूस किया कि मैं छठे चक्र (ब्रह्माण्ड मण्डल) को पार कर सातवें चक्र में पहुँच गया था।

ये अनुभव मैं आपको अपनी प्रगति का जश्न मनाने के लिए नहीं बल्कि हार्टफुलनेस में गुरु के कार्य के एक महत्वपूर्ण पहलू पर प्रकाश डालने के लिए

बता रहा हूँ। जिज्ञासु को उच्चतर स्तरों तक उठाने के लिए गुरु हर समय उत्सुक रहता है। यहाँ तक कि जरा सा भान होने पर भी गुरु उसका उपयोग शिष्य को आगे ले जाने के लिए करता है। चारीजी मेरे कार्य के लिए उत्सुक थे और उसे उत्सव से पहले ही कर देना चाहते थे। मैंने कई अवसरों पर जैसे खाने के समय, अनौपचारिक बातचीत के समय या टहलते समय चारीजी को चुपचाप लोगों को या लोगों के पूरे समूह को उच्चतर स्तरों तक उठाते हुए देखा है। यह कार्य उस कार्य के अतिरिक्त और उससे अलग है जो एक गुरु अज्ञात रहते हुए करता है।

जब आप महान गुरुओं की जीवन गाथाएँ पढ़ेंगे तो हर जगह ऐसे ही उदाहरण पाएंगे। जैसे एक ही नज़र में बुद्ध का किसी को आशीर्वाद दे देना, लीजिए की सेंट थेरेसा का अपने प्रेम भरी वाणी से आत्माओं को उन्नत कर देना, विवेकानन्द द्वारा समुद्र तट पर टहलते हुए एक प्यासी आत्मा को मुक्त कर देना आदि। ये सभी कहानियाँ स्वयं को तैयार करने और आन्तरिक परिवर्तन के उपहार को प्राप्त करने के लिए तैयार रहने के महत्त्व पर जोर देती हैं। इन सभी कहानियों का एक ही तात्पर्य है कि उच्च अभिलाषाओं के साथ आध्यात्मिकता के क्षेत्र में प्रवेश करें। सागर को ही पी जाने की प्यास लेकर आएं। बड़ा सोचें, हिम्मत से सोचें और प्रेम भरे हृदय से इस आन्तरिक यात्रा में आगे बढ़ें।

छठे चक्र की विशेषता – गति से फैलाव की ओर

मानव संरचना में यदि आप दोनों भौंहों को जोड़ती एक रेखा खींचें तो उससे थोड़ा ऊपर छठा चक्र होगा।

पाँचवें चक्र की तरह ही छठा चक्र भी उच्चतर चक्रों पर किए गए कार्यों के परिणामस्वरूप ही जाग्रत होता है। यहाँ हम लयावस्था की उन चार अवस्थाओं से होते हुए सीधे प्रगति नहीं करते। शक्ति का नीचे की ओर प्रवाह भी इतना तीव्र होता है कि उसके सामने हम ज्यादा देर तक टिक नहीं सकते। यह तीव्र धारा में आराम से तैरने का प्रयास करने जैसा होगा। आप केवल असफल ही नहीं होंगे बल्कि उस धारा के साथ आपके नीचे बह जाने की भी पूरी संभावना होगी। इसकी बजाय पहले, दूसरे, तीसरे और चौथे चक्र के जाग्रत होने से निर्मित ऊर्जा और गुरु का सहारा हमें सीधे सातवें चक्र के घेरे में दाग देता है।

इसका अर्थ यह है कि छठे चक्र की दशाओं का अनुभव हम उससे उच्चतर बिन्दु में रह कर करते हैं। इस अनोखी स्थिति के मौसम को हम तूफानी दशाओं की उपेक्षा करते हुए महसूस करते हैं अन्यथा हमारी चेतना में वे परेशानी उत्पन्न

कर सकती हैं। हृदय-मंडल को पार करने के पश्चात जो एक भिन्न अनुभूति होती है वह चेतना के फैलाव (expansion) की अनुभूति होती है। हृदय-मंडल की यात्रा में एक चक्र से दूसरे चक्र की ओर गति होती है। जब हम हृदय-मंडल को पार कर लेते हैं तो यह गति फैलाव में बदल जाती है। गति रेखीय या द्वि-आयामी होती है जबकि फैलाव अनन्त रूप से बहुआयामीय होता है।

यह बुटीक की छोटी-छोटी दुकानों को चलाने की तुलना में बुटीक की फैक्ट्री खोलने और उसके वेयरहाउस को चलाने के लिए एक लॉजिस्टिक कंपनी खोलने जैसा होगा। आप अचानक अपने को एक अलग ही स्तर पर कार्य करता हुआ पायेंगे।

दाजी से पूछें

दाजी मैंने ऐसे कई शास्त्र और सिस्टम्स देखे हैं जो विशेष रूप से छठे चक्र पर ध्यान करने को कहते हैं। क्या मैं ऐसा कर सकता हूँ?

यह सही है कि कुछ शास्त्रों में विशेष रूप से छठे चक्र पर ही ध्यान करने को कहा गया है। उदाहरण के लिए भगवद्गीता में भगवान कृष्ण अर्जुन को छठे चक्र पर ध्यान करने को कहते हैं। ईसा से 3137 वर्ष पूर्व हुए महाभारत के युद्ध में अर्जुन एक योद्धा था। छठा चक्र नीचे के सभी चक्रों के लिए ऊर्जा का एक वितरण केन्द्र है। युद्ध के मैदान अर्जुन द्विविधा में था। उसकी प्रेरणा को जगाने और उसे युद्ध के लिए तैयार करने के लिए उसे छठे चक्र पर ध्यान करने को कहा गया था। इसी तरह अन्य प्रणालियाँ भी जो मानसिक शक्तियाँ प्राप्त करने के पक्ष में होती हैं इस चक्र पर ध्यान करने को कहती हैं। मुझे विशवास है कि उनका अपना कोई कारण होगा। इसमें मेरा दृष्टिकोण यह है – हमें कोई युद्ध नहीं लड़ना और न ही हम शक्तियों की खोज में हैं। हम एक सामान्य जीवन जी रहे हैं जो कभी एक युद्ध की तरह भी महसूस हो सकता है। अपने दैनिक युद्ध को जीतने के लिए हमें प्रेम चाहिए हथियार नहीं। हजारों वर्ष से ऋषिगण यही कहते आए हैं कि ईश्वर तक पहुँचने का मार्ग हृदय ही है। प्रभु यीशु ने कहा है, “धन्य हैं वे लोग जिनके हृदय पवित्र हैं क्योंकि वे ईश्वर को देख लेंगे।”[21] भगवान

बुद्ध ने कहा है, "एक विशाल हृदय से समस्त संसार में दया बिखेरते हुए सभी जीवों से प्रेम किया जाना चाहिए।"[22] समय की यही माँग है कि हृदय पर ध्यान किया जाए। इस मार्ग में हमें शक्तियाँ नहीं चाहिएं। मालिक (Master) बनने के लिए हमें शक्ति की जरूरत नहीं पड़ती। एक सामान्य व्यक्ति को कार्य करने के लिए शक्ति की जरूरत होती है लेकिन बिना शक्ति के एक मालिक (Master) ही कार्य कर सकता है।

हृदय चक्र पार कर लेने के पश्चात महसूस होने वाली दशाएं

मनो-मंडल की यात्रा करते हुए अहम् की पकड़ ढीली पड़ने लगती है। परिणामस्वरूप प्रतिक्रिया करने की हमारी प्रकृति भी कम होने लगती है और हृदय की जवाब देने की क्षमता बढ़ने लगती है। आपकी मानवीय प्रकृति आपको दैवीय क्षेत्र में ले आती है और आपकी आत्मा की सामर्थ्य कई रूपों में बढ़ने लगती है।

उदार भाव से निःस्वार्थ भाव में रूपान्तरण

वह क्या है जो मानव जीवन, मानवीय जीवन और दिव्य जीवन में अन्तर पैदा करता है? मानव से मानवीय बनने के लिए उदारता की जरूरत होती है जबकि मानवीय से दिव्य बनने के लिए निःस्वार्थ भाव और त्याग की जरूरत होती है। जो आपके पास है उसे दूसरों को भी देना उदारता है जबकि आपके पास न होने पर भी देना त्याग है। उदारता लोगों को वैसा ही स्वीकार करती है जैसे वे हैं लेकिन निःस्वार्थ भाव लोगों के बीच का भेद ही मिटा देता है और हम सब एक हो जाते हैं।

दिव्य-गुणों वाले लोग निःसंकोच त्याग किया करते हैं। इसीलिए लोग कहते हैं, "मैंने प्रार्थना की और किसी देवदूत ने मेरी मदद कर दी"। हालांकि हम माइकल, गैब्रिअल, राफ़ेल और अन्य देवदूतों के परोपकारी कर्मों से प्रेरणा ले सकते हैं लेकिन मैं उनके बारे में बात नहीं कर रहा हूँ। ये देवदूत आपको जानते भी नहीं और आपसे कुछ चाहते भी नहीं फिर भी वे आपकी सहायता करते हैं क्योंकि वे यही तो करते हैं।

हृदय-मंडल को पार करना आपके भीतर सहानुभूति और करुणा का एक उच्च भाव ले आता है और हमारे भीतर दिव्य गुण उत्पन्न कर देता है। जब आप सड़क पर चलती किसी गर्भवती महिला को देखते हैं तो आपका हृदय स्वयं ही उस

महिला, बच्चे और परिवार के स्वास्थ्य के लिए प्रार्थना करने लगता है। सड़क पर किसी बेघर व्यक्ति को देखकर आप उसकी हताशा और दर्द को महसूस करते हैं और अपने लिए ख़रीदा हुआ सूप या खाना उसे दे देते हैं। ध्यान में भी जब किसी का ख़याल आता है तो आपका हृदय उसकी ओर प्रेम के विचार भेज देता है। इस प्रकार का कोई भी व्यवहार पहले से सोचा-समझा नहीं होता। आपका हृदय एक बहाव की अवस्था में रहता है जिसमें आप वही करते हैं जो वह कहता है और आगे बढ़ जाते हैं। उच्चतर क्षेत्रों में आपकी प्रगति आपके हृदय में उत्पन्न निःस्वार्थ भाव और आपके कार्यों में प्रदर्शित त्याग पर निर्भर करती है।

राहत और वैराग्य

सबसे प्रमुख अनुभूति जो हृदय-मंडल पार करने के बाद होती है वह है एक राहत का भाव। जीवन में शायद पहली बार पसंद और नापसंद के बीच की नोकझोंक कम होते-होते लगभग समाप्त हो जाती है और वह भावनात्मक उथल-पुथल जो आपको परेशान किया करती थी थम जाती है। आपकी भक्ति उस स्तर तक परिपक्व हो जाती है जहाँ आप तूफ़ान को भी सधे हुए रहकर पार कर जाते हैं क्योंकि आपको पतवार चलाने वाली उच्चतर शक्तियों पर भरोसा होता है। ईश्वर, दिव्यता और स्रोत जैसे शब्द जो अभी तक एक बौद्धिक अवधारणा थे अब आपके हृदय की अनुभूतियाँ बन जाते हैं। चेतना का यह नया रंग सच्ची राहत देता है। आध्यात्मिक बेचैनी मौजूद रहती है लेकिन अब वह अधिक सूक्ष्म और प्रबल हो जाती है।

दूसरा परिवर्तन जो देखने को मिलता है वह है आपके वैराग्य का और अधिक परिष्कृत हो जाना। आप पहले चक्र के उस वैराग्य को याद कर सकते हैं जो एक प्रेमपूर्ण विरक्ति होती है जिसमें आप लिप्त तो होते हैं लेकिन फँसते नहीं। हृदय-मंडल में विकसित होता हुआ यह मनोमंडल में आते-आते और परिष्कृत हो जाता है। इस अवस्था में पाँच 'स' और पाँच 'अ' का द्वंद्व आपको डगमगाता नहीं और कोई निजी पूर्वाग्रह और छुपे इरादे भी आपके साथ नहीं रहते।

हृदय के पवित्र शब्द - अनाहत अजपा

प्रथम चक्र जब सक्रिय होता है तो वह पवित्र शब्द ॐ के स्पंदन उत्सर्जित करता है। ॐ को प्रायः हिंदुत्व से जोड़ कर देखा जाता है परन्तु यह एक हिन्दू प्रतीक से

कहीं अधिक है। यह आकाश में उत्पन्न पहला स्पंदन है जिसे ऋषियों और रहस्यवादियों द्वारा सुना गया है। हृदय में ॐ का प्रकट होना स्वाभाविक रूप से घटता है और इसे मानसिक विधियों द्वारा जबरदस्ती नहीं लाया जाना चाहिए। जब यात्रा छठे चक्र से आगे बढ़ती है तो ॐ के स्पंदन पूरे शरीर में फैल जाते हैं। इसे 'अनाहत अजपा' अर्थात् हृदय का स्वाभाविक स्पंदन कहते हैं।

धुँधला सा अन्धकार तथा कनपटी पर दबाव

ब्रह्माण्ड क्षेत्र में पहुँचने पर कुछ अभ्यासी ध्यान के बाद धुंधले से अन्धकार का एक भाव महसूस कर सकते हैं। ध्यान के बाद जब वे अपनी आँखें खोलते हैं और कुछ सेकंड के लिए किसी वस्तु जैसे कुर्सी या गुलदस्ता को देखते हैं तो वे काली सी प्रतीत होती हैं। यह भौतिकता से ऊर्जा की ओर जाने का एक संकेत होता है। और जब अभ्यासी ब्रह्माण्ड मंडल को भी पार कर लेता है तो उसे कनपटी पर एक राहत भरे स्पर्श की तरह एक हल्का सा दबाव भी महसूस हो सकता है।

+पुनः सावधान हो जाएं – इन दशाओं को मानसिक रूप से निर्मित करने का प्रयास न करें। आपको किसी को कुछ साबित करके नहीं दिखाना है। यदि इनमें से किसी भी दशा का आप स्वतः अनुभव करते हैं तो उसे अपनी डायरी में लिख लें और आगे बढ़ जाएं। और यदि नहीं करते तो यह भी ठीक है। आध्यात्मिक प्रगति को मापना ब्लड प्रेशर मापने की तरह ऐसा बना-बनाया खेल नहीं होता कि आज हमने उसे माप लिया और फिर पिछले हफ्ते के ब्लड प्रेशर से उसकी तुलना की। इसमें कई बारीकियाँ और अन्य कई पहलू होते हैं। जब आपकी संवेदनशीलता बढ़ती है तो आप अपनी आन्तरिक दशा को तथा अपने मनोभाव और अपनी प्रतिक्रियाओं में होने वाले परिवर्तनों को ज्यादा अच्छी तरह से देख पाते हैं।

आन्तरिक प्रगति का एक प्रशंसनीय पहलू यह भी है कि जितना अधिक आप विकसित होते जाते हैं उतना ही अधिक आप विनम्र भी होते जाते हैं। विनम्रता तो आध्यात्मिक रूप से विकसित होते व्यक्ति का एक अनिवार्य लक्षण है जो आपको

अपने उच्चतर आदर्श से तुलना करने में तथा विकास के लिए प्रयासरत रहने में सहायता प्रदान करती है। हमारी यात्रा अनन्त की यात्रा है और हमारी प्रगति हमें अनन्त के सदृश बनाती है।

आत्मावलोकन

क्या आप किसी ऐसी परिस्थिति का उदाहरण दे सकते हैं जहाँ आप परिस्थिति के अनुसार लोगों के साथ एक सधी हुई अवस्था में आत्म-विश्वास और सौम्यता के साथ पेश आए और उनकी आशाओं पर खरा उतरे?

इन परिस्थितियों से आपने स्वयं के बारे में क्या जाना है?

21

सातवाँ चक्र- स्थिरता

चक्र 7

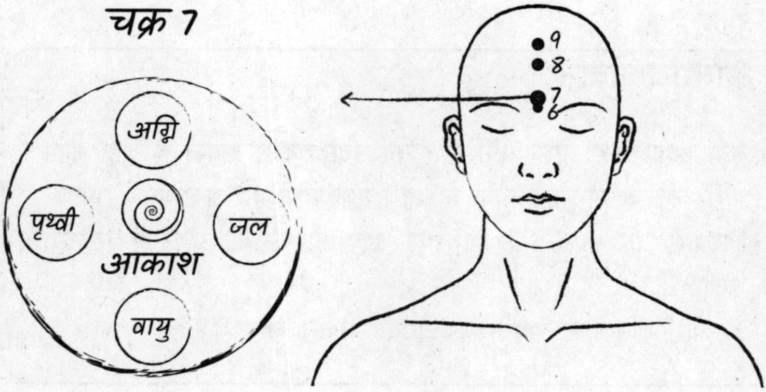

नाम	सातवाँ चक्र
प्रमुख तत्व	आकाश
रंग	हल्का लाल / गुलाबी
स्थिति	छठे चक्र से ऊपर और पीछे
लक्षण	स्थिरता
मुख्य अनुभूतियाँ	शक्ति, उन्माद
एक जैसे स्पंदन	दूसरा और बारहवाँ चक्र
क्षेत्र	परब्रह्माण्ड मण्डल

एक बौद्ध कथा है जो इस प्रकार है – एक दिन बुद्ध ने अपने शिष्यों से पास के एक तालाब से उनके लिए एक कटोरा पानी लाने के लिए कहा। पानी लेकर जब वे लौटे तो बुद्ध ने उनसे उसे पीने को कहा। लेकिन पानी गन्दा था अतः शिष्य उसे नहीं पी पाए। तब बुद्ध ने उन्हें कटोरे को एक ओर स्थिर रख प्रतीक्षा करने को कहा। कुछ समय पश्चात गंदगी नीचे बैठ गई और पानी साफ़ और पीने लायक हो गया।

स्थिरता स्पष्टता उत्पन्न करती है। यह प्रेरणा को अंतर्दृष्टि में बदल जाने का एक अवसर प्रदान करती है। आर्कमिडीज, ऑगस्ट केकुले तथा मैरी क्यूरी जैसे सभी प्रसिद्ध लोगों ने जो खोजें कीं वे जागरूकता के उन क्षणों में की जब वे पूरी तरह से रिलैक्स थे और उनका मन स्थिर था और उन क्षणों में आवश्यक एवं अदृश्य सत्य ने स्वयं को प्रकट किया।

आज की दौड़ भरी जिंदगी में स्थिरता महत्वपूर्ण है। नहीं तो जीवन के सौन्दर्य को हम देख नहीं पाएंगे। एक चमकदार रेशमी गुलाब के खिलने और हवा में उसकी खुशबू बिखरने की कल्पना करें। यदि आप हवाई जहाज में होंगे तो आप कुछ नहीं देख पाएंगे। यहाँ तक कि आप यदि तेज दौड़ती कार में हों तब भी उसे नहीं देख पाएंगे। लेकिन यदि आप फूल के सामने स्थिर खड़े हों तो आप उसके पूर्ण सौन्दर्य की प्रशंसा कर पाएंगे। मन ब्रह्माण्ड की सबसे तेज चलने वाली चीज है। यदि मन में बेचैनी का तूफ़ान हो तो क्या आप अपने हृदय के भीतर खिले सौंदर्य की प्रशंसा कर पाएंगे?

आपका स्पिरिचुअल एनाटमी प्रोजेक्ट पहले दिन से ही भीतर की स्थिरता को जाग्रत करने में लग जाता है। ध्यान आपकी चेतना में स्थिरता लाकर मन को एक जगह टिकने में सहायता प्रदान करता है। जब तक हम सातवें चक्र पर पहुँचते हैं तो स्थिरता का जो आयाम हमारे सामने प्रकट होता है वह हमें मंत्रमुग्ध कर देता है। इस क्षेत्र को परब्रह्माण्ड मण्डल भी कहते हैं जिसका अर्थ है ब्रह्माण्ड से भी विशाल कोई चीज। यह चेतना का एक वृहद् क्षेत्र है।

सातवें चक्र पर महसूस होने वाली दशाएं

इस क्षेत्र की पूर्ण खोज में कई जीवन लग सकते हैं। यह एक भिन्न आयाम में कदम रखने के समान है। जहाँ ऐसा लगता है मानो आप एक विस्तीर्ण स्थिरता, शक्ति और सुन्दरता के किनारे पर खड़े हों। हार्टफुलनेस की यात्रा ऐसी है कि आपको इस क्षेत्र का और विशेषतः इसकी स्थिरता और विशालता का गहरा अनुभव हो जाता है।

सातवें चक्र की चेतना
पूर्ण स्थिर और अनन्त गतिशील

सातवें चक्र पर आप तूफ़ान में भी शान्त बने रहते हैं। आपके चारों ओर अप्रत्याशित तहस-नहस, तनाव और आन्तरिक अशांति में बाधा पहुँचाने वाली हर चीज हो सकती है लेकिन आप स्थिर बने रहते हैं। ऐसा होने का एक ख़ास कारण है। जब आप सातवें चक्र पर स्थापित हो जाते हैं तो आत्मा की स्थिरता मन की स्थिरता के साथ मिलने लगती है। लगता है मानो दोनों मिल गए हों। यही वह समय है जब आपको अपने भीतर किसी उच्चतर अस्तित्व का ज्ञान होता है।

एक बार यदि आत्मा और मन की लय एक हो जाए तो आपके मन को फिर कोई हिला नहीं सकता। आपके चारों ओर के संसार में कुछ भी हो रहा हो लेकिन आप केन्द्रित बने रहते हैं। अपने भीतर आत्मा के खिल रहे वृहत सौन्दर्य की आप प्रशंसा करते हैं। आपकी स्थिरता से शान्ति और संयम प्रकट होने लगता है।

स्थिरता का यह अर्थ नहीं कि आप चल नहीं रहे। बच्चों के खिलौने लकड़ी के एक लट्टू के बारे में सोचें। जब लट्टू तेज घूम रहा होता है तो वह स्थिर खड़ा दिखाई देता है। केवल तभी जब उसकी गति मंद पड़ जाती है आप उसकी गति को महसूस कर पाते हैं। आपकी चेतना के साथ भी बिलकुल ऐसा ही होता है। इसकी गति भी इतनी तेज होती है कि ब्रह्माण्ड की नजर में आप स्थिर दिखाई देते हैं। सातवें चक्र पर चेतना का यही गुण प्रदर्शित होता है – पूर्ण स्थिरता और अनन्त गतिशीलता।

इस चक्र के साथ जब कोई लय हो जाता है तो वह अटल हो जाता है। चाहे यह कोई अध्ययन का विषय हो, किसी व्यापार को बन्द करने का कोई समझौता हो, परिवार का कोई कार्य हो या प्रकृति के आदेश पर कोई कार्य हो वह एक साथ इन सभी क्षेत्रों में मन को स्थिर बनाए रख सकता है। यहाँ तक कि उसकी खलबली में भी स्थिरता होती है जो उसके भीतर व्याप्त सधी हुई दशा का सूचक होती है। यदि आप किसी ऐसी दशा वाले किसी व्यक्ति के साथ हों तो आप उसकी दशा के सत्व को ग्रहण कर उससे लाभ प्राप्त करेंगे। उसकी शान्ति और स्थिरता को आप अपने हृदय में महसूस करेंगे।

चेतना पर विजय प्राप्त करने के फलस्वरूप ऐसी तथा कई अन्य उच्च दशाएं भी प्राप्त होती हैं। स्पिरिचुअल एनाटमी प्रोजेक्ट में होने वाला समग्र विकास ऐसी दशाओं से आपका सामना एक बिलकुल स्वाभाविक रूप से कराता है। न तो हम दशाओं के लिए लालायित रहते है और न ही चेतना को बदलने के लिए कोई

अनुचित तरीका अपनाते हैं। हम उस महारथ को प्राप्त करने के लिए प्रयासरत रहते हैं जो हमें उस स्तर तक ले आए जहाँ से चेतना की अवस्थाएं हमारी माँग पर अवतरित हों।

परब्रह्माण्ड मण्डल
शक्ति का भण्डार

स्थिरता के अतिरिक्त सातवें चक्र पर शक्ति और विस्तार का एक नया अर्थ हो जाता है। यह चक्र ऊर्जा का अक्षय स्रोत है। यहाँ से शक्ति छठे चक्र पर उतरती है और वहाँ से फिर निम्न क्षेत्रों में वितरित होती है। इस चक्र में जब आप लय हो जाते हैं तो आपको महसूस होता है कि सभी निम्न चक्र भी इस शक्ति से भर गए हैं। यह ऐसा है मानो सातवें चक्र से एक बिजली गिर गई हो जिससे निम्न चक्रों को अपने विस्तार में सहायता मिल रही हो।

सातवें चक्र में रहते हुए आपको ध्यान में कभी ऐसा लग सकता है मानो आपके ध्यान का क्षेत्र हृदय से बाहर की ओर फैलता हुआ विकसित हो रहा हो। जब आप ध्यान से बाहर आते हैं तो आपको भीतर और बाहर फैलाव की एक अलग ही अनुभूति होती है। कुछ लोग इस फैलाव को ऊपर उठने के रूप में भी महसूस करते हैं जिसमें वे ऊर्जा की ऊँची से ऊँची लहरों पर सवार होकर उच्चतर स्तरों में उड़ान भरने लगते हैं। चेतना इतनी स्वतंत्र हो जाती है कि आप इसे चारों ओर फैला हुआ महसूस करते हैं। कुछ संवेदनशील अभ्यासी ऐसा महसूस करते हैं कि वे चारों ओर

शक्ति का जाल - संकुचन और प्रभुत्व का प्रदर्शन

यह चक्र शक्ति और उन्माद का सागर है और संकुचन से भरा है। इस क्षेत्र से गुजरते समय हमें उन्माद हो सकता है। शक्ति से उत्पन्न उन्माद एक उन्मादपूर्ण अहम् का चिन्ह है। हमारे भीतर की आध्यात्मिक बेचैनी जब ऐसे उन्माद का सामना करती है तो हमें आगे बढ़ने में मदद मिलती है। इसके अतिरिक्त ऐसी दशाओं के प्रति यदि हम सतर्क रह सकें तो यात्रा में तेजी आ जाती है।

उन्माद के अतिरिक्त कुछ लोगों को शक्ति का मोहक प्रभाव आनन्ददायक लग सकता है और उनके भीतर अजेय होने का भाव आ सकता है। और इस अजेय भाव को हम किसके सामने प्रकट करते हैं? अधिकतर हमारे प्रियजन ही इसका परिणाम भुगतते हैं।

वैदिक काल में भारत में दुर्वासा नाम के एक ऋषि थे। वह अपनी शक्ति और कटुता के लिए बदनाम थे। उनका हर शब्द दूसरों को रुला देता था। उनके सामने लोगों की बोलती बन्द हो जाती थी। उनका जीवन दूसरों को भयभीत और परेशान करने की गाथा थी। लोगों का प्रेम और आतिथ्य स्वीकार करने की बजाय दुर्वासा अपने चारों ओर क्रोध और भय का मण्डल बनाए रखते थे और जिसकी खोज में वे लगे थे उससे बिछुड़ गए थे। ऐसा उदाहरण मैं आपको यह याद दिलाने के लिए दे रहा हूँ कि इस मार्ग में हम सब स्रोत में मिल जाने के लिए चल रहे हैं। हम यहाँ प्रेम बन जाने के लिए हैं।

जैसे-जैसे हम अपनी आध्यात्मिक यात्रा में आगे बढ़ें तो यह महत्वपूर्ण होगा कि हमारे ह्रदय की सुन्दर कोमलता हमारे आचरण विशेषतः हमारे शब्दों और कर्मों में दिखाई दे। हमारे द्वारा प्रयोग शब्द या तो किसी के ह्रदय से जुड़ने के लिए एक सेतु का कार्य करते हैं या उन काँटों की तरह होते हैं जो दूसरों की भावनाओं को ठेस पहुँचाते हैं। सातवें चक्र पर शक्ति या श्रेष्ठता की भावना को विनम्रता और करुणा से जीतना विशेष रूप से महत्वपूर्ण होता है। इसका अर्थ यह है कि हमें अपने शब्दों पर ध्यान देना चाहिए तथा अपनी वाणी में करुणा और सम्मान दिखाना चाहिए।

फैले हुए हैं और दूरी उनके लिए कोई रुकावट नहीं है। और कुछ को तो ब्रह्माण्ड भी छोटा महसूस होता है।

प्रकृति का कार्य करने के लिए शक्तियाँ

सातवें चक्र पर कई शक्तियाँ होती हैं जिनका उपयोग अत्यन्त पहुँचे हुए योगी प्रकृति का कार्य करने के लिए करते हैं। शक्तियाँ इस कोटि की होती हैं कि वे गैलेक्सी और ग्रहों को हिला कर रख सकती हैं। सातवाँ चक्र शक्ति के सर्वोच्च अस्त्र 'महाकाल-चक्र' का स्थान है जिसका उपयोग ब्रह्माण्ड के नकारात्मक तत्वों की

सफ़ाई तथा शान्ति को पुनः स्थापित करने के लिए किया जाता है।

इस बात पर ध्यान देना जरूरी है कि ये शक्तियाँ सुख, दिखावे या दूसरों पर प्रभुत्व जमाने के लिए नहीं होतीं। वे मानवता के उत्थान के लिए होती हैं तथा प्रकृति के आदेशों पर कार्य करने वाली विकसित आत्माओं द्वारा उपयोग में लाए जाने के लिए होती हैं। हार्टफुलनेस प्रेम का मार्ग है शक्ति का नहीं। इस प्रणाली को इस प्रकार तैयार किया गया है कि अभ्यासियों को मार्ग में आने वाली किसी भी शक्ति के संपर्क से दूर रखा जाता है और मार्ग में आने वाली किसी भी शक्ति के प्रभाव को हमारी यात्रा को बल प्रदान करने की दिशा में मोड़ दिया जाता है।

दाजी से पूछें

दाजी मैं अक्सर योगियों की दैवीय शक्तियों के बारे में सुना करता हूँ विशेष रूप से सूक्ष्म शरीर से यात्रा करने के बारे में। क्या आप इस बारे में और अधिक बता सकते हैं?

पॉप कल्चर की किताबों में तथा स्टार वार्स : द लास्ट जेडाई जैसी मूवी में सूक्ष्म शरीर से यात्रा करना एक लोकप्रिय विषय रहा है जिसमें ल्यूक स्काईवॉकर, काइलो रेन और उसकी सेना का सामना करने के लिए पूरी गैलेक्सी में अपने अवतारों को भेज देता है। यह रचनात्मक विचार हालांकि मनोरंजक है लेकिन सूक्ष्म शरीर से यात्रा आध्यात्मिक कार्यों के लिए ही की जाती है।

जब आप सातवें चक्र पर होते हैं तो सूक्ष्म शरीर से यात्रा करना एक संभावना बन जाती है। सूक्ष्म शरीर से यात्रा किसी योगी को कार्य की माँग के अनुसार कहीं भी जाने की योग्यता प्रदान करती है। सूक्ष्म शरीर को कार्यस्थल पर कार्य पूरा करने और फिर लौट आने के संकल्प के साथ भेजा जाता है। सूक्ष्म शरीर को कोई योगी एक ही समय में कई स्थानों पर भी भेज सकता है। बाहरी संसार में हम एक स्थान से दूसरे स्थान पर जाने के लिए यात्रा करते हैं। आन्तरिक संसार में यात्रा ऐसी होती है कि आप जाते कहीं भी नहीं लेकिन फिर भी आपकी उपस्थिति वहाँ होती है जहाँ आप चाहते हैं।

अंतर्बोध की क्षमता का विकास

अंतर्बोध एक प्रेरणा के रूप में आने वाला एक आन्तरिक मार्गदर्शन होता है। यह प्रेरणा आपके ध्यान में या आपकी ध्यानावस्था में या स्वप्न में भी प्रकट हो सकती है। सरलता, पवित्रता और निःस्वार्थ भाव किसी प्रेरणा के प्रकट होने के लिए दशाएं निर्मित करते हैं।

सातवाँ चक्र एक सूक्ष्म क्षेत्र है और सूक्ष्मतम प्रकार की अंतर्बोध क्षमता यहीं से उत्पन्न होना आरंभ होती है। आन्तरिक रूपान्तरण में तेजी लाने के लिए अभ्यासी यह प्रेरणा प्राप्त करता है कि क्या किया जाए, क्या न किया जाए, किस प्रकार किसी कार्य को किया जाए, क्या निर्णय लिया जाए, क्या जीवनशैली अपनाई जाए आदि, आदि। सूक्ष्म क्षेत्र संकेत और सुझाव देता है जो सामर्थ्य से भरे विचारों के समान होते हैं। उन्हें मूर्त रूप प्रदान करना हमारे ऊपर निर्भर करता है। यह हमारे ऊपर निर्भर करता है कि हम उन्हें विकसित करें, उनमें विलम्ब करें या उन्हें नष्ट कर दें।

अंतर्बोध के मार्गदर्शन को आप एक बुजुर्ग से मिली मित्रतापूर्ण सलाह के रूप में ले सकते हैं। यह मार्गदर्शन हमारे स्वास्थ्य और विकास के स्रोत से आता है। आप जितना अधिक उसे अपनाएंगे, लागू करेंगे और महसूस करेंगे कि हाँ यह एक काम की चीज है उतना ही और अधिक मार्गदर्शन आपको मिलता जाएगा।

अहम् ब्रह्मास्मि
मैं ही स्रोत हूँ

चक्रों की यात्रा करते समय हमें परम से जुड़े रहने की अनुभूति होती है। उच्चतर चक्रों की ओर बढ़ने से यह भाव और भी सूक्ष्म होता जाता है। परम से जुड़े रहने की यह अनुभूति तीन स्तरों पर होती है।

निम्नतम स्तर पर यह अनुभूति 'मैं ब्रह्म (स्रोत) हूँ' के रूप में प्रकट होती है अर्थात् मेरे और स्रोत के मध्य कोई दूरी नहीं है। इसके बाद यह अनुभूति 'सब कुछ ब्रह्म (स्रोत) है' में बदल जाती है जिसमें यह भाव होता है कि ब्रह्माण्ड में कोई भी किसी से अलग नहीं है। सृष्टि में हर चीज स्रोत से जुड़ी है। और अंत में यह अनुभूति 'सब कुछ ब्रह्म (स्रोत) से है' में बदल जाती है। यह अनुभूति हर अन्य अनुभूति को नकारने और अनस्तित्व की अवस्था में पहुँच जाने के भाव को दर्शाती है। ये तीन अनुभूतियाँ हर चक्र पर महसूस की जाती हैं लेकिन सातवें चक्र

पर अभ्यासी का मन इन अनुभूतियों के साथ भली-भाँति सामंजस्य में आ जाता है और कोई भी दशा अत्यधिक स्पष्ट रूप से महसूस की जाती है।

अलबर्ट आइंस्टीन ने एक बार कहा था, "वह जो आश्चर्य में पड़कर वहीं स्थिर नहीं हो जाता और जिसकी आँखें विस्मय से फटी नहीं रह जातीं मृत समान है। उसकी आँखें बन्द हैं।" सातवें चक्र पर हमारी यात्रा हमारे भीतर सबसे परिष्कृत किस्म की स्थिरता उत्पन्न कर देती है। हमारे भीतर की इस स्थिरता से विस्मय उत्पन्न होता है जो अगले चक्र की हमारी यात्रा को सक्रिय कर देता है।

आत्मावलोकन

अपने मन का शोर थमने पर क्या कभी आपने किसी अंतर्बोध का अनुभव किया है?

अपने हृदय की खामोशी को आप जितना अधिक सुनेंगे उतना ही आपका जीवन भी बदल सकता है। इस बारे में आपका क्या विचार है?

22

आठवाँ चक्र - शरणागति

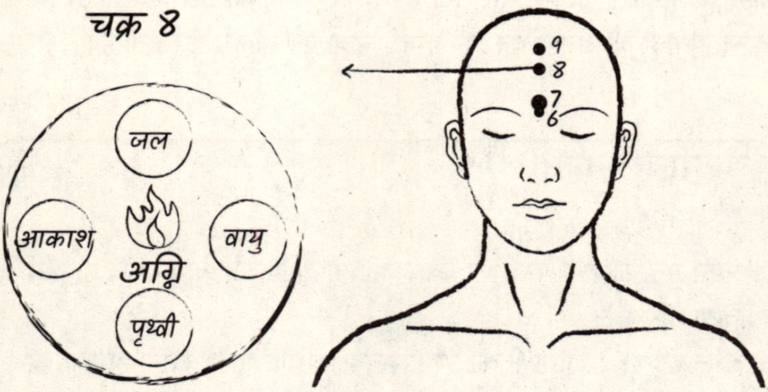

नाम	आठवाँ चक्र
प्रमुख तत्व	अग्नि
रंग	सफ़ेद
स्थिति	छठे चक्र से तीन अंगुल चौड़ाई के बराबर ऊपर
लक्षण	शान्ति
मुख्य अनुभूतियाँ	आश्चर्य, शान्ति, शरणागति
एक जैसे स्पंदन	तीसरा चक्र
आस-पास के पॉइंट	चित्त लेक , काम और सरस्वती
क्षेत्र	शरणागति, प्रपन्न

कौशल राज्य के भीषण जालिनी जंगल में एक डाकू रहता था जो यात्रियों को मार कर उनकी दाँए हाथ की कनिष्ठा अंगुली को याद के तौर पर एकत्र किया करता था।[23] इन अँगुलियों की माला बनाकर वह अपने गले में पहना करता था। अपनी हत्याओं के इस वीभत्स प्रदर्शन के कारण उसका नाम अंगुलीमाल हो गया था। किंवदंती के अनुसार वह 999 लोगों को मार चुका था और अपनी माला को पूरा करने के लिए 1000वें शिकार की खोज में था।

वह शुभ दिन भी आ ही गया जब अगले शिकार की खोज करते हुए उसने एक भिक्षु को अकेले टहलते देखा। उस समय तक राज्य में हर कोई डाकू के अत्याचार से परिचित हो चुका था और कोई भी जंगल में अकेले जाने की हिम्मत नहीं कर सकता था। फिर भी यह भिक्षु यहाँ आनंदपूर्वक घूम रहा था। अंगुलीमाल उसे मारने के लिए झपटा। लेकिन जैसे ही वह भिक्षु पर झपटा उसे लगा मानो वह भिक्षु तैरता हुआ उससे दूर चला गया।

कुछ असफल प्रयासों के पश्चात वह गरजा, "भिक्षु, अब रुक जाओ!"

भिक्षु और कोई नहीं बल्कि भगवान बुद्ध थे। वह मुड़े और उन्होंने अंगुलीमाल की आँखों में देखा। यह वह क्षण था जब उस डाकू ने बुद्ध की आँखों में असीमित गहराई देखी।

बुद्ध ने कहा, "मैं तो रुक गया हूँ। तुम कब रुकोगे?"

बुद्ध की करुणा और प्रेम भरी सहानुभूति ने अंगुलीमाल की घृणा और क्रोध को पिघला कर रख दिया। एक निगाह और चन्द शब्दों ने अंगुलीमाल को रूपांतरित कर दिया। वह बुद्ध के चरणों में गिर पड़ा और उसने क्षमादान की याचना की। कहा जाता है कि अंगुलीमाल बुद्ध का शिष्य बन गया और उसने शास्त्रों की रचना भी की।

अंगुलीमाल ने जो अनुभव किया वह 'विस्मय' था। एक अगाध क्षण जिसमें आपका सामना किसी ऐसी अविश्वसनीय, भव्य और असीमित चीज से हो जाता है जो आपके सारे विचारों, आपकी वृत्तियों और आपकी धारणाओं को पिघला कर रख देता है। विस्मय के इन क्षणों में मनुष्य की अंतरात्मा बदल जाती है।

विस्मय पर अध्ययन कर रहे आधुनिक मनोवैज्ञानिक विस्मय को एक आध्यात्मिक, नैतिक और सौंदर्य-बोध की भावना मानते हैं।[24] योसैमिटि (Yosemite) की ग्रेनाइट की गगनचुम्बी चोटियाँ, प्रशान्त महासागर की असीमितता, वर्मिअर (Vermeer) का मोहक सौन्दर्य और ध्यान की अथाह गहराई हमें विस्मय से भर देते हैं। दूर कहीं ले जाने वाले ऐसे क्षणों में आप अपने तुच्छ होने का आनन्द उठाते हैं। परब्रह्माण्ड मण्डल (सातवें चक्र) की यात्रा के

अंत में आप विस्मय का अनुभव करने लगते हैं जो आठवें चक्र में अपने चरम पर पहुँच जाता है। आपको अपनी चेतना में एक बदलाव महसूस होता है जो आपके हृदय में एक चुप्पी पैदा कर देता है। यह चुप्पी आनन्द का एक ऐसा भाव है जिसमें आप स्वयं से महान किसी चीज की ओर खिंचते चले जाते हैं।

आध्यात्मिक अनुभवों से उत्पन्न ऐसा विस्मय अहम् को परिष्कृत करने में सहायक होता है। किसी उच्च ध्येय के लिए अहम् को बलपूर्वक वश में करना बनावटी होता है और किसी काम का नहीं होता। परन्तु जब आप किसी महान चीज का अनुभव करते है और उसके साथ अपना सम्बन्ध महसूस करते हैं तो उत्पन्न हुआ विस्मय आपको उस उच्च ध्येय पर केन्द्रित रखने में मदद करता है। इस प्रकार अहम् का केन्द्र 'मैं, मुझे और मेरा' से हटकर 'वह, उसे और उसका' की ओर चला जाता है।

विस्मय से शरणागति की ओर

निम्न स्व (मैं) से उच्च स्व (वह) की ओर का यह बदलाव शरणागति का आरंभ है। आपकी चेतना के लिए यह एक महान युग-परिवर्तन और वह बहुमूल्य लक्ष्य है जिसकी प्राप्ति में आपको जुट जाना चाहिए। शरणागति या प्रपत्ति आपके जीवन में आने वाली हर चीज के प्रति सम्मान एवं आनन्द से भरी एक स्वीकार्यता तथा प्रेमपूर्ण निर्भरता की एक अवस्था है। शरणागति को आप अपने सीमित स्व एवं उसके बंधनों का 'जाने देना' कह सकते हैं।

आठवें चक्र से आरम्भ उससे आगे की आपकी यात्रा 'जाने देने' की ही यात्रा है। सीढ़ी पर चढ़ने के लिए आप नीचे वाले पायदान को जाने देते हैं और ऊपर चढ़ जाते हैं, पेड़ पुरानी पत्तियों को जाने देते हैं और नई पत्तियाँ प्राप्त करते हैं, फूल बीजों को जाने देते हैं और मैदानों में फूल खिला देते हैं। आप भी चेतना की और अधिक उन्नत अवस्थाओं पर तभी पहुँचते हैं जब आप पिछली अवस्थाओं को 'जाने देते' हैं।

'जाने देने' का अर्थ है विकास के लिए निर्णय लेना और उन्हें प्रेमपूर्वक लागू करना। जब आप विकास करते हैं तो उस सारे सामान को जो आप अपने साथ लेकर चलते हैं आप जाने देते हैं। सामान से मेरा तात्पर्य पूर्वाग्रह, क्रोध, ईर्ष्या, अपराध-बोध, पसन्द और नापसन्द या किसी भी प्रकार के भावनात्मक सामान से है जो आपकी आत्मा पर एक बोझ होता है। कुछ सामान आप सफ़ाई प्रक्रिया के द्वारा जाने देते हैं और बाकी सामान गुरु को सौंप देते हैं आगे बढ़ जाते हैं। यात्रा में

आप अपना सामान यदि गुरु को दे दें तो वह आपका सामान ले लेता है। शरणागति और कुछ नहीं बल्कि अपना सामान गुरु को सौंप देना है जिससे कि आप हल्के होकर यात्रा कर सकें।

आठवें चक्र से पहले शरणागति के प्रति बड़ी खींच-तान रहती है। यह समझा जा सकता है क्योंकि अपने अस्तित्व को बनाए रखने के लिए अहम् किसी चीज को पकड़े रहना चाहता है। लेकिन जब आप अहम् को परिष्कृत और हल्का कर देते हैं तो 'जाने देने' की यह प्रक्रिया स्वतः होती जाती है। इस विचार को धर्मों ने प्रतीकों के रूप में प्रदर्शित किया है। जैसे, भगवान श्रीकृष्ण गायों से घिरे हुए दिखाए जाते हैं। गायें अपने जीविकोपार्जन की चिन्ता को जाने देकर संतुष्ट बनी रहती हैं। वे जानती हैं कि जो ग्वाला उन्हें घास खिलाने लाया था वही वापस खूँटी पर भी बाँधेगा। अपनी गोद में एक मेमने को लिए प्रभु यीशु भी एक चरवाहे के रूप में भेड़ों के झुण्ड को ईश्वर की गोद में सुरक्षा प्रदान करते हुए इसी प्रकार का दृष्टिकोण प्रदर्शित करते हैं।

यही अवस्था हमारी भी हो जाती है। हर चीज जैसी होनी चाहिए ठीक वैसी ही प्रतीत होती है। आत्मा और स्रोत के बीच की दूरी कम होने लगती है। आपका मन अब अपने लक्ष्य – केन्द्र पर टिक जाता है। अभी तक तो आपकी भक्ति, आपके प्रयास और आपकी शक्ति ने आपको आगे बढ़ाया लेकिन अब आपका विस्मय आपको यह अहसास कराता है कि जब मुझे इतने प्रेमपूर्वक ले जाया जा रहा है तो मैं संघर्ष क्यों करूँ? विस्मय शरणागति में ले जाता है और वह हमें प्रज्ञावान बनाती है।

आठवें चक्र पर महसूस होने वाली दशाएं

आपके आठवें चक्र पर पहुँचते-पहुँचते कई उल्लेखनीय परिवर्तन घटित हो जाते हैं। उनमें जो सबसे महत्वपूर्ण हैं वे इस प्रकार हैं।

संयोग एक दिनचर्या बन जाना

आपमें से कुछ लोगों को अपने चारों ओर घटित हो रही घटनाओं के साथ एक गहरा संयोग दिखाई देता होगा। आप किसी प्रश्न पर विचार कर रहे हों और आपको उसका उत्तर किसी किताब को पढ़ते समय मिल जाए, आप दूर किसी के बारे में सोच रहे हों और वह आपके लिए कोई नोट लिख कर छोड़ जाए, आप परिवार का

शुभ सोच रहे हों और वह हो जाए। ऐसे संयोग पहले भी हुए होंगे लेकिन अब वे इतनी जल्दी-जल्दी होने लगते हैं कि आपको उन पर आश्चर्य होने लगता है। वे रोजमर्रा की घटनाएं बन जाते हैं और आप उन पर भरोसा करने लगते हैं। आपको कहीं से कोई इशारा या संकेत मिलने की लगन लग जाती है और सचमुच वह मिल भी जाता है। यह आपके व्यवहार में प्रकट होने वाली शरणागति की एक अभिव्यक्ति है। इस विषय पर काफ़ी कहा जा सकता है लेकिन यह अनुभव करना कि आपके दैनिक जीवन में संयोग कैसे घटता है और किस प्रकार आपको मार्गदर्शन प्रदान करता है ज्यादा अच्छा होगा।

गुरु के साथ सम्बन्ध

मैंने देखा है कि एशिया के देशों में और पूर्व के अन्य भागों के किसी भी परिवार में एक आध्यात्मिक गुरु का होना आम बात है। उनकी शिक्षाओं का अनुसरण करने के लिए उनके घर में अपने गुरु की तस्वीर भी हो सकती है। दूसरी ओर पश्चिम में शिक्षा पर ही अधिक जोर दिया जाता है और पश्चिमी मन गुरु पर ध्यान देने से पहले उनकी शिक्षाओं का मूल्यांकन और आकलन करता है। लेकिन इस भेद के रहते भी लक्ष्य एक ही रहता है – आध्यात्मिक विकास।

हार्टफुलनेस में आठवें चक्र पर पहुँचते-पहुँचते आपको अभ्यास करते हुए वर्षों बीत चुके होते हैं और शायद कई दशक भी। और अब तक स्पिरिचुअल एनाटमी प्रोजेक्ट आपकी सर्वोपरि प्राथमिकता बन चुका होता है। गुरु के प्रति भी आपके भीतर अब एक सच्ची उत्सुकता उत्पन्न हो जाती है।

एक व्यक्ति और एक भौतिक उपस्थिति होने के अतिरिक्त गुरु को आप एक सिद्धांत के रूप में भी समझने को लालायित रहते हैं। गुरु के प्रति यह विचार उन्हें एक मार्गदर्शक ऊर्जा या प्रेरणा के रूप में समझने में मदद करता है। इस भाव से गुरु कोई एक विशेष व्यक्ति नहीं अपितु एक अवधारणा या एक विचार है जो मानव चेतना की उच्चतम सामर्थ्य का प्रतिनिधित्व करता है। जिज्ञासु की सोच में यह बदलाव उसे अपने आन्तरिक ज्ञान से जुड़ने और ब्रह्माण्ड में उसके स्थान की गहरी समझ उत्पन्न करने हेतु उसे भीतर झाँकने के लिए प्रोत्साहित करता है। अब हम अनुभूतियों से जुड़े प्रश्नों के उत्तर खोजने लगते हैं जैसे - हृदय से हृदय का सम्बन्ध किस प्रकार बनाया जाए? जो अनुभव गुरु को हुए थे वे अनुभव मुझे कैसे होंगे? मेरा वास्तविक स्वरूप क्या है?

शान्ति का परिष्कृत रूप

सातवें चक्र के विपरीत आठवें चक्र पर शक्ति अपना आकर्षण खो देती है। हम शक्ति और शक्ति के स्रोत के मध्य अंतर को समझ जाते हैं। स्रोत की महानता की छाप हमारे हृदय में पड़ जाने के कारण हमें एक विशेष प्रकार की शान्ति का अहसास होता है। तेज धूप में घूमते किसी व्यक्ति को नदी के ठण्डे पानी में स्नान करने के बाद महसूस होने वाली ताजगी के बारे में सोचें। आठवें चक्र पर होने वाला शान्ति का अहसास अपनी ताजगी से आपके भीतर एक नई ऊर्जा भर देता है।

पूरी यात्रा के दौरान आप बीच-बीच में शान्ति का अनुभव करते रहते हैं। पहले चक्र की यात्रा के बाद दूसरे चक्र पर पहुँचने पर आप शान्ति का आनन्द उठाते हैं। इसी प्रकार तीसरे चक्र पर भावनाओं के तूफानों से थक जाने के पश्चात चौथे चक्र जल-चक्र में पहुँचने पर आप ताज़गी से भरी शान्ति महसूस करते हैं। यहाँ एक बार फिर सातवें चक्र की शक्ति के उन्माद के बाद आप आठवें चक्र पर शान्ति के एक उच्च स्तर को छूते हैं। मानो प्रकृति ने हमारी यात्रा में पुनः ताजगी भरने लिए बीच-बीच में आराम करने के स्थान बना दिए हों। आराम और ताजगी के अतिरिक्त भी क्या कोई अन्य विशेष कारण होगा कि यात्रा की रूपरेखा को इस प्रकार से बनाया गया हो?

यौगिक परमपराओं में आन्तरिक शान्ति के लिए एक विशेष नाम 'आत्म-शान्ति' है जहाँ आपकी आत्मा शान्ति पाती है। ऐसी शान्ति आत्मा के इस भरोसे का फल है कि लक्ष्य-प्राप्ति के लिए चुने गए साधन उपयुक्त हैं। यदि वे उपयुक्त नहीं होते तो आपको आत्म-शान्ति नहीं मिल पाती। यही कारण है कि मार्ग से आश्वस्त होने के कारण आत्मा बीच-बीच में शान्ति के सन्देश भेजती रहती है।

जब तक आप आठवें चक्र पर पहुँचते हैं शान्ति अपने वास्तविक रूप में आ जाती है। आप कह सकते हैं कि आत्मा अब उस स्तर पर पहुँच गई है जहाँ से देखकर वह पुनः आश्वस्त हो सकती है कि हाँ अब मैं ऊपर तक पहुँच गई हूँ। यह एक असाधारण दशा होती है।

खुलासे का क्षण

वैराग्य का विकास

क्या आपको 'द मैट्रिक्स' मूवी के अन्त का क्रम याद है? नीओ हरे पर्दे पर चलती हुई संख्याओं के संकेत को पढ़ लेता है। यही वह समय था जब उसने मैट्रिक्स का

खुलासा किया और देखा कि उसका क्या उद्देश्य था। आठवें चक्र पर भी कुछ ऐसा ही होता है। लेकिन यह और भी अधिक सनसनाहट उत्पन्न करने वाला होता है। (सॉरी नीओ, योगी तुमसे बहुत पहले ही वहाँ पहुँच चुके थे।)

आठवें चक्र पर पहुँचने पर आपकी आन्तरिक दशा ऐसी हो जाती है कि आपको जीवन के गहरे अर्थ और उद्देश्य स्पष्ट हो जाते हैं। आप पसन्द और नापसन्द का कारण, इच्छाओं की भूमिका, उदारता की जरूरत, त्याग की कीमत एवं विनम्रता के महत्त्व को समझने लगते हैं तथा अन्य कई धारणाओं के अर्थ भी स्पष्ट होने लगते हैं। आपको इन सभी की जरूरत है का अहसास हो जाता है और यह अहसास वैराग्य को परिष्कृत करता है।

अभी तक वैराग्य आपकी यात्रा में एक चक्र से दूसरे चक्र की ओर जाते समय हर स्तर पर बढ़ता और परिष्कृत होता रहा है। वैराग्य का अर्थ वस्तुओं के उपभोग से दूर रहना नहीं बल्कि उनके प्रति आसक्ति से दूर रहना है। एक प्रेमपूर्ण विरक्ति जहाँ आप सम्मिलित तो होते हैं लेकिन उसके जाल में नहीं फँसते। लेकिन अभी तक उत्पन्न वैराग्य में संसार के प्रति एक सूक्ष्म द्वेष होता है, एक उपेक्षा का भाव होता है।

आठवें चक्र में वैराग्य विकसित होकर एक दूसरी अवस्था जिसे संस्कृत में 'उपरति' कहते हैं, में बदल जाता है। उपरति में आप सभी इच्छाओं से मुक्त होते हैं यहाँ तक कि अगले संसार की इच्छाओं से भी। आपका मन परम पर केन्द्रित रहता है और आपकी इन्द्रियाँ पूर्णतः पवित्र हो जाती हैं। आप उनका उपयोग उसी उद्देश्य के लिए करते हैं जिसके लिए वे बनी हैं - आँखें देखने के लिए तुलना करने के लिए नहीं, जिह्वा दयापूर्वक बोलने के लिए चुगली करने के लिए नहीं, कान केवल दिव्य वार्ता को सुनने के लिए तथा स्पर्श जोड़ने के लिए अलग करने के लिए नहीं।

उपरति की अवस्था में आप कोई भी कार्य करें आपकी सभी इन्द्रियों और प्रणालियों में संतुलन बना रहता है। आप शान्ति और स्थिरता का अनुभव करते हैं जहाँ कोई गतिविधि आपके मन में जरा भी छाप नहीं बनाती। आपको लगता है मानो समस्त संसार ही एक स्वप्न है। अपने कार्य में प्रयासरहित एकाग्रता तथा आनन्द के भाव को आधुनिक मनोवैज्ञानिक मन के प्रवाह की अवस्था (Flow State) कहते हैं। इस प्रकार 'उपरति' मन के प्रवाह की उच्चतम अवस्था है।

उपरति के परिपक्व होने के लिए हम सभी को संयम उत्पन्न करना चाहिए। संयम का अर्थ है सभी इन्द्रियों व प्रणालियों में संतुलन अर्थात् किसी भी समय किसी भी विशेष उद्देश्य के लिए जितना भी उस समय स्वाभाविक रूप से आवश्यक हो, मन पर जरा भी कोई छाप बनाए बिना न तो उससे ज्यादा होना और न ही उससे

कम। संयम प्रकृति का एक लक्षण है और आध्यात्मिकता का सार। सभ्य और कोमल वाणी, दूसरों के साथ शिष्टाचार, सभी के प्रति सहानुभूति और प्रेम, बड़ों के प्रति आदर तथा बदले की भावना न रखना उपरति की अवस्था को अपने भीतर स्थापित करने में अत्यधिक सहायक होता है।

आठवें चक्र के निकट के पॉइंट - चित्त-लेक और काम तथा सरस्वती पॉइंट

आठवें चक्र के पास तीन और पॉइंट भी होते हैं – चित्त लेक, काम-पॉइंट तथा सरस्वती-पॉइंट। ये पॉइंट आन्तरिक शान्ति प्रदान करने में महत्वपूर्ण भूमिका निभाते हैं। आठवें चक्र पर इन पॉइंट का वर्णन मैं इसलिए कर रहा हूँ क्योंकि ये पॉइंट आठवें चक्र के निकट होते हैं और आपके अभ्यास के आरम्भ से ही इन पॉइंटों पर भी कार्य आरम्भ हो जाता है। हार्टफुलनेस ध्यान करने से तथा सिटिंग लेने से इन पॉइंटों पर कार्य होना आसान हो जाता है और उनके विकसित होने से आन्तरिक शान्ति में वृद्धि होती है। यदि आप सातवें और आठवें पॉइंट से अपने सिर के भीतर की ओर एक-एक इंच की रेखाएं खींच कर एक त्रिभुज बनाएं तो उन दोनों रेखाओं के मिलने वाले शीर्ष बिंदु पर अंगूर के गुच्छे की तरह ये तीनों पॉइंट - चित्त लेक, काम-पॉइंट तथा सरस्वती-पॉइंट मिलेंगे।

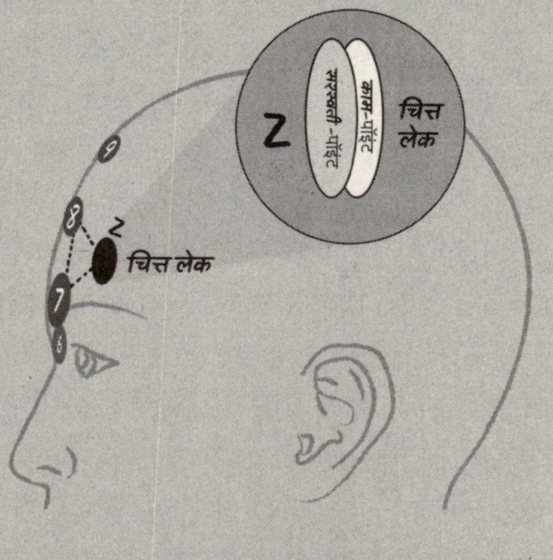

चित्त लेक

मन से उतरने वाले विचारों का सतत प्रवाह एक चक्र से उत्पन्न होता है जिसे चित्त लेक कहते हैं। चित्त का अर्थ है चेतना और चित्त लेक वह स्रोत है जहाँ से विचार अवतरित होते हैं। विचारों का प्रवाह चित्त लेक से उतरता है और पाँचवें चक्र से गुजर कर तीन शाखाओं में विभक्त हो जाता है उनमें से दो शाखाएं प्रथम चक्र की ओर प्रवाहित होती हैं और तीसरी शाखा दूसरे चक्र की ओर प्रवाहित होती है।

ध्यान के दौरान चित्त लेक की सफ़ाई होती है और परिणामस्वरूप चित्त लेक का प्रवाह भी साफ़ होता है। ध्यान के दौरान परेशान करने वाले अत्यधिक विचार भी चित्त लेक के शुद्ध होने से शान्त हो जाते हैं। आपकी साधना के आरंभिक दिनों में चित्त लेक का रंग स्लेटी (Grayish) महसूस होता है और जब आप प्रगति करते हैं तो इस चक्र का रंग लाल रूबी हो जाता है।

सरस्वती-पॉइंट तथा काम-पॉइंट

चित्त लेक के पास जुडवाँ पॉइंट सरस्वती तथा काम के पॉइंट होते हैं। ये दोनों पॉइंट एक दूसरे को लगभग स्पर्श करते हैं तथा एक दूसरे से अलग नहीं हो सकते। यदि आप एक के ऊपर कार्य करेंगे तो दूसरे के ऊपर भी कार्य होगा।

सरस्वती पॉइंट का सम्बन्ध उस सारे ज्ञान से है जिसकी आपको जरूरत होती है। बौद्धिक लोगों में यह पॉइंट अत्यधिक सक्रिय होता है। लेकिन सरस्वती पॉइंट के खुलने का अर्थ आप एक ही बार में सारा ज्ञान हो जाना न समझें। यही काफी है कि जिस ज्ञान की भी आपको जरूरत होती है वह ज्ञान आपको बिना किसी प्रयास के मिल जाता है। उदाहरण के लिए अभ्यास के आरंभिक दिनों में आपका कोई भी भ्रम इस आश्वासन में बदल जाता है कि जिस ज्ञान की भी जरूरत होगी वह मिलेगा।

काम-पॉइंट काम को उत्तेजित करने के लिए है। आठवें चक्र को पार करने के बाद यह संभव है कि आपकी कामेच्छा आपकी किशोरावस्था की कामेच्छा से भी अत्यधिक तीव्र हो जाए और मन कामुक विचारों से भर जाए। (यह उन सभी के लिए एक निराशाजनक आश्चर्य हो सकता है जो

अपनी वृद्ध अवस्था में आठवें चक्र पर पहुँचते हैं। एक स्तर पर हम प्रायः समझ लेते हैं कि काम को हम पीछे छोड़ आए हैं।)

कई लोग अपने काम को दबाना चाहते हैं क्योंकि वे सोचते हैं कि यह उनके आध्यात्मिक विकास में सहायक नहीं होगा। लेकिन ऐसा करने से वे ज्ञान (सरस्वती) को भी दबा देते हैं। जब सरस्वती पॉइंट सक्रिय होता है तो आपका काम भी सक्रिय हो जाता है। जब आप काम को हटाते हैं तो आप ज्ञान को भी हटाते हैं। अतः विचारों से काम को बलपूर्वक दबाना ठीक नहीं। एक बेहतर तरीका यह है कि नियमित अभ्यास और उचित मनोभाव उत्पन्न करके संयम का विकास करें। पॉइंट-A पर ध्यान तथा पॉइंट-B की सफ़ाई जैसे कुछ उन्नत अभ्यास इसमें मदद करेंगे। इन्हें आप किसी हार्टफुलनेस ट्रेनर से सीख सकते हैं।

जब आप आठवें चक्र से आगे बढ़ते हैं तो जीवन में खुलेपन का एक नया स्तर उत्पन्न करने के लिए शरणागति की अवस्था फ़लने-फूलने लगती है। अपने मार्ग में आने वाली हर चीज को चाहे वह हमारी जागरूकता में भी न हो हम बिना अपनी ओर से कोई निर्णय लिए स्वीकार करते चलते हैं। हमारी आँख लक्ष्य पर टिकी रहती है और स्रोत की महानता के आगे अपनी तुच्छता का अहसास हमारे हृदय में पनपने लगता है।

आत्मावलोकन

क्या आप जीवन का कोई ऐसा उदाहरण याद कर सकते हैं जिसमें आपने किसी परिस्थिति को जाने दिया हो? उससे आपको स्वयं के बारे में क्या शिक्षा मिली?

क्या चीजों में अच्छा और बुरा न देखने से जीवन में आपको चैन और शान्ति मिलती है?

23

नौवाँ चक्र - तुच्छता का भाव

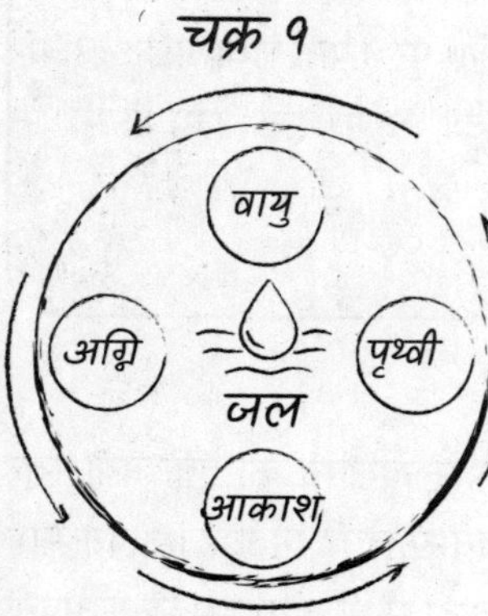

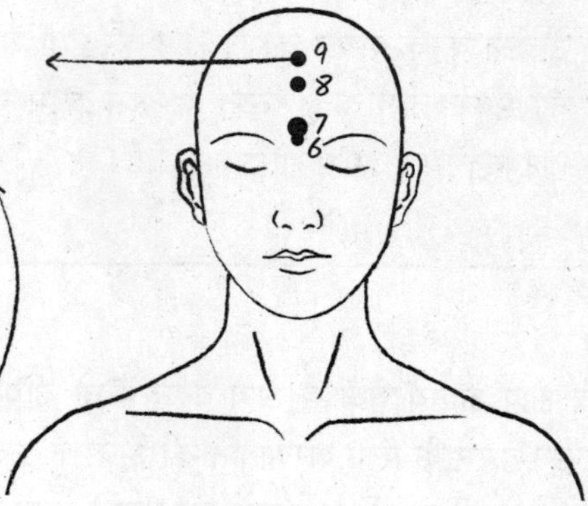

नाम	नौवाँ चक्र
प्रमुख तत्व	जल
रंग	स्लेटी (Gray)
स्थिति	दसवें चक्र से चार अंगुल चौड़ाई के बराबर माथे की ओर
लक्षण	शरणागति और विनम्रता
मुख्य अनुभूतियाँ	चारों ओर दिव्यता
एक जैसे स्पंदन	चौथा चक्र
क्षेत्र	शरणागति और परम, प्रपन्न प्रभु

एक बार किसी सम्राट ने फर्श पर चौक से एक रेखा खींची और अपने दरबारियों से कहा, "मैं चाहता हूँ कि आप इस रेखा को छोटा कर दें। लेकिन इसे मिटाना नहीं है और फर्श को भी नहीं तोड़ना है।"

जब कोई नहीं बता पाया कि रेखा को छोटा कैसे किया जाए तो राजा का प्रिय मंत्री आया। उसने एक चौक ली और उस रेखा के आगे उससे भी लम्बी एक और रेखा खींच दी। एक ही पल में राजा द्वारा खींची गई रेखा छोटी हो गई।

नई रेखा ने दृष्टिकोण बदल दिया। अहम् को हल्का कर देना भी इसी प्रकार का एक अभ्यास है। यदि आप अहम् को बलपूर्वक समाप्त करना चाहेंगे तो इससे कुछ नहीं होगा। लेकिन यदि आप अपना दृष्टिकोण बदल देंगे और किसी अत्यधिक महान और भव्य चीज की ओर देखेंगे तो आपका हृदय प्रशंसा से भर जाएगा। वह उस महान ख़याल से एक हो जाना चाहेगा और अहम् इसमें मदद करेगा। जीवन बदल देने वाला ऐसा दृष्टिकोण तब निर्मित होता है जब आप नौवें चक्र में प्रवेश करते हैं। आप एक ऐसी अवस्था में प्रवेश कर जाते हैं जहाँ आपको यह लगता है कि आपने एक नए संसार में जन्म ले लिया है।

नौवाँ चक्र एक ऐसा क्षेत्र है जहाँ संतुलन आपके और स्रोत के बीच में झूलता रहता है। यहाँ आने तक तो हमारा जीवन 'मैं' पर केन्द्रित था और उच्चतर स्व 'वह' बाहरी घेरे में था। नौवें चक्र पर आप 'वह' पर केन्द्रित हो जाते हैं और 'मैं' बाहरी घेरे से भी विलीन हो जाता है। काफी चढ़ाई कर लेने के पश्चात और बादलों से ऊपर उठते हुए अपने स्पिरिचुअल एनाटमी प्रोजेक्ट में पहली बार आपको स्रोत की सीधी झलक दिखाई देती है। बहुत पास होते हुए भी बहुत दूर होने का भाव जो अब तक बना हुआ था अब चला जाता है। आपका हृदय जान जाता है कि आप परम की उपस्थिति में पहुँच गए हैं।

यह अनुभव आपके ऊपर इतना गहरा असर डालता है कि आपके हृदय में एक स्वतः ध्यान की अवस्था उत्पन्न हो जाती है। आप फ्लाइट पकड़ने के लिए दौड़ लगा रहे हों, लॉन की घास काट रहे हों, खाना पका रहे हों या कोई बहस ही कर रहे हों लेकिन इन सब के मध्य आपके भीतर की ध्यानावस्था बिना किसी व्यवधान के बनी रहती है। सतत स्मरण जो अभी तक आपके द्वारा उत्पन्न एक अभ्यास था अब साँस की तरह स्वतः चलता रहता है।

कृष्ण की आध्यात्मिक संगिनी राधा कृष्ण के बारे में सोचत-सोचते ध्यान में डूब गई और ध्यान करते हुए उनका हृदय कृष्ण, कृष्ण, कृष्ण.... पुकारने लगा। कुछ समय के बाद राधा का स्वरूप बदल कर कृष्ण हो गया और उस कृष्ण ने फिर राधा, राधा, राधा..... पुकारना शुरू कर दिया।

यह कहानी राधा या कृष्ण के बारे में नहीं बल्कि इस बारे में है कि किस प्रकार इस यात्रा में आप एक ऐसे स्थान पर पहुँच चुके हैं जहाँ आपकी पुकार केन्द्र में गूँजती है। अभी तक तो आप केन्द्र को खोज रहे थे लेकिन अब केन्द्र आपको खोजने लगता है।

नौवें चक्र पर महसूस होने वाली दशाएं

छोटी रेखा और बड़ी रेखा की इस उपमा को आगे बढ़ाते हुए आपका हृदय अब स्रोत को हर समय ऐसे महसूस करता है मानो उसकी हर धड़कन स्रोत की उपस्थिति की याद दिलाती हो। जहाँ भी आप देखते हैं आपको स्रोत की ही किरणें दिखाई देती हैं। पक्षी, फूल, कीड़े, पेड़-पौधे, हवा, पानी, लोग सभी स्रोत से आते महसूस होते हैं और यह भाव हावी रहता है। आपके हृदय से कोमलता के भाव फूटने लगते हैं और ऐसा कोमल हृदय सभी बुराइयों और पूर्वाग्रहों को अलविदा कह देता है।

नौवें चक्र पर और उसके बाद अहम् वाष्पीभूत होता हुआ विनम्रता में बदलता जाता है। जितना अधिक आप अपने हृदय को समर्पित होने देते हैं उतना ही अधिक आप विनम्र और प्रेम स्वरूप होते जाते हैं। और क्या इसकी कोई सीमा है कि हृदय स्वयं को कहाँ तक समर्पित कर सकता है? हम अनन्त से आते हैं और अनन्त में ही समा जाते है और प्रेम करने की हमारी क्षमता भी अनन्त होती है। हृदय जितना अधिक समर्पित होता जाता है आपसे होकर उतना ही अधिक प्रेम भी प्रवाहित होता जाता है।

इस क्षेत्र से लेकर आगे तक आपका अंतर्मन स्रोत के पानी के सदृश बिलकुल साफ़ हो चुका होता है और आपको अपनी कमियाँ और भी अधिक स्पष्ट नजर आने लगती हैं। दूसरों पर हावी होने का अहम् का कोई इरादा भी अब अत्याचार महसूस होता है। यहाँ तक कि हल्के से गलत विचार भी भीतर चोट पहुँचाते हैं और आप तुरन्त अपने विचारों को ठीक कर पश्चाताप करते हैं और क्षमा के लिए प्रार्थना करते हैं।

तुच्छता के भाव की अवस्था

वह कहानी याद करें जो मैंने हृदय-मंडलों के बारे में लिखते समय बतायी थी जिसमें बाबूजी ने मेरी आन्तरिक दशा की प्रशंसा की थी। उन दिनों मेरी दशा ऐसी थी जैसी कि झुलसाती गर्मी के दिन में पेड़ की छाया में आराम करते एक कुत्ते की

होती है। बाबूजी ने मेरी दशा को पढ़ा और कहा, "आपको इस दशा में सातों दिन और चौबीसों घंटे रहना चाहिए।" यह तुच्छता की दशा 'अभूधियत' थी। नौवें चक्र में लय हो जाने पर आप तुच्छता की दशा में पहुँच जाते हैं। इस अवस्था में आप आदर-निरादर आदि जैसी चीजों की परवाह नहीं करते। आप 'उस' पर केन्द्रित रहते हैं और आपका ध्यान वहीं टिका रहता है।*

इस अवस्था में थोड़ी विस्मृति भी साथ रहती है जहाँ अपनी योग्यताओं पर आपका ज्यादा ध्यान नहीं रहता। लेकिन चौंकिए नहीं। वे दूर नहीं होतीं बल्कि अपने या दूसरों के सामने स्वयं को अच्छा दिखाने का आपका बोझ दूर हो जाता है। आपकी योग्यताएं एक उच्च प्रदर्शन हेतु आपके हाथ में ही रहती हैं। जरूरत पड़ने पर आप उनका उपयोग करते हैं और फिर उन्हें दूर कहीं रख देते हैं।

चुनाव से स्वतंत्रता-एक व्यस्त मन

हमारे चुनाव कितने भाव-विभोर कर देने वाले हो सकते हैं इसको हम प्रायः गंभीरता से नहीं लेते। इन चुनावों को ही लें जो हम रोज करते हैं – क्या करें, धन को कैसे खर्च करें, किसके साथ समय बिताएं, क्या खाएं, कब उठें, कब सोएं, क्या पहनें आदि। कॉर्नेल यूनिवर्सिटी के शोध अध्ययन के अनुसार हमारा मस्तिष्क सिर्फ़ खाने के बारे में ही रोज 226.7 निर्णयों पर मंथन करता है![25] जीवन के महत्वपूर्ण निर्णयों जैसे कहाँ रहें, किससे विवाह करें, क्या पढ़ें, कौन सा करिअर अपनाएं आदि की तो बात ही क्या।

लगातार निर्णय लेने का बोझ और निजी प्राथमिकताएं प्रायः आपस में घुल-मिल जाती हैं और बहुत से लोगों के भीतर उनका एक भयानक घोल FOMO (Fear Of Missing Out – खो देने का भय) बनाती हैं। यहाँ तक कि कोई चुनाव करने से पहले ही उन्हें उन चीजों का भी पछतावा होने लगता है जिनका चुनाव वे नहीं करने जा रहे। वे उन निर्णयों के बारे में ही सोचते रहते हैं जो उन्होंने नहीं लिए और अपने साथ होने वाली अच्छी चीजों को भी बर्बाद कर देते हैं। नौवें चक्र पर आप सोचने और चुनने से उत्पन्न हुए बौद्धिक और भावनात्मक बोझ से मुक्त हो जाते हैं। एक चुनाव-मुक्त मन आपको इस अव्यवस्था से निकाल कर

* भारतीय पुराणों के अनुसार हनुमान भगवान राम के भक्त थे। उन्होंने हमारे सामने तुच्छता की दशा का एक उदाहरण पेश किया है। 'हनु' का अर्थ है हनन तथा 'मान' का अर्थ है सम्मान। अतः हनुमान का अर्थ है 'वह जो अपने मान-सम्मान की परवाह नहीं करता'। वह जिसका ध्यान पूर्णतः अपने भक्ति के ध्येय पर केन्द्रित रहता है।

अंतर्बोध से आपका मार्गदर्शन करता है। आपको ज्यादा सोचना नहीं पड़ता। उत्तर सीधे आपके हृदय में महसूस होता है। हृदय के आधार पर निर्णय लेना आपके व्यवहार में सोचने से महसूस करने की ओर एक बदलाव है और इस बदलाव को आप अपने भीतर महसूस कर सकते हैं। आपको नौवें चक्र तक पहुँचने की प्रतीक्षा नहीं करनी पड़ती। सोचने से महसूस करने की ओर का यह बदलाव काफ़ी पहले ही आरम्भ हो जाता है जहाँ आपका हृदय अधिक बोलने लगता है तथा आपके निर्णय लेने में आपका मार्गदर्शन करने लगता है। साथ ही जब आप मार्ग से भटक रहे हों तो आपको प्रेरित व सतर्क भी करता है।

नौवें चक्र पर हृदय से निर्णय लेना एक मानक बन जाता है। आपके भीतर परिस्थितियों से साहसपूर्वक निबटने की भीतरी योग्यता व धीरता उत्पन्न हो जाती है क्योंकि हृदय और मन के क्षेत्रों में आपसी सामंजस्य बन जाता है। आपके इरादे, आपके विचार और आपके चुनाव आपके विकास की ओर उन्मुख हो जाते हैं तथा विचार में स्पष्टता, कर्म में मानवता और परिणाम में सन्तोष आ जाता है।

गुरु और अभ्यासी के मध्य उच्च स्तरीय सम्बन्ध

जब तक आप नौवें चक्र पर पहुँचते हैं गुरु के साथ आपका सम्बन्ध आपसी विश्वास और श्रद्धा के स्तर तक परिपक्व हो चुका होता है। एक अभ्यासी के रूप में आप उन दशाओं व उन अनुभवों के लिए जिन्होंने आपको प्रगति में सहायता प्रदान की गुरु के कृतज्ञ हो जाते हैं। आपका हृदय आपकी उपलब्धियों की सराहना करता है और सराहना से विश्वास उपजता है। यह विश्वास दृढ़ होकर इस आस्था में बदल जाता है कि हाँ, कोई है जो मेरे लक्ष्य तक पहुँचने में मेरी सहायता कर सकता है। आपके हृदय में जब यह आस्था अटूट हो जाती है तो हृदय से हृदय का सम्बन्ध स्थायी हो जाता है।

हृदय से हृदय के इस सम्बन्ध के स्तर पर पहुँचना अत्यन्त विशेष होता है। हर कोई इस स्तर तक नहीं पहुँच पाता इस कारण नहीं कि गुरु ऐसा नहीं चाहते बल्कि इसलिए क्योंकि प्रकृति लोगों को फ़िल्टर करके अलग करती रहती है। हालांकि आध्यात्मिक या भौतिक लक्ष्यों को प्राप्त करना लक्ष्य के साथ हमारी प्राथमिकता पर निर्भर करता है। जब हमारा लक्ष्य और हमारी प्राथमिकता एक दिशा में हों तो हम तेजी से प्रगति करते हैं और यदि वे अलग-अलग दिशाओं में हों तो प्रगति धीमी होती है। यदि आपका लक्ष्य शरीर को फ़िट रखना है तो व्यायाम करना आपकी

सर्वोच्च प्राथमिकता होगी, यदि आप आर्थिक स्वतंत्रता पाना चाहते हैं तो धन अर्जित करना आपकी सर्वोच्च प्राथमिकता होगी और यदि आप परम तत्व को प्राप्त करना चाहते हों तो उचित मनोभाव के साथ अभ्यास करना ही आपकी सर्वोच्च प्राथमिकता होनी चाहिए।

वह जिज्ञासु जिसका लक्ष्य और प्राथमिकता मिल जाते हैं गुरु के साथ एक अनोखे सम्बन्ध का मार्ग बना लेता है। लक्ष्य पर पहुँचने के लिए जिज्ञासु की निष्ठा, अनुशासन, और उत्सुकता गुरु के हृदय को हिला देती है। इस अवस्था में जिज्ञासु को शिष्य कहा जा सकता है इस दृष्टि से कि उसने एक आत्म-अनुशासन उत्पन्न कर लिया है। हृदय से हृदय के इस सम्बन्ध को स्थायी बनाना गुरु ही सुनिश्चित करता है।

जिस प्रकार एक माँ अपने गर्भ में एक बच्चे को नौ माह तक रखती है उसी प्रकार यात्रा की इस अवस्था में गुरु भी अपने मानसिक गर्भ में शिष्य की याद को सात माह तक सँजो कर रखता है। इन सात महीनों तक विचारों में जुड़े रहने से गुरु शिष्य के 'आध्यात्मिक अस्तित्व' की रचना कर देता है। इस अवधि के अंत में गुरु शिष्य के 'आध्यात्मिक अस्तित्व' को अस्तित्व के उच्चतर आयाम में जन्म देता है।

कुछ देर जरा अपनी हार्ड ड्राइव का क्लाउड पर बैकअप लेने के बारे में सोचें जिसमें यह बैकअप आपकी हार्ड ड्राइव का बिलकुल वैसा ही प्रतिरूप होता है। इसी प्रकार 'आध्यात्मिक अस्तित्व' को भी आप आत्मा का प्रतिरूप समझ सकते हैं। लेकिन जहाँ हम केवल एक बटन दबाकर ड्राइव का बैकअप ले सकते हैं वहीं यहाँ पर यह उपलब्धि हासिल करना कोई आसान काम नहीं होता। आत्मा का प्रतिरूप बनाना एक महान आध्यात्मिक उपलब्धि है जहाँ तक पहुँचने के लिए गुरु सभी की उत्सुकतापूर्वक प्रतीक्षा करता है।

तुच्छता की दशा यह सब संभव बना देती है। यह कोई ऐसी तुलनात्मक दशा नहीं कि जिसमें आप अपने अहम् को दबाकर स्वयं को तुच्छ समझने लगें। हृदय की आन्तरिक कोमलता ऐसी हो जाती है कि तुलना करने के लिए कोई अन्य रूप ख़याल में ही नहीं आता। ऐसी आत्मा अपने आन्तरिक लचीलेपन के कारण शक्तिशाली होने लगती है। दूसरे अध्याय में मैंने बर्फ़, पानी और भाप का उदाहरण दिया था। इन तीनो में फैलने की सबसे अधिक शक्ति भाप में होती है। इसी प्रकार नौवें चक्र पर आत्मा भी इतने सूक्ष्म स्तर पर होती है कि वह अपने प्रतिरूप बनाती हुई स्वयं में वृद्धि कर सकती है।

आत्मा के प्रतिरूप की व्याख्या

आत्मा के प्रतिरूप के विचार को समझने के लिए जीवन-शक्ति के बारे में सोचें कि वह किस प्रकार विभाजित होती हुई वृद्धि करती है। गुलाब। लैवेंडर, बरगद जैसे पेड़ भी होते हैं जिनमें से यदि आप एक शाखा काट कर उसे बो दें तो कुछ ही दिनों में उसमें जड़ें निकल आती हैं। अन्य पेड़ जैसे बबूल बीजों को बिखेर कर जीवन-शक्ति को आगे बढ़ाते हैं। अतः चेतना के स्तर के अनुसार जीवन-शक्ति को आगे बढ़ाने के अलग-अलग तरीके होते हैं।

मनुष्य में शारीरिक जन्म के अतिरिक्त इसी जन्म में आध्यात्मिक जन्म की भी संभावना होती है। आत्मा का प्रतिरूप बनाना ही आध्यात्मिक जन्म लेने की विधि है। वे आत्माएं जो शक्ति के एक निश्चित स्तर तक पहुँच गई हैं अपने प्रतिरूप बना सकती हैं। कम शक्ति की आत्माओं के लिए अपने प्रतिरूप बनाना संभव नहीं। अधिक शक्ति वाली आत्माएं अपने जिस प्रतिरूप को जन्म देती हैं उसे उनका 'आध्यात्मिक अस्तित्व' कहते हैं। उसकी शक्ति का स्तर भी वही होता है जो उस आत्मा का।

'आध्यात्मिक अस्तित्व' उस आयाम में जन्म लेता है जो आयाम उसके हल्के स्पंदनों के साथ तालमेल बैठा सके। गुरु की मार्गदर्शक निगाह में नौवें चक्र की चेतना से मेल खाते आयाम में 'आध्यात्मिक अस्तित्व' का जन्म होता है। इस आयाम में 'आध्यात्मिक अस्तित्व' का स्वागत सभी आध्यात्मिक गुरुओं द्वारा बड़े उत्साह और देखभाल के साथ किया जाता है।

वहाँ पर 'आध्यात्मिक अस्तित्व' अपने घर जैसा महसूस करता है लेकिन उसका पोषण आपके माध्यम से ही होता है। जो कर्म आप यहाँ इस संसार में करते हैं वे उसकी प्रगति को प्रभावित करते हैं। मानो आप और आपका 'आध्यात्मिक अस्तित्व' किसी नाल से जुड़े हों। जब आप ध्यान करते हैं तो आपके स्पंदन 'आध्यात्मिक अस्तित्व' की ओर जाते हैं और उसके विकास में उसकी सहायता करते हैं। जब आप सतत स्मरण में डूबे होते हैं तो वह आध्यात्मिक ऊर्जा जो आपको प्रेरणा प्रदान करती है आपके 'आध्यात्मिक अस्तित्व' का भी पालन-पोषण करती है। जब आप सरलता और पवित्रता उत्पन्न करते हैं तो आपके भीतर से उत्सर्जित होने वाले हल्केपन को आपका 'आध्यात्मिक अस्तित्व' महसूस करता है। स्वीकार्यता, उदारता और त्याग इस जीवन में तो आपकी मदद करते ही हैं साथ ही आपके 'आध्यात्मिक अस्तित्व' को पोषण प्रदान कर इससे आगे के जीवन में भी आपकी मदद करते हैं।

लेकिन जिस प्रकार पालन-पोषण संभव है उसी प्रकार उपेक्षा भी संभव है।

यदि कोई नौवें चक्र और उससे ऊपर के चक्रों पर रहते हुए भी पूर्वाग्रह, घृणा तथा अन्य नकारात्मक लक्षणों का शिकार बना रहे तो उसके 'आध्यात्मिक अस्तित्व' को भी हानि पहुँचती है। जितनी अधिक ऊँचाई से कोई गिरता है चोट भी उतनी ही अधिक लगती है। यदि हम सड़क पर चलते हुए फिसल जाएं तो हमें कुछ खरोंचें या मोच ही आ सकती हैं। लेकिन यदि कोई ऊँचाई से गिरे तो परिणाम विनाशकारी हो सकता है।

इसी प्रकार जब आप ऊँचे क्षेत्रों में हों और भीतर का दिशा-सूचक दिशाहीन हो जाए तो आध्यात्मिक अस्तित्व मुरझाने लगता है। दूसरे आयाम में वह भारी स्पंदनों के दर्द से कराहने लगता है और पीड़ित होता है। हद हो जाने पर आध्यात्मिक अस्तित्व मुरझा कर गिर भी सकता है। यह एक आध्यात्मिक आपदा होगी।

क्या इसका यह अर्थ है कि हम यही चिन्ता करते रहें कि हमसे कहीं कोई गलती न हो जाए? इस भय में जीना कि कहीं हम कोई ऐसी गलती न हो जाए जिससे हमारा पतन हो जाए लक्ष्य की ओर बढ़ने का सकारात्मक तरीका नहीं है। और यदि हम गलतियों के बारे में ही सोचते रहेंगे तो कभी न कभी गलतियाँ कर भी बैठेंगे। हमें यह याद रखना चाहिए कि यहाँ तक हमें कौन लाया। हमारी भक्ति हमें यहाँ तक लाई। लक्ष्य के प्रति प्रेमपूर्ण भक्ति ने हमारी चढ़ाई संभव बनाई। हमें भक्ति की शरण में चले जाना चाहिए ताकि उसकी शक्ति हमारी प्रगति को बल प्रदान करती रहे।

हमें नदी के उन तटों का ध्यान रखना चाहिए जो भक्ति रूपी नदी को शान्तिपूर्वक बहने देते हैं। उन तटों के नाम 'विनम्रता' और 'पवित्रता' हैं। 'मैगनम फ़ोर्स' नामक मूवी में क्लिंट ईस्टवुड के चरित्र डर्टी हैरी द्वारा बोले गए वे प्रसिद्ध शब्द, "मनुष्य को अपनी सीमाएं जाननी चाहिएं" यहाँ चरितार्थ हो जाते हैं। 'विनम्रता' और 'पवित्रता' हमें अपनी सीमाओं के प्रति सचेत करती हैं। हृदय संवेदनशील हो जाता है तथा पुरानी वृत्तियों के उभरने का हल्का सा भी कोई लक्षण आपके हृदय में चेतावनी के संकेत उत्पन्न कर देता है। इस तरह के विचार जैसे, क्या यह सोचने का सही तरीका है? अपने कार्यों को मैं कैसे सुधारूँ? क्या मैं हृदय की उचित कोमलता से कार्य कर रहा हूँ? तथा ऐसे कार्यों के प्रति मेरा परिवार तथा मेरे गुरु कैसा महसूस करेंगे? आपके मार्ग को ठीक करने में आपकी मदद करेंगे।

आध्यात्मिक अस्तित्व की प्राथमिक भूमिका आपकी आत्मा की शक्ति को बढ़ाना है। अकेले कार्य करने की अपेक्षा अब आपके पास एक शक्तिवर्धक भी है। अब आप साथ मिलकर तेज प्रगति करने के लिए एक से दो हो गए हैं।

एक और चीज याद रखनी है कि यद्यपि ब्रह्माण्ड की महाप्रलय का समय जब सृष्टि की हर चीज वापस केन्द्र में विलीन हो जाएगी अभी अरबों वर्ष दूर है लेकिन विकसित आत्माएं और उनके आध्यात्मिक अस्तित्व अगली सृष्टि के चेतना-स्तर को प्रभावित करेंगे।

दाजी से पूछें

मेरी मृत्यु पर मेरी आत्मा का क्या होगा?

मृत्यु के समय आपकी आत्मा उस आयाम में चली जाती है जिसके स्पंदन आपकी आत्मा के स्पंदनों से मेल खाते हों। आयामों की संख्या अनन्त है अतः हर आत्मा किसी न किसी के स्पंदन से मेल कर ही जाती है। यह एक ताले और चाबी के जोड़े की तरह होता है।

यदि चेतना का विकास पाँचवें चक्र से आगे हो चुका है तो आत्मा मुक्ति को प्राप्त हो जाएगी। ऐसी आत्माओं का पुनर्जन्म नहीं होता (जब तक वे जन्म न लेना चाहें)। मुक्त आत्माओं का मार्गदर्शन उस आयाम में स्थित आत्मा के मार्गदर्शक करते हैं। यदि आत्मा को मुक्ति नहीं मिलती तो अपने कर्म के अनुसार वह मोक्ष का आनन्द उठाती है और फिर जन्म ले लेती है।

हर आयाम में आत्मा के मार्गदर्शक होते हैं। कुछ मार्गदर्शक आगे-पीछे कई आयामों में आते-जाते रहते हैं। लेकिन हमारी आध्यात्मिक प्रगति की देखभाल करने के लिए हमेशा कोई निर्धारित मार्गदर्शक या मार्गदर्शकों की एक टीम होती है। वहाँ भी कोई मार्गदर्शक यदि किसी आयाम के लिए निर्धारित है तो उसे ऊपर जाने की स्वतंत्रता नहीं होती। लेकिन आत्माओं के कुछ मार्गदर्शक ऐसे होते हैं जो ऊपर-नीचे किसी भी आयाम में आ-जा सकते हैं। आत्मा के ऐसे मार्गदर्शक जिन्हें ऊपर-नीचे किसी भी आयाम में आने-जाने की स्वतंत्रता होती है अत्यधिक उन्नत मार्गदर्शक होते हैं।

नौवें चक्र की यात्रा हमें यह दिखाती है कि किस प्रकार तुच्छता का भाव हमें चेतना की महान ऊँचाइयाँ छूने में मदद करता है। यह प्रकृति की रचना के इस सौन्दर्य को प्रदर्शित करता है कि जितने हम विनम्र होते जाएँगे उतने ही हम ऊपर उठते जाएंगे और उतना ही हल्का हमारा अहम् होता जाएगा और हमारे हृदय में उतरने वाली चेतना की अवस्थाएं उतनी ही श्रेष्ठ होती जाएंगी।

आत्मावलोकन

क्या आपने कई चुनावों के परिणामस्वरूप भावनाओं के अतिरेक का अनुभव किया है? इन भावनाओं से आप कैसे उबरे?

विनम्रता के महत्त्व के बारे में इस समय आपके क्या विचार हैं जिससे कि आप और आध्यात्मिक उन्नति कर पाएं?

24

दसवाँ चक्र - अपनापन

चक्र 10

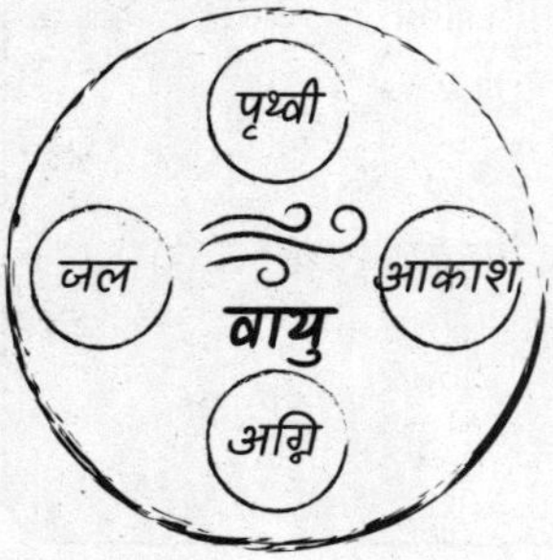

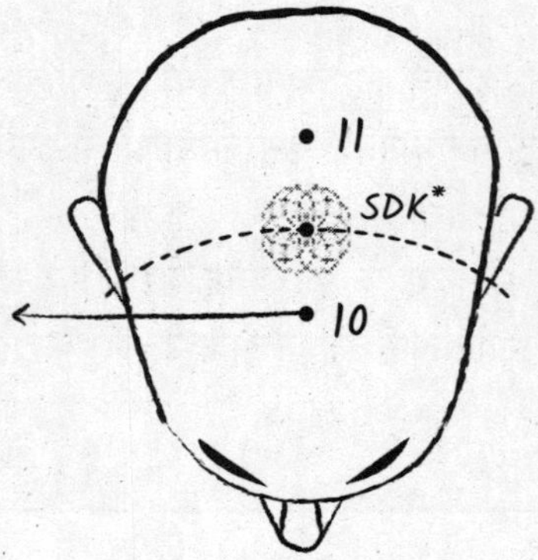

*SDK: सहस्र दल कमल

नाम	दसवाँ चक्र
प्रमुख तत्व	वायु
रंग	मध्यम हरा
स्थिति	सहस्रार से दो अंगुल चौड़ाई के बराबर माथे की ओर
लक्षण	अपनापन
मुख्य अनुभूतियाँ	परम से एकता का भाव
एक जैसे स्पंदन	पाँचवाँ चक्र
क्षेत्र	परम, प्रभु

मार्शल आर्ट के एक गुरु किसी मठ में अपने उत्तराधिकारी की खोज करने का विचार करते हुए घूम रहे थे। घूमते हुए उन्होंने देखा कि मठ के चारों ओर एक दीवार बनाई जा रही है। उन्होंने दीवार बनाते हुए एक भिक्षु को देखा जो काफी समय से मठ में रहता था। उन्होंने उससे पूछा कि वह क्या कर रहा है तो भिक्षु ने विनम्रतापूर्वक कहा, "मास्टर, मैं ईंटें लगा रहा हूँ"।

गुरु चलते रहे और फिर दीवार पर काम करते एक दूसरे भिक्षु से वही प्रश्न पूछा तो उसने कहा, "मठ की सुरक्षा के लिए दीवार बना रहा हूँ"।

चलते-चलते अंत में गुरु ने एक युवा भिक्षु को देखा जो सीटी बजाता हुआ ईंटें लगा रहा था। उसके हल्केपन और आनन्द ने गुरु के हृदय को छू लिया। वह भिक्षु मठ में नया था अतः उसने गुरु को पहले कभी नहीं देखा था। गुरु उसके पास आए और उन्होंने पूछा, "नवयुवक, तुम क्या कर रहे हो?"

"मैं अपने गुरु के सपनों का एक भाग बना रहा हूँ। मैं ईंटें लगा रहा हूँ लेकिन यह किसी बहुत सुन्दर चीज की शुरुआत है। आप देखेंगे कि कुछ ही वर्षों में यह मठ एक प्रकाश-स्तम्भ बन जाएगा।"

युवा भिक्षु के अपनेपन ने उसे अपने गुरु के सपने से जोड़ दिया था। ऐसा अपनापन तब आता है जब सभी हृदय किसी एक उच्चतर उद्देश्य के लिए धड़कते हों। यह उस गहरे आध्यात्मिक जोड़ को दर्शाता है जो सभी जीवों को जोड़े हुए है और जहाँ किसी एक का सपना सभी का सपना है।

जब कोई दसवें चक्र में प्रवेश करता है तो ऐसी ही दशा प्रकट होना आरम्भ होती है। दसवें चक्र में प्रवेश परम-क्षेत्र में आपकी यात्रा का आरंभ है। परम-क्षेत्र को 'आदि मन' या 'प्रभु का क्षेत्र' भी कहते हैं। यह एक विशाल क्षेत्र होता है जो दसवें, ग्यारहवें और बारहवें चक्र तक फैला होता है। परम-क्षेत्र में प्रवेश यात्रा की एक उच्च उपलब्धि है जहाँ आप मानव और मानवीय स्तरों से उठकर अब दिव्य क्षेत्र में तैरते हुए स्रोत की ओर बढ़ते हैं।

दसवें चक्र पर महसूस होने वाली दशाएं

नौवें चक्र पर आप और स्रोत दो ही थे। नौवें चक्र से आपकी प्रार्थना भरी पुकार स्रोत तक पहुँच गई। उस क्षण से पहले तक आप स्रोत की खोज में थे और नौवें चक्र पर फिर स्रोत आपको खोजने लगा। खोज और खोजने वाले का यह खेल जो नौवें चक्र पर आरम्भ हुआ था अब जोर पकड़ लेता है। और जैसा कि क्षेत्र के नाम से ही विदित है जब तक इस क्षेत्र में आपकी यात्रा समाप्त होती है केवल एक 'परम'

ही रह जाता है और मनोमंडल में अपनी यात्रा समाप्त करने से पहले आप अपने अहम् को वाष्पीभूत करने में सफल हो चुके होते हैं।

अपनापन

वह आत्मीयता जिसके द्वारा परम ही सब कुछ हो जाता है और आपका अहम् पूर्णतः वाष्पीभूत हो जाता है देखने लायक होती है। यह किसी प्रभुत्व या अधिकार की विजय गाथा नहीं। यह प्रेम में पिघल जाने की कहानी है। जहाँ नौवें चक्र पर आपको स्रोत की एक झलक मिली थी वहीं अब दसवें चक्र में प्रवेश करते ही आपको स्रोत से निकटता महसूस होने लगती हैं। यह निकटता आपको अहसास कराती है कि, 'मैं और परम अब एक हैं। हमारे बीच अब कोई अंतर नहीं है। हर वह चीज जो परम की है मेरी भी है'।

'मेरेपन' का यह भाव जब विकसित होता है तो वह जीवन के सभी पहलुओं में बिखर जाता है। कार्य स्थल पर, घर में, समुदाय में, जहाँ भी आप हों आपके हृदय का खुलापन और आपकी उपस्थिति दूसरों को प्रेरणा प्रदान करती है। जब अपनापन छा जाता है तो सामान्य प्रोत्साहन जैसे अधिक धन, अधिक शक्ति, अधिक प्रसिद्धि आदि सब पीछे छूट जाते हैं।

इस उदाहरण के बारे में सोचें। कोई तूफ़ान आ रहा है। आपके कमरे की एक खिड़की टूटी हुई है। काँच भी टूटे हुए हैं और आपके पास उन्हें ठीक करने के लिए पैसे नहीं हैं। आप क्या करेंगे? संभव है कि आप पैसा उधार लेंगे, किसी से मदद माँगेंगे या किसी अन्य चीज से खिड़की को ठीक करने के लिए कोई उपाय करेंगे। जैसे भी हो सके आप खिड़की को ठीक कर देंगे। क्यों? क्योंकि आपके मन में यह भाव है कि आपको अपने परिवार का ख़याल रखना है। अपनेपन का यह भाव देखभाल, सुरक्षा, पालन-पोषण और सबसे महत्वपूर्ण प्रेम करने की तात्कालिक आवश्यकता को उत्पन्न कर देता है।

उच्चतम स्व के प्रति श्रद्धा-भाव

ऐसी अवस्था में परम के प्रति श्रद्धा स्व के प्रति श्रद्धा होती है। क्यों? क्योंकि परम आपके भीतर है और इस अखण्ड सत्य का आपको अहसास है। भीतर और बाहर का भ्रम तो अहम् की दीवार ने बना रखा था। उस दीवार को जब गिरा दिया

जाता है तो भीतर और बाहर एक हो जाते हैं। अहम् के विलीन हो जाने से आप अपने चारों ओर और अपने भीतर एकत्व महसूस करते हैं।

आपके और परम के बीच कही जाने वाली दूरी मिट जाती है। संसार को आप परम की आँखों से देखने लगते हैं। जब आप बोलते हैं तो आपको लगता है मानो परम ही आपके माध्यम से बोल रहा है। गुलाब की खुशबू सूंघने के लिए पहले आपको बाग़ में जाना पड़ता था। अब गुलाब की खुशबू हर समय आपके साथ रहती है।

यही कारण है कि शरीर को आप एक पवित्र स्थान मानते हैं। शरीर का ख़याल आप परम के निवास के रूप रखते हैं। इस बात से सजग कि परम के साथ अब आपका संपर्क है आप ऐसे किसी भी कार्य से दूर रहते हैं जो आपके शरीर, मन और आत्मा की पवित्रता को धूमिल करता हो।

तद्रूपता

अपनापन तद्रूपता में परिपक्व हो जाता है। एक 'ओल्ड वाइव्स टेल' के अनुसार 'जो दम्पती साथ-साथ वृद्ध होते हैं शक्ल में भी मिलने लगते हैं'। सभी कथाओं की तरह हालांकि इस पर भी बहस की जा सकती है लेकिन जो बहस के लायक नहीं है वह यह कि जब तक आप दसवें चक्र पर पहुँचते हैं आप परम से प्रेम करने, उसके प्रति श्रद्धा रखने, उसके बारे में सोचने, उसे महसूस करने और उसके जैसे बनने में कई वर्ष गुजार चुके होते हैं। आपके हृदय की पवित्रता, अहम् की विनम्रता और प्रार्थना की तीव्रता ये सभी आपके और परम के बीच एकरूपता निर्मित कर चुके होते हैं। आखिर परम है क्या? यह आप ही हैं अपनी पवित्रतम और सरलतम अवस्था में।

दसवें चक्र से आरम्भ होकर यह तद्रूपता भी इस क्षेत्र में आपके बढ़ने के साथ-साथ विकसित होती रहती है। इस चक्र में सृष्टि और सृष्टिकर्ता के विचार की पकड़ आप पर ढीली पड़ने लगती है क्योंकि उनके बीच की दूरी अब आपको उतनी स्पष्ट नहीं दिखाई देती। आपकी निगाह अब ऊपर उठ जाती है और आप क्षितिज पर 'आदि मन' के मूल की ओर देख रहे होते हैं।

सहस्त्रार - आनन्द के जाल से बच निकलना

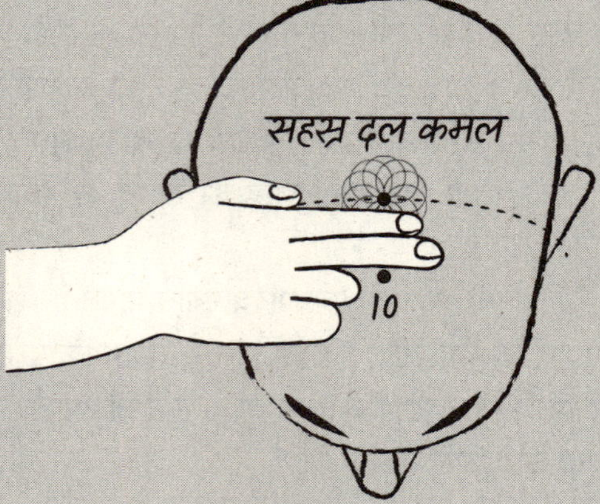

दसवें चक्र की यात्रा के अंत में हमारा सामना 'सहस्त्र-दल कमल' (सहस्त्रार, SDK) से होता है। दसवें और ग्यारहवें चक्र के मध्य में 'सहस्त्र-दल कमल' आनन्द का चक्र है। योग शास्त्र में इसका बढ़-चढ़ कर वर्णन किया गया है और इसे परमावस्था समझा जाता है। यह बात समझने योग्य भी है कि आखिर कौन आनन्द नहीं चाहता?

और यदि आपको याद हो तो यात्रा के विभिन्न भागों में चक्र चेतना को संकुचित भी कर सकते हैं। ये एक भूलभुलैया होते हैं जिनमें चेतना फँस सकती है और यात्रा थम सकती है। यह संकुचन कई रूपों में हो सकता है। दूसरे चक्र में यह शान्ति थी, सातवें चक्र में यह शक्ति और उन्माद था तथा दसवें और ग्यारहवें चक्र के बीच में यह 'सहस्त्र-दल कमल' का आनन्द है जो आपको अपने जाल में फँसा सकता है।

जिसकी हमें खोज है वह हमें उपलब्ध हमारी उच्चतम पहुँच - केन्द्र के साथ हमारी लयावस्था है। 'सहस्त्र-दल कमल' का आनन्द राह में नजर आने वाला एक दृश्य है, गंतव्य नहीं। और जब आनन्द होता है तो उसका आनन्द कौन उठाता है? उसका आनन्द आप उठाते हैं जिसका अर्थ यह है कि अहम् अभी भी मौजूद है और लक्ष्य बहुत दूर है।

बुजुर्गों ने हमें यह याद दिलाने के लिए कि लक्ष्य आनन्द से बहुत दूर है हमें एक सांकेतिक शब्द 'सच्चिदानंद' दिया है। जिसका अर्थ है सत्-

चित्त-आनन्द अर्थात् अस्तित्व, चेतना और आनन्द। यह मानवता को दिया गया एक मन्त्र या एक सांकेतिक शब्द है जो उसे मानव से मानवीय, मानवीय से दिव्य तथा दिव्य से उस पार जाने की उसकी यात्रा की दिशा बताता है। यह एक पवित्र सूत्र है कि 'यदि हमारी चेतना (चित्त) को विकसित होने दिया जाए तो हमारा अस्तित्व (सत्) सार्थक, उद्देश्यपूर्ण, सफल और आनंददायक (आनन्द) हो सकता है। और जब यह घटित होता है तो हम असली आनन्द का अनुभव करते हैं।'

हार्टफुलनेस की यात्रा में जब हम ग्यारहवें चक्र की ओर बढ़ते हैं तो हम 'सहस्र-दल कमल' के कुछ प्रभाव को महसूस करते हैं। यदि आपने सफ़ेद कपड़े पहने हों तो चाहे आप कोयले की खान से होकर कितना भी तेज दौड़ लें आपके ऊपर कुछ न कुछ कोयले की धूल पड़ ही जाएगी। ऐसा होगा ही। इसी प्रकार 'सहस्र-दल कमल' आनन्द का पॉवर हाउस है और आनन्द का कुछ स्पर्श आप भी पा जाते हैं। इस आनन्द को आप आराम की एक खुराक मान सकते हैं। क्योंकि जो ग्यारहवें चक्र पर आने वाला है उसके लिए आपको इसकी जरूरत होती है।

आत्मावलोकन

क्योंकि आपको अपने विचारों और इरादों का दूसरों पर पड़ने वाले प्रभाव का अहसास है अतः क्या आप अपने मन में उठने वाले विचारों पर ध्यानपूर्वक गौर करने के किसी उदाहरण को याद कर सकते हैं?

क्या आप कल्पना कर सकते हैं कि जब आप स्वयं को ब्रह्माण्ड की हर चीज के एक भाग के रूप में देखेंगे तो आपको कैसा महसूस होगा? उसके अहसास से आपकी चेतना में किस प्रकार फैलाव आएगा?

25

ग्यारहवाँ चक्र – बेचैनी

चक्र 11

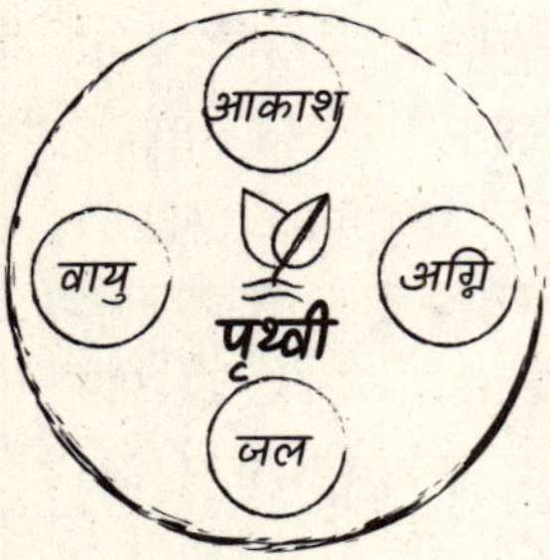

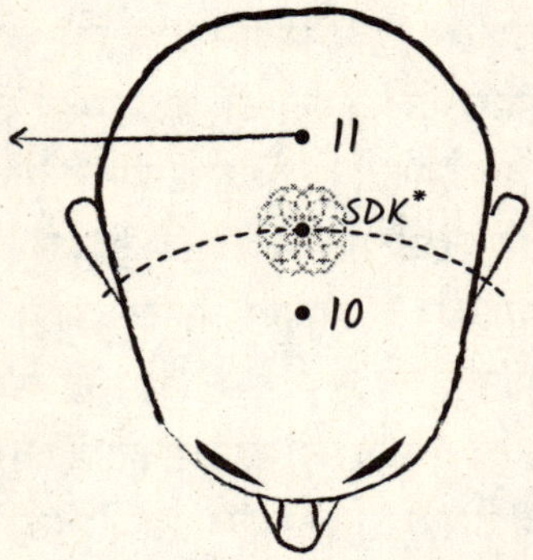

*SDK: सहस्र दल कमल

नाम	ग्यारहवाँ चक्र
प्रमुख तत्व	पृथ्वी
रंग	हल्का पीला
स्थिति	सहस्रार से दो अंगुल चौड़ाई के बराबर पीठ की ओर
लक्षण	सत्य का दर्शन
मुख्य अनुभूतियाँ	असहायता, बेचैनी
एक जैसे स्पंदन	पहला और छठा चक्र
क्षेत्र	परम, प्रभु

इस अध्याय को आरंभ करने से पहले मैं आपको दो शब्दों 'जीवन' और 'अस्तित्व' पर कुछ मिनट ध्यान करने के लिए आमंत्रित करता हूँ। यदि आपके पास डायरी हो तो प्रत्येक शब्द के अर्थ के विषय में एक या दो वाक्य लिखें। यदि आपको आसान लगे तो इसी पेज पर अपना उत्तर लिख दें और उस पर दिनांक लिख दें ताकि जब आप दोबारा देखें तो आप देख सकें कि समय के साथ आपके उत्तर किस प्रकार परिवर्तित हो गए।

अनुभवों का वर्णन करना थोड़ा टेढ़ा होता है मानो हम इन्द्रधनुष का वर्णन कर रहे हों। जिसने भी इन्द्रधनुष देखा हो वह इसके सौंदर्य और इसकी भव्यता की प्रशंसा तो कर सकता है लेकिन उसे शब्दों में व्यक्त करना एक चुनौती बन सकता है। नियमित रूप से डायरी लिखते रहने से हमें हृदय की गहराई में महसूस हुई अनुभूति को लिखने के लिए शब्द मिलने लगते हैं।

मेरी समझ से अस्तित्व शाश्वत है। जब 'अस्तित्व' शरीर धारण कर लेता है तो वह 'जीवन' बन जाता है। आपके जीवन का आरम्भ होता है और अंत भी। लेकिन अस्तित्व सतत है। आपके शरीर का 'जीवन' होता है और आपकी आत्मा का 'अस्तित्व' होता है। एक शाश्वत और सार्वभौमिक अस्तित्व का ज्ञान हो जाना यह संकेत है कि आपने दसवें चक्र की यात्रा को समाप्त कर लिया है। अपने हृदय में आप इस सार्वभौमिक अस्तित्व को और केन्द्र से उसके प्रवाह को महसूस करते हैं। जीवन का रूप, स्वरूप या रंग कैसा भी हो वह सब अस्तित्व की सततता में प्रवाहित हुआ करता है।

जीवन कई हो सकते हैं लेकिन अस्तित्व एक है। यह आप पहले भी जानते थे लेकिन दसवें चक्र पर आपको अपने अनुभव पर भरोसा हो जाता है और आप जान जाते है कि आप स्वयं ही वह शाश्वतता हैं। यह अनुभूति जब परिपक्व होने लगती है तो आप ग्यारहवें चक्र में डुबकी लगाने के लिए तैयार हो जाते हैं।

सार्वभौमिक अस्तित्व का अनुभव आपको स्रोत के दर्शन कराता है। वह स्रोत जहाँ से आप और हर चीज निकल कर आई है। घर दिखाई देने लगता है, पूरे दिन के सफ़र के बाद अपने गृह-क्षेत्र में प्रवेश का अहसास होने लगता है। आप इतने निकट आ जाते हैं कि आप उसका स्वाद ले सकते हैं। उस अन्तिम कदम की आस में, उस परम के साथ एक हो जाने की आस में जो भी शान्ति और आनन्द आपको यहाँ तक लेकर आए थे अब गायब हो जाते हैं और आपकी बेचैनी में तड़प पैदा हो जाती है।

अब आप बेचैनी के स्रोत में आ जाते हैं। और इसके लिए हमें धन्य होना चाहिए क्योंकि बेचैनी ही हमारे विकास का सर्वोत्तम साधन है। हर अवस्था में अगले पड़ाव

की बेचैनी ने ही आपको प्रगति करने में सहायता की। और जब आप अगले पड़ाव पर आए तो आपको शान्ति मिली। उसके बाद बेचैनी फिर उत्पन्न हो गई ताकि आप आगे बढ़ सकें।

अथक बेचैनी तथा शीघ्रता का भाव किसी भी भौतिक या आध्यात्मिक प्रयास की सफलता के लिए जरूरी होते हैं। दो वर्ष की अवधि में ही आइज़क न्यूटन ने कैलकुलस का आविष्कार कर दिया तथा गुरुत्वाकर्षण से सम्बंधित कुछ आधारभूत विचार प्रस्तुत किए। यहाँ तक कि प्रकाश एवं लेंस को समझने के प्रयास में उसे अपनी आँख में एक सुई भी चिपकाकर रखनी पड़ी थी। कई वर्षों के बाद जब किसी ने उससे पूछा कि ऊसने गुरुत्वाकर्षण की खोज कैसे की तो न्यूटन ने कहा, "लगातार सोच कर"।[26] आविष्कारों के लिए प्रसिद्ध एडिसन ने बल्ब की खोज के बारे में बताते हुए कहा, "मैं असफल नहीं हुआ। मैंने तो दस हजार ऐसे तरीके मालूम कर लिए जिनसे काम नहीं हो सकता"।

इसी प्रकार आध्यात्मिक क्षेत्र में भी अथक बेचैनी के ऐसे कई उदाहरण हैं जिन्होंने मनुष्य का उद्धार कर दिया। एक बार महान संत रामकृष्ण परमहंस से किसी शिष्य ने पूछा कि उनकी भक्ति में इतनी बेचैनी क्यों थी। रामकृष्ण ने उत्तर दिया, "बेचैनी भक्ति के सागर में एक मछली के तैरने के समान होती है। बिना बेचैनी के मछली ठहर जाएगी और मर जाएगी। इसी प्रकार बेचैनी के बिना भक्त की आध्यात्मिक प्रगति भी ठहर जाएगी"।

हमारी यात्रा में बेचैनी आगे-आगे चलती है और इस सारी बचैनी से जो दशा महसूस होती है वह एक दर्द होता है। कोई असहनीय दर्द नहीं बल्कि एक बढ़ता हुआ दर्द। कोकून के चंगुल से मुक्त होती हुई तितली के दर्द की तरह। यह वो दर्द है जो आपको एक नया स्वरूप प्रदान करता है। विज्ञान भी इसकी पुष्टि करता है। दर्द और आघात से जब लोग कराह उठते हैं तो जिनके भीतर एक सशक्त आध्यात्मिक आधार होता है वे उसे झेल जाते हैं। उस दर्द से वे अपना एक नया स्वरूप निर्मित करते हैं।[27]

लेकिन याद रखें कि हम दर्द और बेचैनी के पीछे नहीं भागते। हार्टफुलनेस एक सहज मार्ग है। जो भी आए उसे ग्रहण करें और अपनी प्रगति के लिए इस्तेमाल करें। यहाँ यह समझना भी जरूरी है कि जिस बेचैनी की मैं बात कर रहा हूँ वह एक आध्यात्मिक बेचैनी है। किसी बीमारी या परेशानी से उत्पन्न बेचैनी के विपरीत आध्यात्मिक बेचैनी हृदय के भीतर ही भीतर पनपने वाली एक धारा होती है जो आपको चलते रहने के लिए प्रेरणा प्रदान करती है। चुपचाप बहती इस धारा में जो आपको आगे बहाती रहती है अत्यधिक आनन्द और उत्साह होता है।

दसवें चक्र पर ये बेचैनी और दर्द एक नई दशा सुलगा देते हैं जिसे 'अशान्त शान्ति' कह सकते हैं। एक मुट्ठी नमक की कल्पना करें जो नमकीन न हो। दिखाई तो यह वैसा ही देता है, महसूस भी वैसा ही होता है लेकिन उसमें उसका सार, उसका नमकीनपन नहीं होता। ग्यारहवें चक्र की शान्ति भी कुछ ऐसी ही होती है। वह शान्ति महसूस होती है लेकिन उसमें कोई शान्ति नहीं होती केवल चलते रहने का कौतूहल होता है। इतनी सुन्दर बेचैनी में लिपटे हुए आप परम के क्षेत्र में आगे बढ़ते जाते हैं।

आत्मावलोकन

क्या आध्यात्मिक प्रगति के प्रति आपकी बेचैनी आपके काम व आपके परिवार की दैनिक चुनौतियों को आसानी से स्वीकार्य बनाती है?

किसी चीज के साथ जीवनभर संघर्ष करते रहने से आपने सबसे महत्त्वपूर्ण पाठ क्या सीखा? क्या इस शिक्षा ने आपको अपनी मानवीय कमजोरियों को विनम्रतापूर्वक गले लगाने को प्रेरित किया?

26

बारहवाँ चक्र - ठहराव

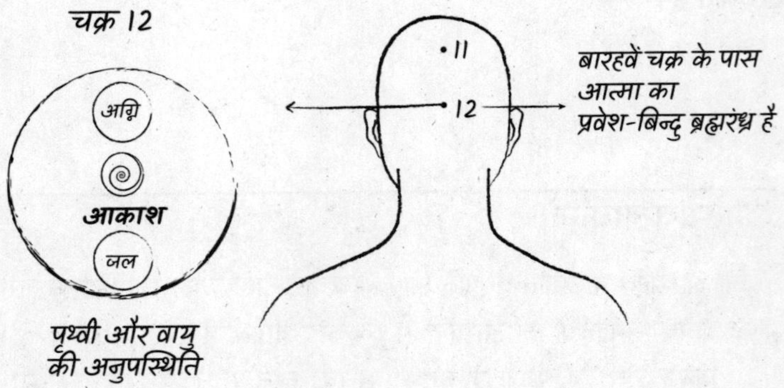

नाम	बारहवाँ चक्र
प्रमुख तत्व	आकाश
रंग	हल्का गुलाबी
स्थिति	ग्यारहवें चक्र से चार अंगुल चौड़ाई के बराबर पीठ की ओर
उभरता लक्षण	पूर्ण ठहराव
मुख्य अनुभूतियाँ	पूर्ण विनम्रता और ठहराव
आस-पास के पॉइंट	सत्यपद, ब्रह्मरंध्र
एक जैसे स्पंदन	दूसरा और सातवाँ चक्र
क्षेत्र	परम, प्रभु

आत्मा और स्रोत के मिलन की तुलना आध्यात्मिक कथाओं और परमपराओं में नदियों के मिलन से की जाती है। जब दो या अधिक नदियों के मिलने से जो शक्ति निर्मित होती है वह अलग-अलग नदियों की शक्ति से अधिक होती है। हिन्दू पुराणों में गंगा, यमुना और सरस्वती नदियों का संगम जीव और ब्रह्म की चेतना के विलय का प्रतीक है। इसी प्रकार मिसोरी और मिसिसिप्पी नदियों का संगम स्थानीय अमेरिकी परंपरा में एकता की रूपान्तरणकारी शक्ति और एक ध्येय के लिए एक साथ कार्य करने के महत्त्व को दर्शाता है।

जब आप ग्यारहवें चक्र से बारहवें चक्र की ओर जाने की कल्पना कर रहे हों तो मैं चाहता हूँ कि चक्र से होने वाले ऊर्जा के प्रवाह की आप एक नदी के रूप में कल्पना करें। कल्पना करें कि स्वीकार्यता, शान्ति, प्रेम, साहस तथा और भी कई गुणों की नदियाँ केन्द्र रूपी सागर की ओर बह रही हैं। कुछ नदियाँ एक बूँद से ही आरम्भ हुई होंगी लेकिन आपकी प्रगति के साथ नदियों का प्रवाह भी बढ़ने लगता है। बारहवां चक्र एक बड़ा संगम है जहाँ पर जो भी आपने अभी तक की यात्रा में इकठ्ठा किया है मिलकर एक बड़ी नदी बन जाता है और अब वह नदी केन्द्र की ओर पूरे वेग से बहने लगती है। आपको चक्र के जाग्रत होने की चार अवस्थाएँ सालोक्यता, सामीप्यता, सारूप्यता और सायुज्यता याद होंगी। बारहवाँ चक्र इस प्रक्रिया को एक बड़े रूप में दिखाता है क्योंकि स्रोत के सारूप्य होने के लिए पिछले सभी चक्रों की अवस्थाएँ एक हो जाती हैं।

इस पहलू को समझना महत्वपूर्ण है। जब आप स्पिरिचुअल एनाटमी प्रोजेक्ट को आरंभ करते हैं तो आपकी यात्रा की पहली अवस्था 'सलोक्यता' होती है। इस अवस्था में आपको किसी केन्द्र नामक चीज की एक अस्पष्ट सी समझ होती है और यात्रा आरम्भ हो जाती है।

आपके प्रगति करने से और नए-नए अनुभव ग्रहण करने से यह विचार निर्मित होने लगता है कि कहीं कोई उच्चतर चीज, कोई महान उपस्थिति भी है जिसकी ओर हम बढ़ रहे हैं। अहम् के कमजोर पड़ने पर इस विचार में दृढ़ता आने लगती है और आप स्रोत से अपनी निकटता महसूस करने लगते हैं। यह दूसरी अवस्था 'सामीप्यता' है।

बारहवें चक्र पर और अधिक प्रगति करने पर आप तीसरी अवस्था 'सारूप्यता' पर आ जाते हैं। हृदय का हल्कापन सभी मानसिक गतिविधियों के भार को भी हल्का कर देता है। आपके विचारों में हल्कापन आने लगता है और आपके वार्तालाप में भी हल्कापन आ जाता है। इस अवस्था में आकर आप ठहराव महसूस करते हैं। केन्द्र के साथ आपकी लय जो बढ़ती जा रही थी अब पूर्ण लयावस्था (सायुज्यता) बन

जाती है और आप स्रोत के सदृश हो जाते हैं। यह वो अवस्था है जब आप पवित्रता के चरमोत्कर्ष पर होते हैं।

पवित्रतता का चरमोत्कर्ष

बारहवें चक्र पर आप पवित्रता का मूर्त रूप बन जाते हैं। परस्पर विरोधी चीजों की अनुपस्थिति ही पवित्रता है। ऐसी अवस्था में विचारों का कोई भार नहीं रह जाता, भावनाओं का कोई भार नहीं होता और आपके अस्तित्व में एकत्व आ जाता है। सभी चक्रों का पवित्रीकरण करके तथा एक ऐसी जीवनशैली अपनाकर जो आपकी आन्तरिक पवित्रता की देखभाल करे आप परम के साथ तद्रूप हो जाते हैं। इसमें संस्कारों की सफ़ाई तथा मन की कार्यशैली को ठीक करना शामिल हैं जिससे मन में सही सोच, सही समझ तथा जीवन के प्रति एक नेक धारणा उत्पन्न हो सकें। इससे उत्पन्न विवेक आपको भीतर की पवित्रता को बनाए रखने तथा उसकी देखभाल करने में मदद करता है।

हमारी उत्पत्ति पवित्रता से हुई है। जिन पवित्र धाराओं ने हमारे अस्तित्व को बनाया वे भी पवित्रतम स्रोत से ही आईं थी और इसी कारण समय बीतने पर भी पवित्रता का विचार हमारे भीतर बना रहा। स्रोत के साथ भक्ति का सम्बन्ध स्थापित कर लेने के पश्चात अब आपके भीतर का कौतूहल और गुरु का मार्गदर्शन पवित्रता के इस दुर्लभ स्थान पर पहुँचने में मदद करते हैं।

और पवित्रता की गोद में जाकर आप विश्राम करते हैं।

इस अवस्था में अहम् वाष्पीभूत हो चुका होता है और जो कुछ बचा रह जाता है वह आपके स्वरूप की एक महीन पर्त होती है। इच्छाएँ तो बहुत पहले ही अलविदा कह चुकी होती हैं। बारहवें चक्र पर आध्यात्मिकता में प्रगति करने की इच्छा भी समाप्त हो जाती है। आप पूर्ण रूप से संतुष्ट होते हैं जहाँ आपको किसी चीज की जरूरत नहीं होती और आप चाहते भी कुछ नहीं। और आपको कुछ चाहिए भी क्यों? आप परम की गोद में सुरक्षित जो हैं।

शायद आपने समस्या को पहले ही देख लिया हो। यद्यपि हम परम पर पहुँच चुके होते हैं और उसके सारूप्य भी हो जाते हैं लेकिन फिर भी हम एक नहीं हो पाते। हमारा विलय नहीं हो पाता। अतः एक गतिरोध आ जाता है। आप पूर्णतः संतुष्ट हैं, परम के क्षेत्र में शान्ति से हैं और आगे बढ़ने का आपके भीतर कोई प्रोत्साहन भी नहीं है लेकिन फिर भी स्रोत आपकी प्रतीक्षा में रहता है। इस गतिरोध को हम कैसे दूर करेंगे?

जहाँ पर बारहवाँ चक्र होता है वहीं पर इस जटिल परिस्थिति में और जटिलता जोड़ने के लिए एक ब्रह्मरंध्र भी होता है जिसमें से होकर आत्मा शरीर में प्रवेश करती है। आत्मा गर्भधारण के समय आती है और भावी माँ के आस-पास ही रहती है। आत्मा माँ के पेट के चारों ओर चक्कर काटती रहती है और बाहर रहते हुए ही भ्रूण के विकास के लिए उसकी कोशिकीय प्रक्रिया को वेग प्रदान करती है। यह प्रक्रिया गर्भावस्था की पहली तिमाही में होती है। इससे कोशिकाओं के विभाजन में तेजी आती है और भ्रूण का जो पहला अंग बनता है वह हृदय होता है। हृदय से फिर शेष अंगों का पोषण होता है। भ्रूण का ब्रह्मरंध्र जब भली-भाँति विकसित हो जाता है तो आत्मा शरीर में प्रवेश करती है। मृत्यु के समय मुक्त जीवों की आत्मा ब्रह्मरंध्र से निकल कर ही शरीर छोडती है। वह व्यक्ति जो मुक्ति की अवस्था तक नहीं पहुँचा है उसकी आत्मा किसी भी छिद्र जैसे पीछे से, आँखों से, कान से, मुँह से या नाक से शरीर को छोड़ सकती है।

जब आप बारहवें चक्र पर होते हैं तो आत्मा के भीतर शरीर को छोड़ने की एक सहज प्रवृत्ति बन जाती है। (चिन्ता न करें, किसी की मृत्यु नहीं होगी।) यहीं गुरु बागडोर संभाल लेता है। जिस प्रकार एक माँ-कंगारू अपने बच्चे को अपनी कोख में लेकर चलती है उसी प्रकार गुरु भी अभ्यासी को केन्द्र-मंडल अर्थात् तेरहवें चक्र तक अपने साथ लेकर चलता है। हार्टफुलनेस की कई खोजों में से एक खोज यह भी है कि ब्रह्मरंध्र से आगे गुरु अभ्यासी की चेतना का मार्गदर्शन करता हुआ केन्द्र-मंडल में उसके प्रवेश को आसान बनाता है। अब केन्द्र-मंडल के खाली मैदान में आपका प्रवेश हो जाता है। इस विशालतम क्षेत्र में ऐसी बहुत सी चीजें होती हैं जो आपकी प्रतीक्षा करती हैं।

सत्यपद - प्रकृति का द्वार

इससे पहले कि गुरु आपको परम के क्षेत्र से केन्द्र-मंडल में ले जाए एक द्वार और भी होता है जिसे पार करना होता है। इस द्वार को 'सत्यपद' कहते हैं। केवल वे जिनका 'मैं', 'मुझे' और 'मेरा' 'वह', उसे' और 'उसका ' में बदल चुका हो 'सत्यपद' से होकर गुजर पाते हैं। यह एक लिटमस टेस्ट की तरह है कि कहीं आपके चरित्र में कोई ऐसी चीज तो नहीं जो केन्द्र में आपके डुबकी लगाने को रोक सके? अधिकांशतः तो यह एक जाँच ही है यह सुनिश्चित करने के लिए कि अहम् पूर्णतः परिष्कृत होकर विनम्रता में बदल चुका है अथवा नहीं। आप तो हमेशा से केन्द्र के साथ एक थे और एक हैं अतः यह आपकी स्वाभाविक योग्यता का

आकलन नहीं बल्कि इस आश्वासन का एक सहारा है कि आप आने वाले केंद्र-मंडल की विशालता में यात्रा करने के लिए तैयार हो गए हैं अथवा नहीं।

यह जानने के लिए कि किस प्रकार के लोग सत्यपद को पार कर पाते हैं यहाँ आपको कुछ संकेत दिए गए हैं।

उनका प्रेम एक क्रिया नहीं रह जाता बल्कि वे स्वयं प्रेम हो जाते हैं। वे विनम्र नहीं रह जाते बल्कि विनम्रता उनकी असली प्रकृति बन जाती है। उनका हृदय बच्चों जैसी मासूमियत से भर जाता है।

ऐसे लोग मोमबत्ती के समान होते हैं जो हल्के से अपने चारों ओर की हर चीज को प्रकाशित कर देते हैं और इस प्रक्रिया में स्वयं को मिटा देते हैं। आपको उनके कार्य एक त्याग की तरह महसूस हो सकते हैं लेकिन उनके लिए तो यह जैसा होना चाहिए वैसा ही है। ऐसे लोग वह प्राप्त कर चुके होते हैं जो वे अपने जीवन में प्राप्त करना चाहते थे। उनका आन्तरिक रूपान्तरण पूर्ण हो चुका होता है। प्रेम ही उनका एकमात्र अनुशासन होता है। एक सूर्य की भाँति जो हर किसी के लिए चमकता है, एक पुष्प की भाँति जो हवा को अपनी खुशबू फ़ैलाने के लिए दे देता है ऐसे लोग प्रेम का मूर्त रूप होते हैं। ऐसे लोगों का साथ होने पर हम अपनी चिंताएं भूल जाते हैं और आनन्द की अवस्था में पहुँच जाते हैं। ऐसे हृदय के लिए सत्यपद का द्वार खुला होता है तथा ऐसे सुन्दर पुष्प को गुरु खुशी-खुशी दिव्यता की सुनहरे क्षेत्र में ले जाता है।

आत्मावलोकन

क्या आप ठहराव और शरणागति का अपना कोई उदाहरण बता सकते हैं? इस परिस्थिति को आपने अपनी डायरी में किस प्रकार लिखा?

क्या आप कल्पना कर सकते हैं कि इस सीमा तक अपने भीतर ठहर जाना कि हमें दूसरों से अलग होने की कोई जागरूक चेतना ही न रहे कैसा लगता होगा?

भाग 8

केन्द्र-मंडल

27

केन्द्र-मंडल में प्रवेश

यात्रा में अभी तक आपने जो भी अनुभव किया उसने आपके ज्ञान में वृद्धि की। जब कोई कहता है कि मुझे कार चलानी आती है तो इसका अर्थ यह है कि उस व्यक्ति को कार चलाने का अनुभव है। हमारे अनुभव इकठ्ठा होकर ज्ञान बन जाते हैं। हृदय-क्षेत्र और मनोमंडल के अनुभवों ने आपको उन क्षेत्रों का ज्ञान प्रदान करने में सहायता की। जब आप केन्द्र-मंडल में पहुँचते हैं तो अहम् वाष्पीभूत हो चुका होता है अतः परंपरागत भाव में अनुभव करने की धारणा का अंत हो जाता है। जब आप 'तू' के साथ एक हो जाते हैं तो केवल अस्तित्व के एकत्व का भाव बचता है। क्या आपने यहाँ कोई पेच देखा? जब कोई इस अवस्था तक पहुँचता है तो समय के साथ-साथ यह पेच भी हमारे अस्तित्व की गहराई में स्वयं हल हो जाता है

केन्द्र-मंडल में सूक्ष्मतम प्रकार की अधिचेतना व्याप्त होती है। लेकिन यह भी हमारा लक्ष्य नहीं। जिस प्रकार बच्चे गुड़ियों से या डॉक्टर के सामान से खेलते हैं उसी प्रकार योगी चेतना के साथ खेला करते हैं। जहाँ पर हम पहुँच गए हैं वह उसका प्रतीक मात्र है जिसे प्राप्त करने के बारे में हमने सोचा था। जिसकी हमें खोज है वह वो आधार-शक्ति है जो चेतना का कारण है और फिर हमें उसके भी पार परम सत्य की ओर निकल जाना है। परम सत्य से मेरा तात्पर्य शून्यता की मूल दशा से है। यह इतनी हल्की अवस्था होती है कि पवित्रता, सरलता और शान्ति भी इसकी तुलना में स्थूल एवं भारी प्रतीत होती हैं। यह इन्द्रियों और बोध से परे है।

केन्द्र-मंडल में हमारा तैरना अन्य सभी क्षेत्रों से अधिक विस्तीर्ण होता है।

आपको इसकी वृहदता का भाव प्रदान करने के लिए बाबूजी ने लिखा है कि सृष्टि-रचना के बाद वह पहला द्रष्टा जो केन्द्र-मंडल में पहुँचा था अभी भी केन्द्र की ओर तैर रहा है और आधे रास्ते तक पहुँच गया है। योग-शास्त्रों विशेषतः उपनिषदों में कहीं-कहीं पर केन्द्र का 'भूमा' नाम से जिक्र भी है। उदाहरण के लिए छान्दोग्य उपनिषद् में यह श्लोक है –

यत्र नान्यत्पश्यति नान्यच्छ्रिणोति नान्यद्विजानाति स भूमाथ
यत्रान्यत्पश्यत्यन्यच्छ्रिणोत्यन्यद्विजानाति तदल्पं
यो वै भूमा तदमृतमथ यदल्पं तन्मर्त्यम स ...
(छान्दोग्य उपनिषद् 7:24:1)

"जिसमें कोई कुछ और नहीं देखता, कुछ और नहीं सुनता, कुछ और नहीं समझता वह भूमा है। लेकिन जिसमें कोई देखता कुछ और है, सुनता कुछ और है, समझता कुछ और है वह सीमित है। केवल वही जो भूमा (असीमित) है अमर है और जो सीमित है वह नश्वर है।[28]"

केन्द्र-मंडल में प्रवेश के बाद वह पहली चीज जो अनुभव होती है वह है सार्वभौमिक अस्तित्व की अनुभूति। आगे बढ़ने पर आप प्रकाश के सात वृत्तों से तैरते हुए आगे बढ़ते हैं। इनसे होकर तैरते हुए आप विभिन्न दशाओं से होकर गुजरते हैं। इन सब के बाद आप अनन्त के सागर पर पहुँच जाते हैं जहाँ से तेरहवें चक्र, केन्द्र की ओर तैरना आरम्भ होता है।

केन्द्र-मंडल में प्रवेश

केन्द्र-मंडल में प्रवेश कराने के लिए गुरु को आपकी चेतना को एक जरूरी संवेग प्रदान करना पड़ता है। अभ्यासी के भीतर आवश्यक संवेग उत्पन्न कराने के लिए गुरु दो-तीन दिन तक विशेष सिटिंग देते हैं। इन सिटिंग के दौरान बारहवें चक्र तक की सम्पूर्ण यात्रा को एक-दो बार दोहराना पड़ता है। इन दो-तीन दिनों में हर चक्र जाग्रत होने की सभी चार अवस्थाओं से होकर गुजरता है। सभी चक्रों से यात्रा को दोहराना किसी स्लिंग से पत्थर को थोड़ी देर तक घुमाने और फिर फेंकने के समान होता है जिससे कि आवश्यक संवेग निर्मित हो सके। इतनी गहराई से किया गया कार्य सन्तोष की अवस्था में खलबली मचा देता है और आपके भीतर केन्द्र से एक हो जाने के लिए एक बेचैनी जाग्रत कर देता है। पर्याप्त संवेग उत्पन्न हो जाने के पश्चात आप सत्यपद के पास से वक्राकार (in arc) घूमते हुए उसे पार कर केन्द्र-मंडल तक पहुँच जाते हैं। और फिर अन्तिम यात्रा आरंभ करते हैं।

एक चक्र से दूसरे चक्र की ओर जाने के सम्बन्ध में एक महत्वपूर्ण पहलू गौर करने लायक है। हृदय-मंडल में आप निम्न चक्र से उच्चतर चक्र की ओर चलते हैं मानो नीचे से कोई धक्का लगाया जा रहा हो। जब आप मनो-मंडल में प्रवेश करते

हैं तो यह चलना फैलने में बदल जाता है। आपको धक्का नहीं लगाया जाता बल्कि उच्चतर चक्र आपको ऊपर की ओर खींचते हैं। उदाहरण के लिए आप सातवें चक्र से आठवें चक्र की ओर जाते नहीं बल्कि आठवाँ चक्र आपको चुम्बक की भाँति खींच लेता है और इस प्रकार फैलाव जारी रहता है। धक्के और खींचने को महसूस करना आपकी संवेदनशीलता को बढ़ाने में सहायक होता है।

केन्द्र-मंडल में प्रवेश से सम्बंधित एक तकनीकी बात है जो आपको अच्छी लगेगी। जब आप बारहवें चक्र पर होते हैं तो केन्द्र-मंडल में प्रवेश सीधे नहीं होता। सत्यपद का मार्ग एक वक्राकार (curved) खिड़की की तरह होता है अतः आप भी एक वक्र बना लेते हैं और एक सॉकर बॉल की तरह हिट होने के पश्चात एक वक्र (arc) बनाते हुए गोल में प्रवेश कर जाते हैं। और इस वक्र के साथ केन्द्र-मंडल में प्रवेश करके फिर अन्तिम यात्रा आरंभ होती है।

यदि आप सोचते हैं कि केन्द्र आपकी पहुँच से बहुत दूर है और आश्चर्य करते हैं कि क्या आपको यह सब जानने की जरूरत है तो समझ लें कि आपको यह जानने की जरूरत है। आप वहीं के रहने वाले हैं। वह एक उचित स्थान है और आपकी असली विरासत भी जो आपकी प्रतीक्षा में रहती है। हम एक विशेष काल से गुजर रहे हैं जहाँ माँ प्रकृति ने इसी जीवन में केन्द्र के भीतर एक बड़ी छलांग लगाने के लिए खिड़की खोल दी है। रास्ता खुला है, तरीका उपलब्ध है, साधन बड़े सरल हैं और क्षेत्र तैयार किया हुआ है। इसे करने के लिए बस एक हृदय चाहिए जो यह सब चाहता हो। और आप उनमें से एक हैं भले ही आपको अभी इसका अहसास न हो। वह आवेग जो आपको भीतर से प्रेरित करता है आपको गतिमान रखेगा। अतः इसे न कर पाने के बारे में आपके भीतर जो भी संदेह हो उसके बारे में सोचना बन्द कर दें और उत्साह के साथ इसमें लग जाएं। आप पछताएंगे नहीं।

28

तेरहवाँ चक्र - शून्यता

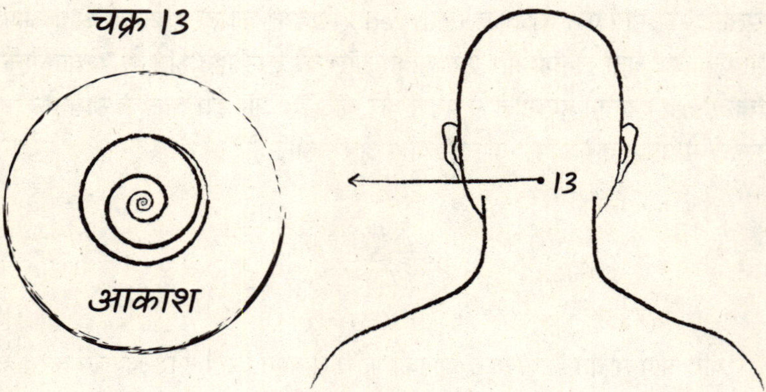

केन्द्र-मंडल में चक्र

नाम	तेरहवाँ चक्र
प्रमुख तत्व	आकाश
रंग	स्लेटी
स्थिति	बारहवें चक्र से चार अंगुल चौड़ाई के बराबर नीचे की ओर
विशिष्ट लक्षण	सर्वव्यापी, सर्वज्ञ, सर्वशक्तिमान
मुख्य अनुभूतियाँ	एकत्व
क्षेत्र	केन्द्र, भूमा

केन्द्र-मंडल में प्रवेश पदार्थ से ऊर्जा और फिर ऊर्जा से परम तक की यात्रा का शिखर है। सृष्टि रचना के समय केन्द्र से परम स्पंदन बाहर आया और ऊर्जा में रूपांतरित हो गया और यह ऊर्जा फिर पदार्थ में बदल गई। जब आप केन्द्र-मंडल में पहुँचते हैं तो आपकी चेतना भौतिक स्तर से सूक्ष्मतर स्तर तक विकसित होती हुई केन्द्र के साथ अपने स्पंदनों की लय को पुनः स्थापित करती है।

जब तक आप इस अवस्था में पहुँचते हैं शरीर की हर कोशिका पवित्र हो चुकी होती है। सभी जटिलताएँ एवं भावनात्मक बोझ तंत्र से बाहर निकाले जा चुके होते हैं और आप उच्चतम कोटि की पवित्र स्थिति में होते हैं। ऐसा रूपान्तरण आत्म-रूपान्तरण के प्रति एक अविचल, उद्यमी और समर्पित प्रतिबद्धता के परिणामस्वरूप घटित होता है।

अभी तक की यात्रा में हमेशा एक ध्रुवता उपस्थित रहती थी जिसका समाधान करना पड़ता था। हृदय-क्षेत्र में ये ध्रुवता सन्तोष-असंतोष, शान्ति-अशान्ति, करुणा-रोष तथा स्पष्टता-अस्पष्टता की थी। मनोमंडल में यह ध्रुवता शुद्ध होकर आत्मा और स्रोत में, निम्न-स्व और उच्च-स्व में बदल गई। जब आप केन्द्र-मंडल में प्रवेश करते हैं तो ध्रुवता का यह खेल समाप्त हो जाता है। यह शून्यता का क्षेत्र है।

शून्यता के अनुभव को बताने के लिए शब्द बहुत कम पड़ जाते हैं। केन्द्र का अधिकांश वर्णन रूपक अलंकार या निषेधात्मक भाषा के उपयोग तक ही सीमित हो जाता है। हालांकि जो वर्णन मैं आपके सामने करना चाहता हूँ वह एक यात्रा के वर्णन की तरह होगा जिसमें शून्यता के क्षेत्र के मौसम और हवाओं का वर्णन होगा। बाबूजी ने केन्द्रीय मंडल पर बड़ा व्यापक आध्यात्मिक शोध किया। इस प्रयास में उन्हें मुख्यतः लालाजी से मार्गदर्शन मिलता था तथा अन्य विकसित आत्माएं भी बाबूजी की सहायता करती थीं। इस शोध के साथ अपने अनुभवों का भी उपयोग करते हुए मैं आपके सम्मुख इस असाधारण आयाम की एक झलक प्रस्तुत करना चाहता हूँ।

मैं प्रार्थना करता हूँ कि किसी दिन आप स्वयं भी यह जान पाएं।

अहम् की अवस्थाएं और केन्द्र-मंडल

जब तक आप केन्द्र-मंडल में पहुँचते हैं आपकी विनम्रता और पवित्रता आपके भीतर वह दशा निर्मित कर देती हैं जिसमें आप बिलकुल अबोध और एक नवजात

शिशु की तरह हो जाते हैं। इस भाव को बाइबिल में इस प्रकार व्यक्त किया गया है –

'Truly I tell you, unless you change and become like little children, you will never enter the kingdom of heaven.'

अर्थात्,

'मैं आपको सच-सच बता दूँ कि जब तक आप बदल कर एक छोटे बच्चे की तरह नहीं बन जाएंगे तब तक आप स्वर्ग के साम्राज्य में नहीं पहुँच पाएंगे।'

जिस प्रकार माँ का प्रेम बच्चे की सुरक्षा और देखभाल करता है उसी प्रकार अब स्रोत भी आपको गले लगा लेता है। आत्मा और स्रोत के बीच ऐसी आत्मीयता दूरियाँ मिट जाने के कारण होती है। अहम् के वाष्पीभूत हो जाने के कारण अलग होने का भाव भी मिट जाता है। जिन अवस्थाओं से होकर अहम् वाष्पीभूत होता है उन्हें समझने से आप इस आध्यत्मिक यात्रा में अपनी स्थिति का आकलन कर पाएंगे।

इस भौतिक शरीर को अपना स्वरूप मानने से अहम् का विचार उत्पन्न होता है। जब हम शरीर द्वारा किए गए कार्यों को स्वयं से जोड़ते हैं तो हमारी चेतना शरीर पर ही ठहर जाती है। इस प्रकार के विचार जैसे, 'यह मेरी मेहनत का परिणाम है कि यह प्रोजेक्ट सफल हुआ' तथा 'इस काम के लिए मैं ही सबसे ठीक हूँ' कुछ ऐसे उदाहरण हैं जिनमें हम शरीर को कर्ता मानते हैं। अधिकतर लोगों के अहम् की आरम्भिक दशा यही होती है।

जब हम मनोमंडल में प्रवेश करते हैं तो हमारा परिप्रेक्ष्य शरीर के कर्ता भाव से उठ कर भीतर की किसी चीज या किसी सूक्ष्मतर चीज को श्रेय देने के भाव में बदल जाता है। यह अहम् की दूसरी अवस्था है। अपनी-अपनी मान्यता के अनुसार भिन्न-भिन्न लोग इसका श्रेय भिन्न-भिन्न चीजों जैसे आत्मा, मन, गुरु या किसी उच्चतर शक्ति को देते हैं। इस अवस्था में मात्र शरीर को ही कर्ता नहीं माना जाता। कुछ लोग अपनी सफलता का श्रेय बुजुर्गों के मार्गदर्शन को देते हैं और अपनी उपलब्धि में किसी उच्चतर शक्ति के मार्गदर्शन होने की बात करते हैं। ऐसी अनुभूतियाँ अहम् की दूसरी अवस्था को प्रदर्शित करती है जहाँ आप शरीर के कर्ता भाव से ऊपर उठ जाते हैं।

प्रगति करने पर हम अहम् की तीसरी अवस्था पर पहुँचते हैं। इस अवस्था में हम समझने लगते हैं कि कोई कार्य शरीर या भीतर की किसी चीज के द्वारा नहीं किया जा रहा जैसा कि पहली और दूसरी अवस्था में महसूस हो रहा था। अब हम सही मार्ग पर हैं। न तो शरीर कर्ता है और न ही मन और हमें कोई अन्य भी कर्ता

महसूस नहीं होता। कार्य जिस तरीके से भी होना हो वह स्वतः होता है। कैसे? या किसके द्वारा? ऐसे प्रश्नों पर अब हम मनन नहीं करते।

और प्रगति करने पर हम दसवें चक्र के निकट परम के क्षेत्र में पहुँच जाते हैं। यहाँ पर हमें यह भी मालूम नहीं पड़ता कि कार्य हो रहा है। हम इसे पहले या बाद में भी महसूस नहीं करते। हम केवल इतना जानते हैं कि जब भी जरूरत हो यह स्वतः होता है। मान लीजिए कि आप सो रहे हैं और एक मच्छर आपको काट लेता है। आपको खुजली होती है और आपका हाथ वहाँ पहुँच जाता है और आप सोते हुए भी उस स्थान पर खुजलाते हैं। खुजलाने की आपको कोई जागरूक चेतना नहीं होती और जागने पर आपको इसके बारे में कुछ याद भी नहीं रहता। स्वचालित कार्य की दशा ऐसी ही होती है जिसमें आप परिस्थिति के अनुसार हर कार्य कर लेते हैं और आपके कार्य से आपके ऊपर कोई छाप भी नहीं पड़ती। दूसरे शब्दों में आप कर्ता भाव का कोई बोझ नहीं ढोते। यह अवस्था जब परिपक्व होती है तो अहम् वाष्पीभूत होकर स्वरूप में परिवर्तित हो जाता है। अहम् की यह चौथी और अन्तिम अवस्था होती है और इस अवस्था में आप केन्द्र-मंडल में प्रवेश के योग्य हो जाते हैं।

जिस स्वरूप की मैं बात कर रहा हूँ वह अभी भी, केन्द्र-मंडल में भी बना रहता है। इसे एक बिलकुल पतली झिल्ली के रूप में सोचें जो आत्मा को स्रोत से अलग रखती है। यह झिल्ली तभी विलुप्त होती है जब ब्रह्माण्ड की प्रलय हो जाती है और हर चीज केन्द्र में वापस आ जाती है। महाप्रलय में मुक्त आत्माओं के सभी स्वरूप अन्य स्वरूपों के साथ विलीन हो कर एक जाते हैं। सभी व्यक्तिगत स्वरूप विलुप्त हो जाते हैं और जब समय आता है तो एक नवनिर्मित स्वरूप एक नई सृष्टि का सृजन करता है।

शाश्वत अस्तित्व

केन्द्र-मंडल में जिज्ञासु को अपने हर पहलू में एक गहरे अस्तित्व के भाव का अनुभव होता है। मानो उसका हृदय समस्त सृष्टि के लिए खेल का एक मैदान बन गया हो और उसे अस्तित्व की सततता की अनुभूति हो रही हो। यह अनुभूति इसलिए होती है क्योंकि जिज्ञासु की चेतना उस अवस्था तक विकसित हो चुकी होती है कि वह चेतना को पार कर उस आधार-शक्ति तक पहुँच जाता है जो चेतना को उत्पन्न करती है।

इस उच्च अवस्था में जिज्ञासु की चेतना सर्वव्याप्त हो जाती है और वह ब्रह्माण्ड को अपने हृदय की धड़कन के साथ धड़कता हुआ महसूस करता है। इस शाश्वत

अस्तित्व का अनुभव बिलकुल स्पष्ट रूप से वास्तविक हो जाता है और जिज्ञासु को यह ज्ञान होता जाता है कि अस्तित्व उसके भौतिक स्वरूप तक ही सीमित नहीं बल्कि अस्तित्व में तो ब्रह्माण्ड की हर चीज समायी हुई है।

अस्तित्व की इस उच्च अवस्था में यह अहसास बना रहता है कि अस्तित्व तो शाश्वत है तथा काल या आकाश के द्वारा सीमित नहीं है। अब जिज्ञासु अस्तित्व की कालातीत और अनन्त प्रकृति के प्रति जागरूक हो जाता है जिसमें सभी चीजें आपस में जुड़ी हुई हैं तथा स्व ब्रह्माण्ड से अलग नहीं है। इतनी उच्च अवस्था एक दुर्लभ उपलब्धि है लेकिन इसके आगे भी बहुत कुछ बाकी रहता है।

प्रकाश के सात वृत्त

जब आप केन्द्र-मंडल में प्रवेश करते हैं तो आपको एक भव्यता का अनुभव होता है जिसे बाबूजी ने 'प्रकाश के सात वृत्त' कहा है। इन वृत्तों में केन्द्र से उमड़ती शक्ति की असंख्य ऊँची-ऊँची लहरें होती हैं जिनका सौन्दर्य अवर्णनीय है। इस क्षेत्र को तय करने के लिए एक के बाद एक लहरों पर होकर चलना पड़ता है और लहरों से खेलने वाले एक नौसिखिया के लिए यह चुनौतीपूर्ण हो सकता है। और यदि आप एक पारंगत सर्फर हैं तो आप इसके प्रवाह के साथ तैरने लगेंगे और पूर्णतः भारहीन (अहम् से रहित) महसूस करने के लिए संतुलन एवं सामंजस्य बनाए रखने का कोई बिंदु ढूँढ लेंगे। यह एक असली लहर के साथ तैरने जैसा ही अनुभव होता है। किसी ने मुझे प्रसिद्ध सर्फर लेअर्ड हैमिल्टन के बारे में बताया। उन्होंने एक बड़ी लहर के साथ खेलने को पानी के किसी विशाल गिरजाघर के भीतर होने के समान बताया जिसमें मानो वह उड़ रहे हों और समय ठहर गया हो। प्रकाश के वृत्तों में भी हम अनन्त महासागर की एक बड़ी लहर के बाद दूसरी बड़ी लहर पर सवार होते रहते हैं।

इन लहरों पर बिना प्रयास सवारी करने का रहस्य हमारी पूर्ण विनम्रता में छुपा है। हम स्वयं को धूल के एक कण से भी तुच्छ समझते हैं। यह वो जगह है जहाँ इन्वर्टेन्डो का सिद्धांत लागू होता है कि जितना आप विनम्र होंगे उतना ही आप ऊँचा उठेंगे और उतना ही आसान इन लहरों पर सवारी करना होगा। प्रकाश के वृत्तों को पार करना उस अवस्था पर ले आता है जहाँ से केन्द्र की ओर तैरना आरम्भ होता है। यह वह अन्तिम अवस्था है, वह सर्वोच्च स्तर है जो आप इस स्पिरिचुअल एनाटमी प्रोजेक्ट में प्राप्त कर सकते हैं।

अन्तिम अवस्था
अज्ञान और अनस्तित्व

केन्द्र की ओर तैरते समय गुरु और शिष्य एक लय में होते हैं। गुरु आगे-आगे तैर कर पीछे-पीछे शिष्य के प्रयासरहित होकर तैरने के लिए एक आसान धारा का निर्माण करता चलता है। इस अवस्था को जिसमें वह अभी है 'अज्ञानता' की दशा कहा जा सकता है।

इस अवधारणा को समझने के लिए ज्ञान और अज्ञान के विचार को समझना जरूरी है। ज्ञान एक प्रकाश-पुंज के समान है जो किसी विशेष स्थान को प्रकाशित करता है और बाकी चारों ओर का स्थान अँधेरे में रहता है। उदाहरण के लिए कोपर्निकस की खोज से ज्ञात हुआ कि सौर मण्डल का केन्द्र पृथ्वी नहीं है। इस ज्ञान ने अज्ञान को मिटा दिया। जब भी हम ज्ञान प्राप्त करते हैं तो हम उन स्थानों के बारे में जान जाते हैं जिनके प्रति हम अभी तक अनभिज्ञ थे। ज्ञान और अज्ञान साथ-साथ रहते हैं।

केन्द्र-मंडल में ज्ञान और अज्ञान की इस ध्रुवता का समाधान हो जाता है। अन्तिम अवस्था में अनुभव के लिए कोई 'मैं' नहीं रह जाता और परिणामस्वरूप कोई ज्ञान नहीं रह जाता। और ऐसा व्यक्ति 'अनस्तित्व' की दशा में पहुँच जाता है।

आइए मैं इसकी व्याख्या करता हूँ। परम की अपनी यात्रा में हम सोच से अनुभूति की ओर, अनुभूति से बनने की ओर, बनने से होने की ओर और अंत में होने से न होने (अनस्तित्व) की ओर बढ़ते हैं। हम मन से आरम्भ करते हैं और स्रोत के साथ अपने सम्बन्ध के बारे में 'सोचते' हैं। समय के साथ यह 'सोचना' हमारे हृदय के भीतर और हमारे चारों ओर स्रोत की 'अनुभूति' में बदल जाता है। जब हम ध्यान करना जारी रखते हैं तो यह 'अनुभूति' हमें अधिक से अधिक स्रोत की तरह 'बनने' की ओर ले जाती है।

इसे और अधिक जाने-पहचाने सन्दर्भ में देखते हैं। मान लीजिए कि आप एक सप्ताह तक अपने मित्र के साथ रहते हैं और अपने प्रवास के दौरान आप उसके दयालु व्यवहार, उसके उत्साह भरे आतिथ्य तथा उसके परिवार द्वारा दिए गए आनन्द और सुख से प्रभावित हो जाते हैं। इससे आप अपने मित्र के समान बनने तथा ऐसी जीवनशैली अपनाने के लिए प्रेरित हो जाते हैं जिससे कि आप भी इस प्रकार की आन्तरिक दौलत उत्पन्न कर सकें। इसी प्रकार जब हम अन्दर और बाहर स्रोत का अनुभव करते हैं और सुन्दर दशाओं को खिलता महसूस करते हैं तो हम भी स्रोत की ही तरह 'बनने' और इस अस्थायी अनुभव को स्थायी अनुभव में

बदलने के लिए प्रेरित हो जाते हैं। और तब वह अवस्था आती है जब यह 'बनना' स्थायी रूप से स्रोत के साथ लय 'होने' में रूपांतरित हो जाता है। अपने सभी कर्तव्यों को निभाते हुए तथा अपने उत्तरदायित्वों का ख़याल रखते हुए हम स्रोत का रूप ग्रहण करने लगते हैं - सुरक्षित, सधे हुए, असीमित एवं अविचल। जब हमारे पास सब कुछ हो तो हमारी जरूरत शून्य हो जाती है।

यह भीतरी शून्यता स्वयं को हमारे व्यवहार में किस प्रकार अभिव्यक्त करती है? यह स्वयं को हमारी पूर्ण स्थिरता एवं हमारे सधे हुए व्यवहार में अभिव्यक्त करती है। जब आप किसी ऐसे व्यक्ति से मिलेंगे जो अत्यन्त उच्च अवस्था में हो तो आपका हृदय उसके अस्तित्व की पूर्ण प्राकृतिकता से प्रभावित हो जाएगा। यहाँ तक कि जब वे कोई छोटे-मोटे कार्य जैसे मेज पर सलाद को इधर से उधर करना, पढ़ने के लिए कोई किताब उठाना भी कर रहे हों तो आप उनके सधे हुए व्यवहार और उनकी स्थिरता के सौन्दर्य को देखने से बच नहीं सकते।

कई वर्ष पहले का एक अनुभव मुझे याद आ रहा है जब मैं कुर्मेंत्स फ्रांस में एक प्रशिक्षक कार्यशाला में था। चारीजी यूरोप और उत्तरी अमेरिका के प्रशिक्षकों के ग्रुप को विशेष रूप से दशा को पढ़ने और संवेदनशीलता विकसित करने का प्रशिक्षण दे रहे थे। एक शाम जब मुझे चारीजी के साथ रहने का अवसर मिला तो मैंने उन्हें अपने कुछ अनुभव बताए। फिर उन्होंने मुझसे एक प्रश्न पूछा जिसके लिए मैं तैयार नहीं था। उन्होंने पूछा, "क्या तुम मुझे यह बता सकते हो कि इस सेमीनार में जितने भी लोगों का तुमने अध्ययन किया उनमें से सबसे अच्छी दशा किसकी थी?"

मैंने एक डेनिश प्रशिक्षक के विषय में उन्हें अपना अवलोकन बताया कि मैंने यह महसूस किया कि वह परम की गोद में बैठी हुई हैं। चारीजी मुस्कुराए और पूछा कि मैंने ऐसा क्यों सोचा। मैंने उन्हें बताया, "जब मैं इस महिला को देखता हूँ तो उनके अस्तित्व में मुझे पूर्ण प्राकृतिकता दिखाई देती है। यहाँ तक कि जब वह अपने पति का हाथ थामती हैं तो तब भी उसमें आपको कोई कामुकता नहीं दिखाई देती। एक सरल प्रेम प्रवाहित होता है। बड़ी आसानी से वह ध्यान में चली जाती हैं और ध्यान के बाद भी उनके चारों ओर स्थिरता का एक तेज रहता है तथा एक उत्कृष्ट सूक्ष्मता रहती है। मैंने उनके डूबने को भी देखा है और मैं उस शून्यता को महसूस कर सकता हूँ जो इतनी गहरी उपस्थिति को उत्पन्न करती है।"

चारीजी ने मेरी ओर आँख झपकाई और कहा, "तुम सही जगह पहुँच रहे हो"। और फिर बोले, "यह ब्रह्मगति की अवस्था है।" 'ब्रह्मगति' शब्द मूल अवस्था की परम स्थिरता के विचार को दर्शाता है। यह परम स्थिरता केन्द्र में सुप्त अनन्त गति

को भी व्यक्त करती है। ऐसी दशा जब किसी मनुष्य में निर्मित हो जाती है तो उसे 'ब्रह्मगति'* कहते है।

किसी ऐसे व्यक्ति में जो जीवन और उसकी माँगों के साथ खुशी-खुशी जीवन व्यतीत कर रहा हो इतनी उच्च अवस्था को देखना हमको यह याद दिलाता है कि वह लक्ष्य हम सब की पहुँच के भीतर है। हमारी गहरी रुचि, हमारी मर्जी और हमारी भक्ति हमें लक्ष्य के योग्य बनाती हैं। शून्यता, अनस्तित्व और अज्ञानता जैसे शब्दों से भरा दर्शन समझ को जटिल बना देता है। अवधारणाओं को समझने में कठिनाई हो सकती है और लोग यह समझ सकते हैं कि यह उच्च अवस्था उनके लिए नहीं। जब आपको ऐसे विचार आने लगें तो इस कहानी की याद करें जिसमें एक संतुष्ट और सुखी जीवन जी रहा एक गृहस्थ अनन्त की गोद में बैठा हुआ था। पवित्रता, सरलता, प्रेम और वास्तविकता उत्पन्न करने पर अपना ध्यान केन्द्रित रखना हमें उस जगह का मार्गदर्शन प्रदान करता है जहाँ हमें होना चाहिए। अपनी नजर लक्ष्य पर रखें और उस महान नियति की ओर बढ़ने के लिए हृदय से मार्गदर्शन प्राप्त करते रहें।

विशेष इच्छा-शक्ति

ब्रह्मगति के एक पहलू की मैं और अधिक व्याख्या करना चाहूंगा। जो भी इस अवस्था में होता है वह जो कुछ भी कह दे वह हो जाता है। यह विशेष इच्छा-शक्ति कहलाती है। विशेष इच्छा-शक्ति कार्य की प्रकृति को भी बदल सकती है। इच्छा का अचूक होना ही असल में ब्रह्मगति के लक्षण का असली वर्णन है।

विशेष इच्छा-शक्ति में कोई संदेह या गलतफ़हमी नहीं होती। नकारात्मक विचार आपकी कल्पना के दायरे से बाहर होते हैं। केवल वही जो कहा गया है या जो 'होना है' नजर में रहता है। विश्वास इतना बढ़ जाता है कि कोई भी विपरीत चीज राह में खड़ी नहीं हो सकती। संदेहों को दूर करने की जरूरत ही नहीं पड़ती क्योंकि कोई संदेह होता है नहीं।

एक बार पिता और पुत्र एक तीव्र ढलान वाले बर्फीले पहाड़ पर स्कीइंग कर रहे थे। एक जगह को देखकर जहाँ पिछली रात का ताजा बर्फ़

---

* ब्रह्म शब्द 'बृंह्' मूल से बना है जिसका अर्थ है 'फैलाव' तथा 'गति' का अर्थ है 'अवस्था'। अतः ब्रह्मगति परम में अनन्त फैलाव की एक अवस्था है।

गिरा हुआ था पिता ने कहा, "बेटा, उन चट्टानों और पेड़ की झुकी हुई टहनियों का ध्यान रखना।" बेटे ने ध्यान से सामने की ओर घूरते हुए देखा और कहा, "कौन सी चट्टानें और कौन से पेड़? मुझे तो केवल रास्ता दिखाई दे रहा है।" इतनी स्पष्टता और इतनी निश्चितता विशेष इच्छा-शक्ति का सार है।

विशेष इच्छा-शक्ति का उपयोग आध्यात्मिक कार्यों में तथा प्रकृति के आदेशों का पालन करने के लिए किया जाता है। लेकिन इसका यह अर्थ नहीं कि इससे आपको कोई लाभ नहीं मिल सकता। ऐसी मनःस्थिति से आप प्रेरणा ले सकते हैं और असफलता या निराशा भरे विचारों को पनाह देने से रोक सकते हैं। किसी भी कार्य को करने से पहले यह दृढ़ निश्चय कर लें कि वह सफलतापूर्वक पूर्ण हो गया है और फिर उस कार्य को दिव्य स्मरण में आरम्भ करें।

हमें मिला मनुष्य जीवन एक ऐसा अवसर है कि हम जहाँ पर अभी हैं वहाँ से एक ऊँची छलांग केन्द्र में लगा सकते हैं। मनुष्य के रूप में धरती पर यह जीवन हमारी अपनी मर्जी से विकसित होने का एक अवसर है। मनुष्य जीवन तक तो विकास स्वतः होता रहा है लेकिन एक मनुष्य के रूप में अब आपको केन्द्र में छलांग लगाने का एक अवसर मिल गया है। आप उच्चतम को अपना असली लक्ष्य बनाएं तथा अपनी चेतना को विकसित करने के लिए और उस जगह को अधिकारपूर्वक प्राप्त करने के लिए जो आपकी प्रतीक्षा कर रही है इस प्रकार अभ्यास करें जैसा कि आपने कभी न किया हो, यही मेरी प्रार्थना है।

आत्मावलोकन

अपनी चेतना के विकास में सहायता प्राप्त करने के लिए आपकी क्या योजनाएं हो सकती हैं?

क्या आप एक ऐसा जीवन जीने की कल्पना कर सकते हैं जिसमें हर चीज बिना किसी विचार या विश्लेषण या चिन्ता या प्रतिक्रिया के हो और जो कुछ भी हो वह परिस्थिति के अनुसार बिलकुल सटीक हो?

इति श्री

ध्यान में हम अपनी आँखें बन्द करते हैं और हृदय खोल देते हैं। एक खुला हुआ हृदय उपहार प्राप्त करता है। उपहार को सराहना कृतज्ञता है और कृतज्ञता हमारे हृदय में एक दशा का निर्माण करती है। जब हम उस दशा के साथ चलते हैं तो हम प्रेम की ओर उड़ान भरते हैं। हमारे भीतर का वह प्रेम परम के प्रति श्रद्धा भर देता है। जब श्रद्धा बढ़ने लगती है तो हृदय दिव्य-कृपा की लहरें आकर्षित करने लगता है। जब हम दिव्य-कृपा की लहरों पर सवार होते हैं तो समर्पण का आरम्भ हो जाता है। समर्पण से शान्ति और शान्ति से फिर शरणागति का आरम्भ होता है। शरणागति की अवस्था लयावस्था के ओर ले जाती है।

हर ध्यान एक प्रेम-कहानी है। यह आत्मा का उच्च स्व से मिलन है। यह सागर से मिलने के लिए बूँद की एक यात्रा है।

आपकी यात्रा में हृदय से प्रेम उमड़ता रहे। ऐसा प्रेम जो आपको डुबो दे क्योंकि प्रेम में डूबे बिना ऊपर उठना असंभव है। अपने पूर्ण हृदय से मैं प्रार्थना करता हूँ कि आप प्रेम में नहाएं और इस यात्रा में जो आपके हृदय की गहनतम शून्यता से आरम्भ होती है और वहीं समाप्त भी एकत्व का आनन्द उठाएं। मार्ग सँकरा और अंधकारपूर्ण हो सकता है। कभी-कभी अकेलापन और भाव-विह्वलता भी हो सकती है। चढ़ाई खड़ी और फिसलन भरी हो सकती है। लेकिन याद रखें जिसे आप खोज रहे हैं वह आपके भीतर है। मुझे रास्ता मालूम है और यहाँ मैं हर कदम पर आपको सहारा देने और आपकी सहायता के लिए खड़ा हूँ। मुझे आशा है कि आप अनन्त की ओर उड़ान भरेंगे और उसके साथ एक हो जाएंगे। वह सर्वोत्तम उपहार जो आप ब्रह्माण्ड को दे सकते हैं वह उपहार आपका रूपान्तरित स्व है।

हार्टफुलनेस के संसाधन

मैं और मेरे साथ हार्टफुलनेस इंस्टिट्यूट का हर अभ्यासी उन्नत चेतना की आपकी इस यात्रा में आपकी सहायता करने में सम्मानित महसूस करेगा। चाहे आप अभी ध्यान करना सीख ही रहे हों या अपने अभ्यास को और गहरा बनाने की खोज में हों मुझे आशा है कि ये संसाधन आपके लिए उपयोगी सिद्ध होंगे -

हमारी वेबसाइट https://heartfulness.org पर जाएँ,

हमारी पुस्तक की वेबसाइट https://spiritualanatomy.com पर जाएँ,

हमारी एप https://www.heartfulnessapp.org को डाउनलोड करें,

Social: फेसबुक, इन्स्टाग्राम, और ट्विटर पर @heartfulness पर हमें फॉलो करें,

https://heartfulness.my/heartspots पर अपने निकट के हार्टफुलनेस केन्द्र को खोजें या किसी ट्रेनर के साथ जुड़ें।

सन्दर्भ

अध्याय 1. वास्तविक रूपांतरण की कुंजी - आपकी आंतरिक यात्रा

1. Ganganatha Jha Patanjali and S. Subrahmanya Sastri, The Yoga- Darshana:
Comprising the Sutras of Patanjali with the Bhasya of Vyasa (Singapore: Asian
Humanities Press, 2004), 1.1; Vyasa, Yoga Bhashya (1:1).
2. Karen V. Smit and Steven B. Shirey, "Kimberlites:
Earth's Diamond Delivery System," Gems & Gemology 55, no. 2 (Summer 2019), GIA, https://www.gia.edu/gems-gemology/summer- 2019- kimberlites- earths- diamond-delivery- system.
3. Lisa Miller, PhD, The Awakened Brain: The New Science of Spirituality and
Our Quest for an Inspired Life (New York: Random House, 2021), 8.

अध्याय 2. आपकी वास्तविक सामर्थ्य

4. Thomas Gilovich and Victoria Husted Medvec, "The Temporal Pattern to
the Experience of Regret," Journal of Personality and Social Psychology 67,
no.3 (September 1994): 357–365, https://psycnet.apa.org/buy/1995- 05382- 001;
S. Davidi and T. Gilovich, "The Ideal Road Not Taken: The Self- Discrepancies

Involved in People's Most Enduring Regrets," Emotion 18, no. 3 (2018): 439– 452, https://doi.org/10.1037/emo0000326.

5. Susan Kelley, "Woulda, coulda, shoulda: the haunting regret of failing our ideal selves," Cornell Chronical, May 24, 2018, https://news.cornell.edu/stories/2018/05/woulda-coulda-shoulda-haunting-regret-failing-our-ideal-selves.

अध्याय 3. आत्मा की कहानी

6. Sophie Putka, "This Cyclic Model of the Universe Has Cosmologists Rethinking the Big Bang," Discover, July 29, 2021, https://www.discover magazine .com/the- sciences/this- cyclic- model-of-the- universe - has - cosmologists - rethinking- the- big- bang.

अध्याय 4. केंद्र की यात्रा का मानचित्रण

7. Eckhart Tolle, A New Earth: Awakening to Your Life's Purpose (New York: Dutton, 2005), 41.

अध्याय 5 हार्टफुलनेस के अनिवार्य अभ्यास

8. Anurag Shrivastava, Bikesh K. Singh, Dwivedi Krishna, et al., "Effect of Heartfulness Meditation Among Long- Term, Short- Term and Non- meditators on Prefrontal Cortex Activity of Brain Using Machine Learning Classification: A Cross- Sectional Study," Cureus 15, no. 2 (February 14, 2023): e34977, doi:10.7759/cureus.34977.

9. Jayaram Thimmapuram, Robert Pargament, Kedesha Sibliss, et al., "Effect of Heartfulness Meditation on Burnout, Emotional

Wellness, and Telomere
Length in Health Care Professionals," Journal of
Community Hospital Internal
Medicine Perspectives 7, no. 1 (2017): 21– 27,
doi:10.1080/20009666.2016.127
0806.
10. Kunai Desai, Pratibha Gupta, Priti Parikh, et al.,
"Impact of Virtual Heartfulness Meditation Program on
Stress, Quality of Sleep, and Psychological
Wellbeing During the COVID-19 Pandemic: A Mixed-
Method Study," International Journal of Environmental
Research and Public Health 18, no. 21
(October 22, 2021): 11114, doi:10.3390/ijerph182111114.
11. Bhuvnesh Sankar Sylapan, Ajay Kumar Nair,
Krishnamurthy Jayanna, et al.,
"Meditation, Well- Being and Cognition in Heartfulness
Meditators— A Pilot Study," Consciousness and
Cognition 86 (November 2020): 103032, doi:10.1016/j.
concog.2020.103032.

अध्याय 9. हाथी और कुर्सी - प्रवृत्तियाँ जो हमें बाँधे रखती हैं

12. A. H. Hastorf and H. Cantril, "They Saw a Game; A
Case Study," Journal of Abnormal and Social Psychology 49
no. 1 (1954): 129– 134, https://doi.org /10.1037/h0057880.

अध्याय 12. हृदय-मंडल के पाँच चक्र - द्वंद्वो का मंडल

13. Juliana Ukiomogbe, "Where Are Emotions Felt in
the Body? This Infographic Will Tell You," infographic,
Greatist, September 9, 2020, https://greatist.com/connect/
emotional- body- maps- infographic#infographic.

14. भगवद्गीता 2:62–2:63.

अध्याय 15. तीसरा चक्र - प्रेम

15. Luke 23:34 (New International Version).

अध्याय 16. चौथा चक्र - साहस

16. Patel, Kamlesh D., "Confidence, Courage and Self-Awareness" in The Wisdom Bridge (p. 194), 2022.

अध्याय 18. स्वतंत्रता से स्वतंत्रता - हृदय का उपहार

17. Gabriel A. Radvansky, Sabine A. Krawietz, and Andrea K. Tamplin, "Walking Through Doorways Causes Forgetting: Further Explorations," Quarterly Journal of Experimental Psychology 64, no. 8 (August 2011): 1632–1645, https://doi.org/10.1080/17470218.2011.571267.

18. Melissa Hughes, "3 Ways Kindness Changes the Brain," Melissa Hughes (website), updated January 8, 2022, https://www.melissahughes.rocks/post/3-ways-kindness- changes-the- brain.

19. Nigel Mathers, "Compassion and the Science of Kindness: Harvard Davis
Lecture 2015," British Journal of General Practice 66, no. 648 (July 2016):
e525– e527, https://doi.org/10.3399/bjgp16X686041.

अध्याय 19. मनोमंडल - विनम्रता की यात्रा

20. Patel, Kamlesh D., "Confidence, Courage and Self-Awareness" in The Wisdom Bridge (p. 191), 2022.

अध्याय 20. छठा चक्र - निःस्वार्थ भाव

21. Matthew 5:8 (NIV).

22. The Sutta- Nipata: A New Translation from the Pali Canon, translated by
H. Saddhatissa (Oxfordshire, UK: RoutledgeCurzon, 1995), I, 8.

अध्याय 22. आठवाँ चक्र - शरणागति

23. Hellmuth Hecker, "Angulimala: A Murderer's Road to Sainthood," story adaptation, Access to Insight, Barre Center for Buddhist Studies, 2007, https://www.accesstoinsight.org/lib/authors/hecker/wheel312.html.

24. Dacher Keltner and Jonathan Haidt, "Approaching Awe, a Moral, Spiritual,
and Aesthetic Emotion," Cognition and Emotion, 17 no. 2 (2003): 297– 314,
https://doi.org/10.1080/02699930302297.

अध्याय 23. नौवाँ चक्र - तुच्छता का भाव

25. Dr. Joel Hoomans, "35,000 Decisions: The Great Choices of Strategic Leaders" The Leading Edge (blog), Roberts Wesleyan College, March 20, 2015,
https://go.roberts.edu/leadingedge/the- great-choices-of-strategic- leaders.

अध्याय 25. ग्यारहवाँ चक्र - बेचैनी

26. Richard S. Westfall, Never at Rest:A Biography of Isaac Newton (Cambridge, UK: Cambridge University Press, 1983), chap. 4.
27. Scalora, Suza & Anderson, Micheline & Crete, Abigail & Mistur, Elisabeth & Chapman, Amy & Miller, Lisa. (2022). A Campus-Based Spiritual-Mind-Body Prevention Intervention Against Symptoms of Depression and Trauma; An Open Trial of Awakened Awareness. Mental Health & Prevention. 25. 200229.10.1016/j.mhp.2022.200229.

अध्याय 27. केंद्र-मंडल में प्रवेश

28. छान्दोग्य उपनिषद 7:24:1

लेखक के बारे में

कमलेश डी. पटेल 'दाजी' विश्व भर में फैले हार्टफुलनेस अभियान के चौथे मार्ग दर्शक हैं। उन्होंने पिछले चार दशक समस्त विश्व में लोगों को हार्टफुलनेस ध्यान का प्रशिक्षण देने में व्यतीत किए हैं। वह कई पुस्तकों के लेखक भी हैं जिनमें बेस्ट सेलिंग पुस्तकें 'द हार्टफुलनेस वे', 'डिजाइनिंग डेस्टिनी' और 'द विज़डम ब्रिज' शामिल हैं। सम्मेलनों में वह मौलिक रूचि के विषयों पर संबोधित किया करते हैं और विश्व भर में कार्यशालाएं भी आयोजित करते हैं।

दाजी का जूनून है कि जमीनी स्तर पर कार्य किया जाए और ध्यान को विशेषतः भारत के गाँवों तक ले जाया जाए। वह कान्हा शान्तिवनम् भारत में अपने परिवार के साथ रहते हैं और अपने पोते-पोतियों के साथ प्रकृति की गोद में सैर करने का आनन्द लेते हैं।

अधिक जानकारी के लिए www.heartfulness.org पर देखें।

हार्टफुलनेस के बारे में

हार्टफुलनेस ध्यान के अभ्यास और जीवनशैली में परिवर्तन लाने की सरल विधियाँ प्रस्तुत करता है जिनका आरंभ बीसवीं शताब्दी के आरंभ में सन् 1945 में श्री रामचन्द्र मिशन की शिक्षाओं के रूप में हुआ था। ये अभ्यास सन्तोष, आन्तरिक शान्ति, करुणा, साहस और विचारों की स्पष्टता उत्पन्न करने हेतु योग का आधुनिक स्वरूप हैं। हार्टफुलनेस के अभ्यास किसी भी संस्कृति, धार्मिक मत और आर्थिक परिस्थिति के पंद्रह वर्ष से ऊपर के लोगों के लिए उपयुक्त अभ्यास हैं। 160 देशों में हार्टफुलनेस के 5000 से भी अधिक केन्द्र हजारों प्रमाणित प्रशिक्षकों तथा अभ्यासियों के द्वारा चलाए जा रहे हैं।

अधिक जानकारी के लिए www.heartfulness.org पर देखें।